JN115938

チェ・インハク　オム・ヨンヒ
崔仁鶴・厳鎔姫［編著］
イ・ゴンヒ　チョン・ユガン
李権熙・鄭裕江［訳］

崔仁鶴・斧原孝守・樋口淳［解説］

# 韓国昔話集成 7

## 笑話(2)

悠書館

# 日本語版への序文

昔話は、民族の精神的な遺産であり、文芸的な成熟度の指標であり、民衆の望みや願いの表われです。昔話には文字のない時代から、語りによって伝承されてきたという特質があります。私たち韓民族は古くから昔話を楽しんできたため、話の数は数えきれません。昔話を研究することは、私たちの祖先の精神的な遺産を明らかにすることでもあるのです。

昔話の研究は、昔話を集めて記録し、さらにそれを話型に分類することから始まります。話型の研究にとって大切なのは、第一にその数が豊富であること、第二に世界的に共通する話が正確に分類整理されていること、第三に、口伝えの伝承の特徴として、話の伝播と語りによる変化（ヴァリアント）がきちんと記録されていることです。

こうした昔話の可変性を克服し、昔話を学問の対象とするためには、体系的で科学的な方法による基礎研究が、まず行なわれなければなりません。

この『韓国昔話集成』は、そうした意味で、基礎研究の試みですが、研究者だけではなく、一般の読者にも楽しく読めるように工夫されています。

昔話が、話型分類の資料とされるためには、基本的にいくつかの条件が備わっていなければなりません。まず、語り手と記録者（採訪者）がしっかりしていること、つぎに記録が正確であること、そして一つ一つの資料ごとに記録データが明白なことです。意図的に改竄された話や、創作された資料を除外するためには、このような厳密なチェックが必要です。改作されたり創作されたり活字化されたものは、すでに口承文学として機能を失ってしまっているからです。

昔話の語り手は、おおまかに三つに分類されます。

一つは、自分自身が一度聞いた昔話をできるだけ忠実に伝えてくれる語り手です。男性の語り手よりも女性の語り手に、こうした傾向がよくみられます。

二つ目は、自分が聞いた話に想像力を働かせて、創作を加える語り手です。こうした傾向は、女性より男性に強くみられます。

三つ目は、記憶力が衰えて、話の展開を語り違えたり、他の話の挿話を付け加えてしまう語り手です。これは男性にも女性にも起こります。

一番目の場合には、昔話の伝承性が強調されます。二番目の場合には、昔話の命ともいうべき「面白さ」が強調されるでしょう。三番目の場合には、昔話の語りが変化してゆく過程（変異性）を発見できるでしょう。とくに二番目の場合は、語りに、話者の面白さに対する嗜好（意図）がつよく反映しているとわかっていても、純粋な改作とは区分されなければなりません。

韓国で昔話が最初に意識的に記録されたのは、一九一〇年代から一九二〇年代にかけての孫晋泰（ソン・シンテ）、

鄭寅燮（チョン・インソプ）、任晳宰（イム・ソクチェ）などの初期の民俗学者によってでした。当時は、もちろんテープレコーダがなく、筆記に頼るほかに手段がありませんでしたから、現在に比べると資料の有効性には問題がありますが、採訪者たちが昔話の学問的価値を認識し、本格的な記録を行なったということは画期的だったといえるでしょう。

私たちは、これまで四〇年以上にわたって昔話研究に従事してきましたが、いつも韓国昔話に魅了されてきました。読み書きのできない村の女性が、どうしてこれほど素晴らしい昔話を語ることができるのか、不思議でした。そして、文字だけが知恵をもたらすのではないということを、何度も、深く思い知らされたのです。

私たちは、この民族のもつ文学的素養の豊かさと才能に対して誇りを抱くようになりました。そして、さらに、いかなる苦境にもめげず、希望とロマンをもって生き抜く闘志が昔話に反映されていることに対し、もう一度深く頭が下がる思いがしたのです。気高い祖先達の精神的な遺産を大切にし、集め、記録する責務がここにあると感じたのです。本書は、その成果のひとつということができます。

本書を通じて、日本のみなさんに韓国昔話の豊かな世界を紹介できることは、大きな喜びです。日本や中国をはじめとするアジアの昔話、そしてヨーロッパ、アメリカ、アフリカなどの世界各地の昔話と比較することによって、韓国の文化や歴史の独自性や、普遍性をご理解いただければ幸いです。

最後に、この本を出版するにあたり、多くの方々が集め記録した昔話を使用させていただきました。本書は、決して私たちだけの業績ではありません。優れた記録者との共同作業でもあるのです。その方々に対し、もう一度感謝を述べたいと思います。

また原著の出版を引き受けてくださった集文堂の林京煥（イム・キョンファン）社長、そして翻訳者の李権凞（イ・ゴンヒ）さん、鄭裕江（チョン・ユガン）さん、解説の斧原孝守さん、樋口淳さん、複雑な校正に力を発揮して下さった村地春子さん、日本語版の刊行にご尽力いただいた悠書館の長岡正博さんにも感謝申し上げます。

二〇一九年十二月

崔仁鶴・厳鎔姫

# 韓国昔話集成・第七巻——目次

F　大人と子ども



十七　狡猾者譚 275

A　奸邪者

III 笑話

# 十六　巧智譚

# B 機知者

## 520 ＊黄喜、黄政丞

KT 595 どちらが良い牛か

むかし黄喜という人がいました。歳をとってから、政丞の役目を立派に果たしたので、黄喜、黄政丞と広く名をとどろかせた人物でした。しかし、若いころは忍耐力もなく、軽々しく行動して、一ヵ所に長く居られませんでした。それで、彼の両親はこの人の軽率な行動を直そうと、腰に鈴をつけました。

体を動かすたびに鈴がチリンチリンと鳴るので、行動を慎むようにするためでした。また、口も軽く、人の言うことにも反発して、口答えもよくしていました。それで、両親はその癖も直そうと努力をしましたが、あまり効果がありませんでした。

黄喜はとても若くして科挙試験に合格すると、暗行御使になり、各地方をこっそりと旅をしながら、監司や郡守がしっかりと百姓たちを治めているかを見定めたり、百姓たちの暮らしぶりもうかがいました。

ある日、黄海道のとある所へ行きました。畑では、ある農夫が牛二頭に犂を引かせて、畑を耕していました。黄喜はその農夫と話がしたかったので、畑の畔(あぜ)に座って農夫が畑を耕す様子を見ていました。しばらくのあいだ、農夫は畑を耕していましたが、手を休めて黄喜の隣にやってきて、座りました。黄喜はその農夫と挨拶を交わしてから、二頭の牛のうち、どっちの方がよく働くのか、と尋ねました。すると、農夫はぴったりと黄喜に近づくと、耳打ちして、あの黄牛の方が黒牛よりもよく働く、とささやきました。

黄喜は農夫のすることがおかしくて、「それしきのことを、わざわざ耳打ちして言う必要はあるまい」とハハハと笑いました。農夫は、「お若い方は何も考えずに口になさるな。人が人より劣っているという話を聞いて喜ぶ人はいません。牛だって同じです」と言いました。

黄喜は農夫の言うことがおかしいと思って、「牛は人の言うことが聞き取れないから、どっちがよくて、どっちがよくないと言っても、わかるはずがありません」と言いました。農夫は「それは違いますよ。牛はしゃべれなくても、人の言うことは聞き取れます。『イリャー』と言えば前に進み、『ウォー』と

言えば立ち止まるではないですか。それでも人の言うことが聞き取れないというのですか。とにかく、たまたま自分が人だからといって、そんなに偉いんでしょうか。誰は上手だ、誰は下手だと難癖をつけたり、人が気分が悪くなるようなことを言って、何の得になりましょうか」と物静かにとがめました。

黄喜はこの農夫の話に赤面しました。今まで自分は人の言うことに難癖をつけたり、人の言うことに口答えをして、恥ずかしい思いをしたことは一度や二度ではありませんでした。今まで自分がとても偉そうにしていたことを反省しました。こんな田舎で無学な人だけが暮らす村でも、すばらしい人もいるもんだと感嘆しました。黄喜は立ち上がると、農夫にひざまずいてお辞儀をして、「とてもよいことを教えてもらいました」と言いました。農夫は驚いて、黄喜を立ち上がらせると、「私は忙しいから、お若い方は道を急ぎなさい」と言うと、また畑を耕しはじめました。黄喜はこの農夫の話を聞いてからというもの、とりわけ言動に注意するようになりました。

（任晳宰　一九七五）

**【文献資料】**

①任晳宰　一九七五年　第五巻　五五～五九頁
②山崎日城　一九二〇年　五八～五九頁
③森川清人　一九四四年　一六〇～六一頁

**【話型構成】**

Ⅰ．（1）黄喜という大臣が、若いころ暗行御使になって地方へ視察に出た。（2）二頭の牛で畑を耕す百姓に、どちらの牛がよく働くかと問うた。すると百姓は耳打ちして答えた。（3）黄喜が、なぜ耳打ちして言うのかと問うと、百姓は、たとえ相手が獣でも聞いて心を痛めることは言ってはいかん、と答えた。

**【解説】**

高麗末期の黄翼成宰相（一三六三〜一四五二）の身辺話として伝えられる話です。知性と冷静な判断力で知られ、名君世宗の最も信頼される宰相の一人として世宗治世中に十八年間にわたって領議政をつとめました。黄喜は、機知に富んだ人として知られたらしく、この話の他にKT598の「砂帆」、KT605「そうあなたが正しい」にも登場します。

日本には、この話と同じタイプの「鳩の立ち聞き」（大成424）があり、すでに江戸時代初期の笑い話集「醒睡笑」（一六二三）に「栓ない秘密」として収められるなど、早くからよく知られ、人びとを楽しませてきました。特に大分県では彦一と並んで人気のあるおどけ者の吉五の話として伝えられます。

中国では、さらに遡り、明代の作家、馮夢龍（一五七四〜一六四五）が編纂した笑話集『笑府』に「鍬をかくす」として収められています。

【樋口】

**【話型比較】** 大成424

# 521 ＊娘の機知

KT 596 娘の機知

むかし、酒がとても好きで、酒と見れば底なしに飲んでしまい、酔っていつも失敗する男がいた。この男が娘を嫁がせることになって花聟の家に行く時、自分も一緒に行くと言い出した。

弟は、兄が花聟の家に行けばまた酒に酔って問題を引き起こすにちがいないから「代わりに自分が行く」と言ったが、男は「自分が行く、お前が行ったところで酒に酔ってきっと過ちを起こすくらいが関の山だ」と言ってきかない。

こうして互いに花聟の家に付いて行くと言って争っていたが、結局、兄が花聟の家に行くことになった。

心配した弟は、兄に「酒は三杯だけですよ」と言い、下男を呼んで「兄が酒を飲み続けないようにお前がよく見張っていなさい」と言いつけた。下男が「どうすれば酒を飲みすぎないようにできますか」と尋ねるので、弟は「いい方法がある。兄の金玉に糸を結び付けて、お前が戸の外で糸を引っ張って、引っ張った時に酒を一杯飲むようにしなさい。お前は三度だけ引っ張って、それ以上は引いてはいけな

いよ」と教えた。そして、兄にも「兄さんも分かりましたね。下男が糸を引っ張った時に一杯ずつ飲むんですよ」と注意した。兄も「ああ、そうするよ。三杯だけにするよ」と堅く約束した。

花聟の家に行く日、男は娘と一緒に花聟の家に行った。家に着くと、膳に食事の支度がしてあった。男は、初めは慎重に食事をした。姻戚の人たちと酒をすすめたりすすめられたりしている間も、下男が戸の外で糸を握って見張っていた。しかし下男は、自分も喉が乾いたので酒を一杯いただこうと果房（宴会の時、料理の膳立てする所）に行くことにした。そして、糸を放してはいけないので、庭先に落ちていた鳥の骨に糸を結んでおいた。

ところが、子犬がこの鳥の骨を口にくわえてあっちこっち動き回ったので、客間の男は金玉が引っ張られるたびに酒を飲んでもいいと思い、つがれるたびに酒を飲んで、すっかり酔っぱらってしまった。

下男はこの様子を見て、主人に帰ろうと言った。男は下男に従って帰りかけたが、娘の婚家に七楪飯床（七種類の食器を一揃いとする食膳）があったのを思い出し、それを盗もうと思いたった。そして下男には「ちょっと用事があって用を足して行くから、お前は先に行きなさい」と先に行かせておいて、日が暮れるまで時間をつぶし、薄暗くなってから娘の婚家に忍びこんで、首尾よく台所で七楪飯床を手に入れた。

ところが、また酒が気になって酒を探すと、大きな釜に酒がたくさんあったので、これを一気に飲んだ。そして七楪飯床を担いで外に出ようとしたが、ついに酔いが回って台所の床で大の字になって寝てしまった。

花聟の家では、朝早く新妻にお吸物を作ってやろうと、勝手口を開けて入ってみると、なんと、人が

七楪飯床を背負ったまま寝ているではないか。よく見ると、新妻の父親ではないか。世の中には姻戚の家の器を盗むような奴がいるのかと驚きあきれた。

新妻は、これを聞いて唖然としたが、あわてて衣服を整えて勝手口を開けると、「お父さん、娘がそんなに大切ですか。何もそこまでしなくても」と言った。これを聞いた姑は、すぐに舎郎房に行って、夫に「嫁が盗みの片棒を担いでいる」と告げた。舅は嫁を呼んで「なぜ、そんなことを言うのか」と尋ねた。

それを聞いた嫁は、「実は、私が十歳になった年に、ある占師が『私の命は短くて、長く生きられない』と告げました。父が『命を引き延ばす方法はないか』と聞くと、『祈祷をしても無駄で、結婚する時に父親が花聟の家に行って、大きな過ちを起こせば命を引き延ばすことができる』と言いました。それで、おそらく父はそういう過ちを起こしたのです」と言った。舅はそれを聞いて、新しい姻戚がとんでもない失敗をしたのは自分の家の嫁のためだったと考え、それをありがたく思い、花嫁の父をたいそうもてなしたということだ。

（任晳宰　一九七一）

**【文献資料】**

①任晳宰　一九七一年『韓国民俗総合調査報告書（全北篇）』六五六〜五八頁（一九六九年八月十一日に、全羅北道茂朱郡茂豊面県内里で河泰錫（六八歳・男）に聞く）（＊『韓国の民俗大系（全羅北道篇）』任東権・竹田旦訳　六九八〜九九頁）

**【話型構成】**

Ⅰ．愛酒家とその下男。(1) 酒をとても好む父が、娘が嫁に行く日、聟の家に行ってごちそうになった。(2) これまで酒を飲みすぎてたびたび恥をかいてきたので、今回は下男が見張りをすることにした。(3) 主人の男根に糸をつないで、外で下男が一回引っぱるたびに一杯ずつ

飲むようにした。(4)ところが下男も酒が飲みたくなって飲んでいるうちに、犬が糸を引っぱるので、夢中になって飲み続けた。

Ⅱ．父の恥と娘の機知。(1)酒に酔った父親は、台所に行って素晴らしい器を盗んでこようとして倒れ、器も壊れた。(2)家の人たちが騒いで、口々に泥棒だと言った。(3)立場が難しくなった娘が、父のところに行き、「父さん、娘のために、どうしてそれほど恥をかくのですか」と言った。(4)聟の親がそのわけを問うと、娘は「私が十歳のとき占うと、短命だが、もし聟の家で恥をかかせれば長生きができるという卦が出たのだ」と答えた。(5)これを聞いた聟の親は、かえって自分たちのためにもなる行為なので、最高のもてなしをして帰らせた。

**【解説】**

この話は、「糸の合図に失敗して父親が恥をかく」前半と、「父親の盗みを機転のきく娘が助ける」後半の二つのエピソードに分かれます。

分別のない男につけた糸の合図が失敗して笑いを呼ぶ話は日本でも「糸合図」(大成345)として知られ、全国各地で語られています。ただし日本の場合は、愚かな男が挨拶の仕方を知らず、糸合図の手違いで「さよう」「ごもっとも」「なかなか」等を連発してしまう話の方が人気が高く、古典落語の「ろくろっ首」等にも登場します。一方、話の後半で、娘が父をかばう口実に使う「娘の寿命」のモチーフは、韓国では「北斗七星と短命少年」(KT416)、日本では「子どもの寿命」(大成152)などに共通して見られます。いずれも天命によって定められた子どもの寿命を奇抜な手段によって変える話です。

なお、ここで父親が盗もうとして失敗する「七楪飯床(チルチョプパンサン)」とは七種類の皿や椀を盛り付けることのできる大きな膳で、祝いの席で用いられた豪華な膳です。

【樋口】

**【話型比較】**　大成345　通観1008

# 522 ＊鰲城大監と卵

KT 597 オソン大臣の機知

むかし、朝鮮時代の領議政に鰲城（オソン）（号）李恒福という人がいて、知恵者として名をはせていました。ある日、王は鰲城大監を一度からかってやろうと、朝礼の時に他の臣下たちには卵を一つずつ持って来いと命じ、鰲城大監には内緒にしておきました。

翌朝、朝礼が終わると、王は大臣たちに「昨日、持ってこいと命じた品を出せ」と命じ、大臣たちは皆、長い袖から卵を一つずつ取り出しました。ところが、鰲城大監だけは卵を出すことができませんでした。

そこで、王は鰲城大監に、「卿（王が二品位以上の官員に対して用いる呼称）はどうして卵を持ってこなかったのか」と尋ねました。鰲城大監は困惑しました。ほかの大監たちが皆知っているのに、領議政として王の命令を知らなかったと答えることもできず、さりとて急いで卵を調達することもできません。鰲城大監は実に哀れな様子でしたが、すぐ知恵を絞りました。

鰲城大監は突然、雄鳥の羽のように両腕を大きく広げて「コケコッコー、コケコッコー」と何度か鳴き真似をした後、「小生は雄鳥なので、卵を産めませんでした」と言いました。
臨機応変のこの知恵に、王はとても感服したということです。

（金相徳　一九五九）

【文献資料】

①金相徳　一九五九年　五五一～五二頁

【話型構成】

Ⅰ．⑴鰲城・李恒福は李朝時代の領議政まで務めた知恵のある人である。⑵王様は李恒福をわざと困らせようと思い、他の大臣たちには卵一個ずつ持って来させ、彼には知らせなかった。⑶王様は鰲城に、なぜ卵を持って来なかったのか、と叱った。⑷鰲城はいきなり両手を開き、コケコッコーと鳴き声を出し、私は雄鶏ですので卵を産むことができません、と答えた。

【解説】

李恒福（一五五六～一六一八）は、朝鮮王朝時代の政治家で、壬辰倭乱（文禄慶長の役）でのめざましい活躍によって鰲城府院君に封ぜられました。黄喜・黄翼成（KT595）と同じく機知にとんだ温かい人柄で、「花嫁の顔を見ることに成功」（KT664）など多くの逸話を残しました。

なかでも、同じく優れた政治家であった竹馬の友・李徳馨（号・漢陰）との子ども時代の逸話「金の仏像」と「鰲城の度胸」はよく知られています。「金の仏像」は、盗まれた寺の仏像を二人が知恵を働かせてとりもどす話で、「鰲城の度胸」は漢陰が死者に化けて鰲城を驚かせようとする話です。

【崔・樋口】

# 523 ＊砂の帆柱

KT 598 砂帆

昔、中国は朝鮮に向かっていろいろと無理な注文をした。

ある時、中国の天子は「汝の国の漢江の水を残らず一艘の船に積んでよこせ」という命令書を朝鮮王に送ったので、時の朝鮮王以下諸大臣はただ恐懼（きょうく）してなすすべを知らなかったが、時の政丞・黄喜は中国の天子に返言を出してこういった。

「漢江の水は残らず送りますが、それを積む船には砂の帆柱が必要であります。小国には、あまり砂がございませんが、貴国には北方に大砂漠があるとききました。どうかその砂で三百尺の高さの砂帆柱をこしらえて送って下さい」と。

中国の無理な注文はこれで沙汰やみとなった。

（孫晋泰　一九三〇）

**【文献資料】**

①孫晋泰　一九三〇年　一九三頁（一九三〇年八月に慶尚南道馬山府で李殷相に聞く）

②任東権　一九七二年　四一～四二頁（＊『韓国の民話』熊

谷治訳　二五～二六頁）

③鄭寅燮　一九五二年　七七頁（一九三〇年に慶尚南道馬山で記録）

【話型構成】

I．（1）ときどき中国は韓国を侮って無理難題を押しつけてきた。（2）あるとき、漢江の水を全部船に載せ、中国によこせ、といってきた。（3）黄喜大臣は、要求に従うのは簡単だが、そのかわり砂でできた帆が必要だから直ちによこしてくれ、と逆に要求した。

【解説】

これも、名宰相・黄翼成の逸話です。

韓国・朝鮮は、中国と国境を接していますから、長く強国中国に朝貢をおこない、中国皇帝の使節を迎え、王権を安堵してもらい、暦を拝受してきた歴史があります。その歴史は、必ずしも平穏なものではなく、とくに壬辰倭乱（文禄慶長の役）の後の丙子の乱（一六三七）で清に敗れた後から、日清戦争で清が破れて大韓帝国が成立するまでは、王自ら迎恩門に中国の勅使を迎え九回叩頭（こうとう）する関係が続いていました。

黄翼成は高麗の人ですから、この話には時代があいませんが、笑い話の世界では朝鮮王朝が中国との理不尽な関係に苦しみながら、力ではなく知恵を用いて危機を乗り越え、一矢報いてきたことを語る話が少なくありません。

無理な要求に対して、それを叶えるための無理な要求をすることで対抗するという話は、中国でも広い地域に伝わっています。チベットには湖を運べと要求されたことに対して、運ぶだけの大きな袋を要求したという話があり、広西壮族自治区に住む壮族には、大きな鼓を作るように要求されたことに対し、皮を取るだけの巨大な牛を要求した話などがあります。　　【崔・斧原・樋口】

【話型比較】　金922

# 524 *子供夫

KT 599 年上の花嫁

朝鮮はことに男が早婚する国であった。

一人の年上の嫁がまだ幼い子供の夫をもって、夜中になっても夫たる者が妻のいうことをきこうとしないので常々小面にくく思っているところへ、ある日のこと、その夫が彼女が釜からご飯を食器に移しているところへやってきて「やい、そのおこげを少しくれ」等とたわいないことばかりいっているので、妻はぐっと癪にさわって夫の襟頸を捕え、これを屋根の上にほうりあげてしまった。

ところがその時ちょうど母が外出から帰ってきたので、彼は内心「俺は子供であっても一人前の夫だ。妻に放りあげられてこんなところにいることが母にわかったら面目ない」と思って巧智をめぐらせ、屋根に実っている南瓜をいじりながらその妻に向かって「おい、大きいのを摘むのか、小さいのを摘むのか」といったそうな。

（孫晋泰　一九三〇）

【文献資料】

①孫晋泰　一九三〇年　二二三～二二四頁（一九二七年八月に、慶尚南道馬山府で明周永に聞く）

②鄭寅燮　一九五二年　一九〇～九一頁（一九一三年に忠清南道温陽で記録）

③任晳宰　一九七一年　第三巻　五七～六一頁

【話型構成】

I．（1）昔は花聟より花嫁の方がずっと年上で、ちょうど弟と姉のようにも見えた。（2）ある日幼い夫が台所にきて、年上の妻にこげ飯をとうるさくねだるので、妻は夫を屋根の上に放り投げた。（3）このとき夫の母が入ってきたので、夫は嫁の困った立場をかばうために、屋根の上に実っている南瓜を指しながら、妻に「おい大きいやつをとろうか、小さいやつをとろうか」といった。

【解説】

これは孫晋泰が、一九二七年八月に慶尚南道馬山府で明周永に聞いた四話の笑話のうちの一つです。明周永は、一九二七年の六月、七月、八月にかけて孫晋泰に、笑い話だけではなく伝説や神話等さまざまのジャンルの話を十二話提供した重要な語り手の一人です。

朝鮮王朝時代の韓国では、一族の継子を得るために男子の早婚が多く、花聟がまだ十歳そこそこという例も見られました。この話では、そんな幼い聟が、自分自身と妻の面目を保つために知恵を働かせます。

かつては台所の大釜で飯を焚いていた韓国では、釜の底に必ず「こげ飯」が残ります。韓国では、日本の食後のお茶のように、この「こげ飯」に湯を注いで「ヌルンジ」という飲み物を作ります。この話では、幼い聟が妻にこの「こげ飯」をねだりますが、屋根の上で育てられる南瓜とともに、かつての韓国食文化の伝統をうかがうことができます。

【崔・樋口】

## 525 ＊敵討ち

KT 600 結局残るのはぼくだけ

むかし、ある村で老人が三、四人で将棋をさしていた。

下座にすわって、頬がくぼんでいる老人が「王手」と叫んだので、上座にすわっていた太ったご老人は動転し、呆然として為すすべがなかった。

このとき、横にすわって差し出口をしていたご老人が、「あほか、おまさん、そんな手も受けられないのか？」と言いながら、手でこつんとたたいた。その手が、太った老人がくわえていた長いキセルにあたって、喉に刺さり、老人はその場で死んでしまった。

たいへんなことになった。かたわらで差し出口をしていた老人は人殺しをしてしまったので、どうしたらいいか分からないまま、家に逃げ帰った。

舎廊房に息子三人を呼び寄せて途方にくれていると、表門を騒々しく押し開けて入ってくる三人の若者がいた。死んだ老人の息子たちだった。父の敵を討とうと殺気をみなぎらせて、庭に入ってきた。

三人の若者は「人殺し！　おやじの敵！　さっさと出てこい」と大声で叫び、わめきたてた。

差し出口をしていた老人は、口を開けたまま何もしゃべることができなかった。その時、その老人の末の息子が前に進んで、「よくいらっしゃいました。いったいなにがあったのですか」と、落ち着き払っていった。

三人は、「おれたちの父の敵討ちにきたのだ。早く、おまえのおやじを表に出せ」と大声を張りあげた。末の息子は少しも動揺せず、静かにこういった。

「いいでしょう。敵をお討ちなさい。あなたたちの長兄が、敵討ちをすれば私たちの長兄が敵討ちのためにあなたたちの長兄を殺すでしょう。そうすれば、あなたたちの次兄が、長兄の仕返しをするために私たちの長兄を殺すでしょう。するとまた、私たちの次兄が仕返しをするために、あなたたちの次兄を殺すでしょうし、あなたたちの末弟は、次兄の敵討ちをするために私たちの次兄を殺すことになります。そうすれば、最後に私があなたたちの末弟を殺すことになるでしょう。そうなれば、最後に生き残るのは私以外にいません。あなたたち兄弟の思うとおりに、一度、やってみたらいかがですか」

末っ子の泰然とした態度を前に、それまで激怒していた三人兄弟は何も言葉がなく、退散する以外に方法はなかった。

人は、いつでも沈着で機転さえあれば難しいことも解決できる、ということだ。　（任東権　一九七二　治訳　五四～五六頁）

【文献資料】

①任東権　一九七二年　七七～八一頁（一九五六年三月十三日に、蔡熙奭〔二二歳・男〕に聞く）（＊『韓国の民話』熊谷

【話型構成】

I.（1）老人たちが将棋をさしていた。そばで加勢していた老人が、誤って長いキセルで老人の喉を刺し、殺してしまった。（2）死んだ老友の息子三人が、父を刺した老人の家にやってきて老人を殺そうとした。（3）この家にも三兄弟の息子がいて、末子が前に出て、もしわが父を殺すならわが長兄があなたたちの長兄を殺すに違いない。このように殺して行けば、結局残るのはぼく一人だから、どうぞ勝手にしなさい、と迫った。（4）死んだ老人の息子たちがよく考えてみると、そうなれば相手の勝ちになるから、そのまま引き返してしまった。

**【解説】**

韓国では、将棋（チャンギ）をさす人が多く、とくに男性の老人にとっては大切な楽しみです。現在でも、天気の良い日は公園などに集まって将棋をさす老人の姿があちこちに見られます。将棋を指すのは二人ですが、そのまわりには、いつも人だかりがしていて、岡目八目の差し出口が絶えないようです。

この話は、その差し出口のあまり、つい手が出て窮地に陥った父親と家族を、三人兄弟の末弟が知恵を働かせ救うはなしですが、双方の父親と兄弟が互いに殺し合うと最後には末弟一人が残るという仕掛けは、ちょうど将棋の駒の奪い合いに似て、たいへん良くできた展開になっています。【樋口】

# 526＊妻と巾着袋

KT 601 幼い夫

むかし、あるところに父と母が一人息子と暮らしていた。暮らしは富裕な方だったが、自分たちが年をとるにつれて「早く息子に嫁をもらわないといけない」と考えはじめた。そして、息子が六歳になった年に、二十歳過ぎの娘と結婚させた。

舅は嫁に「お前は賢い嫁だから、息子の面倒をみてくれ。人というのは早く成長するものだから、今は苦労しても我慢しなさい」といった。

花嫁は幼い新郎の面倒をみて、つつましく暮した。ところが、同じ村のならず者が花嫁にちょっかいを出した。ちょうどその日は新郎が留守で、花嫁一人で留守番をしていた。虎視眈々と機会をうかがっていたならず者が、これを絶好の機会とみて、飛びかかって女を押さえつけた。いくらもがきあがいても、身動きできない。折よく夫が帰ってきて、「誰だ、うちの女房に手を出す奴は」と怒鳴ったが、ならず者は悠々と逃げていった。

妻は幼い夫を摑まえて、「一人でいたら入って来ました。暴れましたが、力に押されてしまいました。

どうか、このことを口外しないでください」と泣きながら訴えた。すると幼い夫は「それではかわいい巾着袋を一つ作っておくれ。そしたら黙っておくから」といった。

妻は「本当ですか。巾着袋だけで良いのですか。きれいな服も作りますから、黙っていてください」といって、その日から巾着袋を作りはじめた。新しい布を手に入れるのはとても大変な時代だったが、布を手に入れた。色を染めるといって、一日二日遅くなった。

待ちきれなくて頭にきた夫は、父のところに走っていって告げ口をした。

「何だと、それは一体いつのことだ」と父はたいへん驚いたが、息子は「別にいいんじゃないですか。いつだっていいじゃないですか」と愚かなくらい平静だった。しかし、父は内心落ち着かなくて、すぐ嫁を呼びつけて、「お前はもう嫁ではない。今すぐ出て行け」と言い渡した。

父の怒りに嫁はどうすることもできなかった。「出て行け」と言われれば出て行くしかない。嫁は家を出る準備をはじめたが、とにかく巾着袋だけは作ったので夫に渡した。

これを見た夫は「本当にかわいい巾着袋だ」と喜んだが、妻はこの言葉に「お父様に何も言わなかったら、これ以外にもきれいな服を作ってあげようと思っていましたのに。しかし、もう終りです。私は家を出ますが、巾着袋は置いていくので、私のことを忘れないでください」と言葉につまった。そんな妻に、夫ははっとした。

「誰が家から出ていけといった。いっしょに暮せばいい」「お父さまが許さないでしょう」「お前は、お父さんと暮すわけじゃない。私と暮すのだ。私が家を出て行けと言わない限り、私の言うことを聞きなさい」

息子は妻の作った巾着袋を腰にぶら下げて、父のところに行った。「これ見てください。かわいい巾着袋でしょう」父はその巾着袋が嫁の作ったものだということを知っていたので、「この馬鹿者め、そんなものは今すぐ捨てないか」というと、息子は「捨てるなんてとんでもありません。こんなにかわいいのに」と答えた。

腹を立てた父は、その足で嫁のところに行って、「お前は、夫を子ども扱いするのか。すぐに出て行け」と言うと、息子は両手を広げて、「だめだ、出て行くな」と立ちはだかった。

「お前は夫のくせに、妻が他の男と寝ても平気だというのか」「とんでもありません、私の妻はいい女ですよ。お母さんだって他の男と寝ましたが、お父さんは平気で一緒に暮しているじゃないですか」父は何も言えなかった。息子の言うことは事実ではなかったが、息子の妻が不貞を働いたというのも偽りだったと悟って、舅の怒りは治まった。こういうことがあってから、嫁はよく働いて、息子も成長して立派な士人になった。

（秦聖麒　一九五九）

**【文献資料】**

①秦聖麒　一九五九年　二〇七～一〇頁（一九五九年に済州島で記録）

**【話型構成】**

Ⅰ．（1）息子が六つのとき二〇歳の嫁をもらった。（2）村の若者が幼い夫の留守中に嫁を横取りして悪行を犯した。（3）現場をみていた夫に、嫁は美しい袋をこしらえてあげるから親には言わないでくれ、と頼んだ。（4）しかし、約束の時間に袋をこしらえてくれなかったので、親に告げてしまった。すると親は、嫁に出て行けといった。（5）息子は「それはいけません。母も他の男と同

衾したけれど、父さんは母と暮らしている」といった。

(6) 父は、いま言ったことは嘘だから、さきの嫁のことも嘘だと思って嫁をとどめた。

**【解説】**

さすがに六歳と二〇歳という年齢の差は極端ですが、朝鮮王朝の両班の間では、息子の自立を早め、男系の子孫を確実に得るために、男子の早婚がよく見られ、妻が夫より年上であることの方がむしろ一般でした。

この話の主人公である幼い夫は、妻に美しい袋をねだるあどけなさを持ちながら、一方で母の不貞を種に父をやりこめるほどの早熟です。理不尽な早婚制度が引き起こした問題を、幼いがゆえの夫の知恵が解決するという、矛盾した結末を良しとして称揚する朝鮮王朝独自の精神世界を示す不思議な物語です。

【崔・樋口】

# 527 ＊食べ物の好み

KT 602　石をかんだ舅

ある娘が嫁に行った。結婚して三日目にして初めて台所で料理を作り、舅のご飯を作った。かしこまって立ったままで、舅が食事をするのを見ていた。

舅が一口食べた時、「カン」と石を噛む音がした。嫁はどうしていいのか分からずあわてたが、舅が呼んだ。

「おい、これからは、私が好みに合わせて食べられるように、ご飯と石は別々に取り分けて出しなさい」

（李勲鐘　一九六九）

【文献資料】

①李勲鐘　一九六九年　一八七～八八頁（一九五〇年に京畿道広州で記録）

【話型構成】

I．（1）ある女が嫁にきて、はじめての食膳を夫の親に供えた。（2）舅がはじめの匙をとって口に入れると、石をかんだ。（3）嫁が恥ずかしくてどうしたらよいかわか

らないでいると、舅は、これからは好みに合わせて食べられるように、石とご飯とは分けた方がよかろうといった。

【解説】

韓国の両班社会では、一家で食卓を囲むという習慣はありませんでした。女たちは、主婦の部屋である内房に隣接する台所で用意した食事の膳を男たちの部屋である舎廊房にはこび、男たちの食事が済むまでかたわらに控え、食事を終えた男たちの膳を下げてから、自分たちの食事をあわただしく済ませていたのです。

こうした食卓の光景は、一九七〇年代以降、都市に高層アパートが普及し、リビングルームに膳の代わりに食卓が登場すると一変し、家族が食卓を囲むようになりました。

この話に登場する舅は、若い嫁の失敗をかばう優しさと機知を備えていますが、これもすでに「今は昔」の物語です。　　　　【樋口】

# 528 ＊僧侶と郡守

KT 603 僧とウォンニム

僧侶が、ある日托鉢に出かけました。ある家に托鉢に行くと、無慈悲な主人が喜捨するどころか、僧侶の頬を叩きました。叩かれた僧侶はとても怒って、叩いた人を郡守のところに引っ張って行って訴えました。ところが、その郡守というのは叩いた人の叔父にあたる人でした。

郡守はまず二人を交互に見てから、太った体を支えながら座りました。そして鼻の先で僧侶を見下して、「この人がお前を叩いたというのか」と聞くので、僧侶は「はい」と答えました。

すると郡守は、「それでは叩いたお前が悪いから、この僧侶を叩いた罰として一文を払いなさい」と言い渡しました。

僧侶は「何ですって郡守さま、たったの一文ですか。罰金がたった一文だなんて、話になりません」と、僧侶はあまりにも罰金が安いので、あきれて言いました。

もしかして聞き間違えたのかと思い、もう一度聞き直しましたが、「しつこい奴もいるもんだ。耳が遠くなって、おれの言うことが聞こえなかったのか」といって、郡守はキセルを口にくわえたまま、お

もしろそうに甥に目をやりました。

ちょうどその時です。僧侶の手が稲妻のような勢いで、郡守の頬に飛んでいきました。

郡守は怒って、「おい、何てことをするんだ」と頬を押さえて大声をあげましたが、僧侶はまったく動ぜず笑って言いました。

「罰金があまり安いので、私も一度殴ってみたくなりました。私の罰金は、あなたの甥の一文をそのまま差し上げますので受け取ってください。私は忙しいので、これで失礼します」

そういって、僧侶は楽しそうに帰っていきました。

郡守と甥は互いに顔を見合わせて、ただ呆然としていたそうです。

（金相徳　一九五九）

【文献資料】

①金相徳　一九五九年　四八六～八七頁

【話型構成】

Ⅰ．（1）僧が托鉢の途中に、ある家の意地悪な家主に頬を打たれ、訴え出た。殴ったのはウォンニムの甥であった。（2）ウォンニムは二人から説明を聞いて、加害者に一文の罰金を命じた。（3）僧はウォンニムのほっぺたを強く打って、「ほっぺたを一度打たれる値打ちが一文だから、私も殴ってみました。あなたの甥からもらった一文をあなたにあげます」といって出て行った。

【解説】

韓国の昔話に登場する僧は、山中の寺で研鑽をつむ修行僧と、寺を出て家々をまわり喜捨をうけながら家の安泰を祈る托鉢僧の大きく二つのタイプに分かれます。

托鉢僧の場合は「神僧」と呼ばれ、家の主人の運命を言い当てたり、その危機を回避する方法を授けたりと、不思議な力を発揮することが多いのですが、その一方では、どこの誰だか分からない物乞いと同列視されて、主人から過酷な扱いを受けます。そして過酷な扱いを受けた僧は、これもまた不思議な力を発揮して、僧を蔑んだ主人に復讐します。

山中に住む修行僧の場合も、修行によって得た不思議な力を発揮することがありますが、特に笑話に登場する場合は、たいがい世俗的な欲望に満ちた破戒僧で、その欲望のために失敗をくりかえし、哄笑の的となります。

この話に登場する托鉢僧は、超自然的な力を発揮することはありませんが、巧みな知恵の働きで、仏法を軽んずる俗人の金持ちや権力者に痛撃を与えて去ります。

日本の昔話の場合も、韓国と同じく、回国の托鉢僧と、世俗の世界に住む住職が登場します。回国の托鉢僧の代表的な存在は弘法大師や行基で、各地を旅して奇跡をおこし、心の優しい人には報い、強欲な人を罰します。

その一方で、世俗に住む住職は、笑話の「和尚と小僧」のように、食欲のような世俗的な欲望の隙を小僧につかれて、やはり哄笑の的にされることが少なくありません。

ただし、韓国の場合は檀家制度がないので、寺は山寺が多く、厳しい修行の場であることが一般ですが、日本の場合は僧が檀家とともに世俗に住むことが多く、修行僧が例外的な存在であるという大きな違いがあります。

【樋口】

# C　言葉の才能

KT 604.1　言葉のユーモア

## 529　＊臨機応変

間抜けな男がいた。家には食べるものが何もないのに、餅を作って食べようと考えた。「米があれば、小豆を煮て餅を作れる。しかし薪がないな。材料はみんなそろっているのに、一つだけ足りないようだ」

この男が字が読めないことは誰でも知っていたが、こいつはいつも知ったかぶりをして、よく講釈をする。だから、初めて会った人はだまされるわけだ。

ある時、よその家の法事につきあって山の上の墓に上ったが、意地悪な人が男をからかって尋ねた。「あそこの墓碑に何て書いてある」「さて、一番上の字はよくわからないな。中の二文字は度忘れして思い出せないし、下の字は何の字だっけ」

こんな調子なので、そのうち暮して行けなくなって、家族が別れ別れに暮すしかないということになった。

そこで男が女房に「もう仕方がない。お前は実家に帰りなさい」と言うと、女房が「子どもはどうするんですか」と聞いた。すると男は「どうするって、子どもの母親と一緒に暮せばいい」と答えた。女房がまた「じゃあ、あなたはどこで暮すんですか」と聞くと、男は「おれは嫁の実家に行くから心配するな」と答えたそうだ。

（李勲鐘　一九六九）

**【文献資料】**

①李勲鐘　一九六九年　一四四～四五頁（一九四五年に京畿道広州で記録）

**【話型構成】**

Ⅰ.（1）ある男が、米も小豆もないのに餅を作って食べようとする。（2）男は、さらに薪がないことに気づき、米も小豆もそろっているのに、薪がないので餅ができない。残念だといった。

Ⅱ.（1）男は、なにも知らないくせに、よく知ったかぶりをした。（2）ある人が彼をからかって「墓碑に刻んである文を読んでくれ」というと、彼は「そうだな、一番

上の字はよく知らないし、真中の字は度忘れして、最後の字だけが思い出せない」といった。

Ⅲ．⑴食糧がなくなったとき、亭主は、家族を分散することにした。⑵妻には実家に行けといった。子どもたちはどうしますかと妻が問うと、彼らは母の実家に行けばよいさ、と答えた。⑶それではあなたはどこへと問うと、おれは妻の実家に行けばなんの心配もないと答えた。

**【解説】**

無知なくせに機知にとんだ男が、言葉を巧みに使い分けて、難問を解決したように見せかける話です。こういう「知ったかぶり」や「負け惜しみ」は、日本の場合、昔話より落語によく登場します。たとえば「だくだく」に登場する泥棒は、盗みに入った家の品物がすべて絵に描いたものだったので、一つひとつの品を「盗んだつもり」になり、最後は見つかって槍に刺されて「血がだくだくと流れたつもり」になって落ちがつきます。

また「酢豆腐」では、何でも知っていると知ったかぶりする若旦那をからかって腐った豆腐を食べさせて、「これは天下の珍味の酢豆腐だ」と言わせて哄笑を誘います。いずれも噺家という話芸の達人が、巷にあふれる小咄を幾つかつなげて話にしたものでしょう。

ここに取り上げた韓国の笑い話の主人公も、世間によくある「知ったかぶり」や「負け惜しみ」の類で、人びとの哄笑をさそっていたに違いありません。

【樋口】

# 530 ＊言葉の機知

KT 604.2 言葉のユーモア

ある男が服喪中に、麻の喪服を着てパンガッ（喪に服している者がかぶる笠）をかぶったままケジャンクッ（犬肉のスープ）を食べているのをみた一人の年寄りが、これを咎めて口を出した。

「あんたは喪中のくせに、人目をはばからず犬肉を食べるのか」

すると男が、「喪中といっても、いろいろあるよ。姉さんの息子の母方の祖父が亡くなったんだから、犬肉くらい食べても構わないだろう」と答えた。

年寄りは、「姉さんの息子の母方の祖父」だといわれて分からなくなったので、村の執綱先生（村寄り合いの長）を訪ねて聞いてみた。すると先生はしばらくたばこを吸って考えていたが、「それは自分の親のことだろう。あきれた奴だ」といった。

（李勲鐘　一九六九）

**【文献資料】**

①李勲鐘　一九六九年　一四四～四五頁（一九四五年に京畿道広州で記録）

**【話型構成】**

I．（1）一人の老人が喪服のまま犬汁を買って食べていた。（2）友人がきて、おまえさん喪主の身分で犬汁を買って食べるなんて、と叱った。すると彼は、「喪主もいろいろだよ。姉の息子の母方の祖父が死んだのに、なにが悪いかい」と反問した。

**【解説】**

韓国では服喪の決まりが厳しく、とくに親を失った場合には喪主は麻で仕立てた粗末な喪服を着て、三年の間、外出、食事、酒、言葉などを慎む習慣があります。この話の主人公は「姉の息子の母方の祖父」、つまりは自分の父の事ですから、もっとも厳しく喪に服さなければならない立場です。

彼が喪服のまま食べていたケジャンクッとは、犬肉のクッパップ（汁かけ御飯）のことで、日本のスッポン料理のように男たちが精力を保つために食べる補身湯（ポシンタン）です。とくに夏至の後の庚（かのえ）にあたる伏日（ブクナル）（酷暑）に夏の暑さに負けないように食べることの多い料理ですから、喪中の者は特に避けなければいけないはずです。【樋口】

# 531 ＊きっと歯でくわえたのでしょう

KT 604.3 言葉のユーモア

むかし、慶尚道のある寺に説法が上手な坊さんがいた。

ある年の陰暦四月八日に、仏様の誕生日を祝うため、この寺で大きな説法会が開かれた。

信徒たちがつけた五色の花燈が四方をまばゆいばかりに照らしていた。

「皆さん、仏様の偉業にはただただ頭が下がるばかりです」と口を開いた坊さんが、新羅時代の殉教者イチァドン（異次頓）の死について話しはじめた。「イチァドン師はご存じの通り、首を斬られたまま十里もの道を自分の首を持って歩いたといわれます」

その時、聴衆のある男がいきなり立ち上がって坊さんに尋ねた。「坊さま、私はイチァドン師が両手を縛られたと聞きましたが、どうやって首を支えたのでしょうか」

すると、坊さんは「それは、きっと歯でくわえたのでしょう」と真顔で答えたという。


（韓相壽　一九七四）

**【文献資料】**

①韓相壽　一九七四年（一九六〇年八月十日に、咸鏡南道端川郡端面文湖里で朴ホシク〔六一歳〕に聞く）

**【話型構成】**

Ⅰ．ある僧侶が「異次頓は首を切られて十里の道を自分の首を持って歩いた」と説法した。

Ⅱ．聴衆の一人が「異次頓は両手を縛られていたのに、どうやって首を支えたのか」と尋ねた。

Ⅲ．僧侶は、「歯でくわえたのです」と答えた。

**【解説】**

新羅時代の僧、異次頓の殉教についての説教をからかう笑い話です。異次頓は、仏教公認を断行して新羅の国家体制を整えた法興王（五一四～五四〇）に仕えた僧ですが、仏教の公認に反対する貴族層を抑えるために、自らの死をもって奇跡をおこしたとされます。彼は五二七年九月十五日に斬首されましたが、その時、太陽は暗くなり、美しい花が空から雨のように降り、首は金剛山に飛んだとされます。この奇跡の結果、仏教は国教とされ、慶州に興輪寺が建立されました。

首を切られて、その首を抱えて歩いたという話は、十三世紀ヨーロッパの『黄金伝説』にも、キリスト教の聖人であるサン・ドニの逸話として記録され、いまも語り継がれています。

なおこの話を記録した韓相壽は韓国在住ですから、一九六〇年に北朝鮮の咸鏡南道で聞き取り調査をすることはできなかったはずです。したがってこの話は、正確には韓国内での調査記録で、話者の朴ホシク〔六一歳〕が咸鏡南道端川郡端面文湖里出身であったということだと推測されます。

【樋口】

# 532 ＊みんな正しい

## KT 605 そう、あなたが正しい

（黄翼成宰相には）また、こんなこともありました。ある日、奴婢たちが何かのことで言い争っていました。奴婢同士が、自分の方が上手だ、お前の方が下手だ、と言い争うので、いくら喧嘩をしても決着がつきませんでした。それで、奴婢は主人である大監（黄喜）に喧嘩の決着をつけてほしいと頼みました。

まずは、ある奴婢が「私はこうこうしたのですが、あの女がこうこうして、間違っていると喧嘩をふっかけてきたのですが、正しいでしょうか。大監様も私の方が間違っているとお思いですか」と言いました。黄喜はその奴婢の話を聞くと、「そうだな、お前の方が正しい」と言って頷きました。

すると、他の奴婢が前に出てきて、「あの女がああだこうのと間違っていたので、私がこうだと教えてやったのに、それに難癖つけて喧嘩をふっかけてきたので、あの女が間違っているのです。私の方が間違っているのでしょうか」と言いました。黄喜はその奴婢の話を聞くと、お前の言っていることが正しい、と言いました。

黄喜政丞の夫人は黄喜が二人の奴婢が共に正しいと言うので、その軍配に納得がいかず、「大監、そ

の軍配はどういう意味なのでしょうか。喧嘩の決着をつけるなら、前者はこうで、後者はこうだから、この件はこういったわけで正しくて、あの件はああいったわけで間違っていると、物事をはっきりさせなければならないのではないでしょうか。この女の話を聞いてはお前が正しい、あの女の話を聞いてはお前が正しいと答えれば、誰が正しくて、誰が間違っているのか、わからないではないですか」と言いました。

黄喜は夫人の話を聞くと、「あなたの言っていることも正しい」と言ったそうです。

（任晳宰　一九八八）

**【類話】**

ある人が郡守になって、ある村に赴任したのだが、ある時、喧嘩した二人の男が郡守に裁判してもらおうとやってきた。

郡守が一方の男に「お前は何をしたのか」と尋ねると、「私はこれこれで、間違ってはいないです」と言った。郡守はその言葉を聞いて「お前の言っていることが正しい」と言った。

すると相手の男も「私はこれこれで、間違っていません」と言った。すると郡守はまた「お前の言っていることが正しい」と言った。

それを聞いていた郡守の妻が「どちらかが正しいと言わなければならないでしょう。二人とも正しいと言うのは話になりません」と言うと、郡守は「あなたの言うことが正しい」と言ったそうだ。

（任晳宰　一九八八）

**【文献資料】**

①任晳宰　一九八八年　第二巻　一五五～五六頁
（一九三二年八月に、平安北道定州郡定州邑城内洞で金麟恒に聞く）
②任晳宰　一九七五年　第五巻　五五～五九頁
③Eckardt　1928　pp.35－36

④山崎日城　一九二〇年　五九頁

**【話型構成】**

I.（1）黄喜は誰にでも「うん、うん、あなたが正しい」という僻がある。（2）下僕二人が口喧嘩をして、その判決を受けに黄喜のところにきた。（3）黄喜は一人の者から事情を聞いて、「そうあなたが正しい」といった。すると他の者がやってきて訴えるので、また「そうあなたが正しい」と答えた。（4）妻がきて自分の意見ではこうだというと、やはり彼は「うん、あなたが正しい」と答えたので下僕たちは喧嘩をやめた。

**【解説】**

これもまた、黄翼喜大臣の身辺話として伝えられる話です。

日本では、「二反の白」（大成４８５）として九州から東北まで広く語られる話です。嫁と姑、兄弟などの二人が争い、和尚や代官などの知恵者に賄賂を贈って自分に有利な裁きをもとめます。裁定者は知恵を働かせて双方の言い分を肯定して、賄賂をただ取りしてしまいます。江戸時代初期の笑話集『醒酔笑』にも見える人気の高い話です。

韓国の黄喜の裁定話とは少し趣が異なりますが、「争う二人の言い分を否定せず、知恵を働かせてまるく収める」という件は共通しています。

【樋口】

**【話型比較】**　大成４８５　池田１８６１　通観８０２

# 533 ＊様子を見ないと

KT 606 結果を見ないと

むかし、ある人が稲刈りをしていました。その年は豊作だったので、村の年寄りがこれを見て、「今年は米の飯には困らないね」と言いました。この人は「さて、米の飯を食べられるかどうかは、まだ様子を見ないと分かりません」と答えました。

その後、しばらくしてからこの人が稲を脱穀していると、また村の年寄りがきて、これを見て「もうお前は米の飯に困らないだろう」と言いました。この人は、「さて、米の飯を食べられるかどうかは様子を見ないとまだ分かりません」と答えました。

その後、この人が稲籾を臼で搗いていると、またその村の年寄りがこれを見て、「もうお前は米の飯に困らないだろう」と言いました。この人はまた「さて、米の飯を食べられるかどうかは様子を見ないとまだ分かりません」と言いました。

その後、この人が飯を炊いて、お膳で食べようとしていました。この時また村の年寄りがきて、またこれを見て「やっと米の飯を食べられるね」と言いました。ところが、この人は相変らず「さて、米の

飯を食べられるかどうかは様子を見ないとまだ分かりません」と言いました。

年寄りは米を匙ですくって口に入れたのに、この人が「様子を見ないと」と言うので、ついに怒って「おい、飯が口に入ろうというのに『様子を見ないと』とはどういうことだ」と言って、お膳を引っくり返しました。

それで、この人はその飯を食べることができませんでした。するとこの人は、「ほらみなさい。私の言った通りでしょう。炊きあがった飯も食べられなければ『食べた』とは言えないでしょう。私が『食べる前までは、食べられるかどうか様子を見ないと分からない』と言ったじゃないですか」と言ったそうです。

（任晳宰　一九七五）

**【文献資料】**

①任晳宰　一九七五年　第三巻　七一～七二頁

**【話型構成】**

Ⅰ．⑴豊作で米がたくさんとれた。通りがかった老人が百姓に「これからは白米飯が食べられるようになったね」というと、彼は「結果を見ないと」と答えた。⑵ご飯を炊いて飯を食おうとするとき、老人が再び、「白米飯が食べられるようになったね」というと、百姓はまたも「結果を見ないと」と答えた。⑶老人は怒って食卓をひっくりかえした。すると百姓は「だから私がいったでしょう。結果を見ないと分からないと」といった。

**【解説】**

韓国の古い諺に「鹿を捕らえる前に、鹿皮で指ぬきを作ったつもりになる」というのがあります。日本の「捕らぬ狸の皮算用」と同じ意味ですが、この話は「主人公が将来に対してあくまで慎重で、とうとう飯を食べそこなって、やっと得心する」という笑話です。

これに対してKT630・1の「甕売りの算段」は、

「貧しい甕売りが自分の境涯を嘆くうちに、素晴らしい金儲けを思いついて有頂天になった瞬間にすべてを失い悲嘆にくれる」というまったく逆の笑話です。

高橋亨は『朝鮮の俚諺集付物語』（一九一〇）のなかで朝鮮王朝時代から伝えられた一二九八もの諺を紹介していますが、中には「松の木を育てて、亭子（あずま屋）を作ろう」のように気長な夢を笑い、「我が銭三文は、他人の銭四百両より優れり」という現実を大切にする諺が含まれています。こうした笑い話や諺の背景には、「夢を追うより足元を見なければいけない」という庶民の堅実な処世観が垣間見られるように思われます。

【樋口】

【話型比較】通観893

## 534 ＊仲人の機転

KT 607 仲人のユーモア

むかし、ある所に年ごろの娘がいた。母親は花聟を探したが、ふさわしい人が見つからなかった。

そんなある日、母方の叔父がやってきて、「花聟候補がいるから、それに決めてはどうか」と言った。するると、母親はすっかりその気になってしまった。

その叔父は、「一つだけ気になることは、とても遠い（顎が外れるほど）ということだよ」と言った。しかし、母親はとても遠くてもかまわないから、それに決めようと言い、娘の生まれた年・月・日・時間の四つの干支から吉凶禍福を占い、結婚の日取りも決めた。

やがて、結婚式の日が近づいてきた。餅を作ったり、豚を殺したり、大騒ぎをしながら、聟殿がどんな男前だろうかと気がかりであった。そして、結婚式場に聟殿が現れるのを待っていると、新郎が駕籠から降りてきた。その瞬間、みんなはびっくりぎょうてんして、尻もちをついてしまった。

なぜかと言うと、新郎は目が不自由な上に、とてつもなく（顎が外れるほど）間抜けだったからである。

それで、母親は叔父を捕まえて「どうしたことだ」となじると、「わしが仲人するときに、前もって『とんでもない（顎が外れるほどの）欠点がある』と言っておいたじゃないか」と、言いながら逃げていったそうだ。

（任東権　一九七二　清北道清州で記録）

**【話型構成】**

I．（1）年頃の娘に外叔（母の男兄弟）がきて、聟になる人があるが、ただ一つ欠点は「アゴなしに遠い」ので

**【文献資料】**

①任東権　一九七二年　二〇六～〇七頁（一九五六年八月に慶尚北道金陵郡亀城面上院里で記録）（＊『韓国の民話』熊谷治訳　一四九頁）

②李勲鍾　一九六九年　二二五～二六頁（一九五〇年に忠

あるといった。だが娘の母はかまわないといった。(2)結婚当日、花聟がやってきた。みると目が不自由であり、アゴもない不具者であった。(3)娘の母が外叔を叱ると、彼は「だから前にいったでしょう。『アゴなしに遠い』のが一つ欠点だと」といって逃げてしまった。

**【ヴァリアント】**

ある家で嫁を探した。仲人婆がやってきて、嫁の候補の自慢話をしたのち「一つ欠点は若干遠いのだ」といった。すると聟の家では「若干遠いのはかまわない」と答えた②。

**【解説】**

少し前までの窮屈な韓国の結婚事情を笑いとばす話です。

かつて韓国は、仲人を立てての結婚が一般的でした。社会的に地位が高い両班層は、一族だけが居住する「同姓村」に暮らすことを誇りとしていた上に、同姓一族の間での結婚は禁止されていましたから、村内での結婚はタブーで、どうしても自分たちの村から遠いところから結婚相手を選ぶことになります。

そこで活躍するのが仲人です。この話のように、顔の広い親戚や、諸国を渡り歩く行商人などが情報をもたらし、良しとなれば四柱推命に従って、互いの生まれた年・月・日・時間の四つの干支から吉凶禍福を占い、結婚の日取りを決めたのです。

日本の場合も、近年までは見合い結婚が多く、韓国と同じような状況が一般でしたが、それでも結婚の自由度と選択肢は、韓国より広かったと考えられます。

この話に見られる「アゴなしに遠い」という表現は「距離がとても遠い」ことを表わす言葉で、目が不自由な場合にも「目が遠い人」ということがあります。

中国では、仲人が身体に障害をもつ人をうまく結婚させるという話がいろいろと発達しています。たとえば脚に障害のある男を馬に乗せ、見合い相手の娘の前を通らせたり、また口元に障害のある娘には、花の香りを嗅がせるふりをして口元を隠したりします。韓国の例話では、言葉の取り違えを利用して仲人がうまく結婚をまとめる話になっています。

【斧原・樋口】

**【話型比較】** Eberhard 206

# 535 ＊山之高高撑石故

KT 608　一番目と二番目の婿

私（孫晋泰）が京城の中央学校に通っていたころ、学校の先生たちが集まると、こんな笑話をしていた記憶が今でも鮮明に残っている。

ある人に二人の婿がいた。次女の婿は賢明だったので、いつも妻の両親からとても可愛がられていた。しかし、長女の婿は愚かだったので、じっと黙っていることが多かった。ある日、二人の婿が一緒に妻の実家に泊まることになったが、長女の婿は次女の婿に比べて冷たい扱いを受けていた。

父親は二人の婿を呼びつけて座らせてから、二人の漢文の教養を試そうとした。そして山を指して、「山はどうして高いのか（山為何高）」と尋ねた。すると次女の婿はすぐに「山が高いのは、石が積み重なって出来たからです（山之高高撑石故）」と答えた。しかし、長女の婿は黙っていた。父親が、今度は松の木を指して「松はどうしてあんなに青いのか（松為何青）」と聞くと、次女の婿は、「松が青いのは、芯がしっかりしているからです（松之青青實中故）」と答えた。長女の婿は今度も黙っていた。父親が今度は路地にある柳を指して、「路地にある柳はどうして大きくないのか（柳為何不長）」と問うと、次女の婿は、「路地の柳が大きくないのは、人が見るゆえです（路柳不長閲人故）」と答えた。最後に父親が、自分の禿げ

頭を触りながら「私の頭はどうしてこんなに禿げているのか（我頭又為何禿）」と問うと、次女の婿は「お父様の禿げ頭は、年が満ちたゆえです（丈人脱頭年満故）」と答えた。

父親は、次女の婿の背中を撫でながら喜んだ。部屋にやってきた母親までも長女の婿を横目で蔑むように見下した。妻の父親は「こいつはいつになったら、こんな漢文の問答ができるようになるんだ」と嘲弄した。長女の婿は憤って、「はぁ、それでも漢文なんですか」といって、次女の婿を嘲笑した。「それなら、お前も作ってみろ」と父親はいった。長女の婿は、こう反論した。

「山が高いのは石を得ているからだと言いましたが、天が高いのも石を得ているからですか？」と反論した。父親は「それもそうだ」とうなずいた。

続けて、「松が青いのは芯がしっかりしているからだと言いましたが、竹が青いのも芯がしっかりしているからですか？」と言い返した。父親は今度も「もっともだ」と頷いた。

さらに、長女の婿は父だけでなく母も辱めてやろうと、続けて漢詩を詠んだ。「路地の柳が大きくないのは、人が見るゆえだと言いましたが、お母さまの背が大きくないのも人が見るゆえだからですか」といった（義母は背が低かったようである）。義父と義母は、怒りと恥で赤面した。

長女の婿は最後に、「お父さまの禿げ頭は年が満ちたゆえだと言いましたが、僧侶の禿げ頭も年が満ちたゆえでしょうか」と言って、いつも冷遇されていたことに対して仕返しをしてやった。

（孫晋泰　一九四七）

【文献資料】

①孫晋泰　一九四七年　八〇～八一頁（日帝時代の京城中央学校で先生から聞く）

【話型構成】

Ⅰ．かわいがられる二番目婿。(1) 二人の婿のうち上はやや足らず婿であり、下の方は利口で妻の親からかわいがられた。(2) ある日、妻の父がきいた。山はなぜ高いか、と。下の婿が答えた。それは石が支えているからだ、と。(3) また、松の木はなぜ青いか、と問うと、やはり下の婿が、それは実を実らせるためだ、と答えた。(4) では道にある柳はなぜ大きくならないか、と問うと、それは人間が通り過ぎるからである、と答えた。(5) わしの頭はなぜ禿げているか、と問うと、それは年をとったためである、と答えた。

Ⅱ．憎まれている上の婿の反問。(1) 妻の親は一言も答えられない上の婿を叱った。(2) 上の婿は腹を立て、皆をいじめるつもりで反問をはじめた。(3) 山の高いわけは石が支えているからだというが、では天の高いわけも石が支えているからか。(4) 松の木が実のために青いというが、では竹も実のために青いか。(5) 道の柳が人のために小さいというが、では丈母（妻の母）の背が小さいのも人が通ったからか。(6) 丈人（妻の父）の頭が年のため禿げたというが、ではわしの頭が禿げているのも年のせいか。(7) こうして上の婿ははらいせをした。

【解説】

この話は、孫晋泰が、韓国が日本の植民地支配から解放された直後の一九四七年に出版した『朝鮮民族説話の研究』に、自分が中学校時代に聞いた話として収めた話です。

孫晋泰は、五歳の時に母親を津波で失い大変貧しい生活をして苦労したと述べていますが、二三歳で日本に留学した時には、日本語や英語は言うに及ばず、極めて深い漢文の知識を身につけていました。この『朝鮮民族説話の研究』の基となる論文は、日本留学中に十五回にわたって「新民」という韓国語の雑誌に連載されたものです。

『朝鮮民族説話の研究』のなかで、彼はその漢文の素養を駆使して、この話について以下のようにコメントし

ています。

「この説話の出所は、やはり中国である。宋の李昉の『太平廣記』二四八、詼諧類、「山東人の条」から引用された『啓顔録』や、明の謝肇淛の『五雑組』巻十六、事部四の中に見られる説話に若干の冗談的な色合いを加えたものである。（中略）この二つの説話を比較してみると、どれほど韓国の民衆の間にこういう種類の中国説話が根をはり、韓国化されてきたかが分かるだろう。」

若いころの孫晋泰は、朝鮮王朝の両班知識人に独占された漢字文化に反発し、「時調」という両班・民衆の分け隔てない詩、被差別の巫覡によってうたわれた「神歌（巫歌）」、そして文字を知らない民衆が伝えた「民譚」の研究を進めたのですが、韓国の文化が実は中国起源の漢字文化に裏打ちされたものであることを、誰よりも深く理解していたものと思われます。

隋の『啓顔録』（『太平廣記』所引）に次のような話（「山東人」）があります。山東人が蒲州の女を娶りましたが、その母の首には大きな瘤がありました。女の父は婿を試そうと思い、「鴻鶴がよく鳴くのはなぜか、松柏が冬でも青いのはなぜか、道端の木に瘤があるのはなぜか」と問います。婿は全ての質問に対し、「天然自然にそうなのです」と答えます。岳父はまったく道理というものを知らんと嘆き、「鴻鶴が鳴くのは首が長いから、松柏が冬でも青いのは芯が充実しているから、道端の木に瘤が多いのは車に当たったからだ」と言います。これに対して婿は、「蝦蟇（がま）がよく鳴くのは首が長いからでしょうか、竹も冬に青いですが芯が充実しているでしょうか、義母さんの首の瘤は、車に当たったからでしょうか」と答えて岳父を困らせたという話です（松枝茂夫〔訳〕『歴代笑話選』）。ここでは婿が二度答えることになっていますが、韓国の例話と松と竹、ならびに道端の木と義母の対比が一致しており、孫晋泰が言うとおり韓国の話の原話といってもよいと思います。

【崔・斧原・樋口】

**【話型比較】** 大成467　池田1890F

# 536＊美人の嫁を射止めるためには

KT 609　嫁を求めるため

むかし、判書（長官）の息子と政丞（大臣）の息子がいて、判書の息子はひどいあばた顔で、政丞の息子は男前だった。

ところで、もう一人の李政丞のところに娘が一人いたが、これがたいそうな美人だった。そして、この政丞の娘をめぐって、判書と政丞は互いに自分の息子と結婚させようと競っていた。

李政丞がある日、政丞と判書の息子を呼んで、賭をしようと言った。そして李政丞が三つの質問をして、うまく答えた方が政丞の嫁にもらうのはどうかと言った。

李政丞は、最初に「松はどうしていつも春のように青いのか」と尋ねた。判書の息子は、「中身がぎっしり詰まっているからです」と答えたが、政丞の息子は何も言わなかった。

二番目の問題は「山はどうして山というのか」だった。すると判書の息子は「石と土が積み重なって出来たからです」と答えた。また政丞の息子は黙っていた。

最後に、「冬の雁はどうして〝キキック〟と鳴きながら飛ぶのか」と言うので、判書の息子は「首が長

いからです」と言った。李政丞はうなずいた。その時、政丞の息子が、「恐縮ですが、三つ尋ねたいことがあります」と言った。

「第一に、松が中身がいっぱいに詰まっていて青いのなら、中が空の竹はどうして青いんですか」ときいた。その質問に判書は何も言えなかった。

「二番目に、石と土が積み重なって出来ているのなら、山よりもっと高い空はどうして山ではなくて空と言うのでしょう」そして最後の問題では「首が長いから雁がキックキックと鳴くのなら、首が短い蛙はどうしてキックキックと鳴くのですか」と尋ねた。

これに対して李政丞は、「あなたの言う通りだ」と言って、娘との結婚を許した。（任東權　一九七二）

**【文献資料】**

①任東權　一九七二年　二〇七〜〇八頁（＊『韓国の民話』「愚かな新郎」熊谷治訳　一五〇頁）

**【話型構成】**

Ⅰ．（1）高級官吏の家が二軒あった。各々息子がいた。一人はあばた面であり、一人は美男子だった。（2）もう一軒の官吏の家には美しい娘がいて、息子を持った両家では彼女を嫁にしようと必死になって争った。（3）娘を持った官吏が争いを仲裁し、難題を解く者に娘を嫁にやるといった。（4）結局、競争相手の解答に反論した知恵のある官吏の息子が嫁をもらうことになった。

**【解説】**

この話は、KT608「一番目と二番目の婿」とほぼ同じ話型ですが、謎解きや知恵比べが聟同士の争いではなく、花聟候補の「嫁とり競争」になっています。

結婚に際して、漢文や詩の教養を争うテーマは、日本では花聟候補の間の争いではなく花嫁候補の争いであることが多いように思われます。たとえば、シンデレラタ

イプの話として知られる「皿々山」（大成206）では、花嫁候補が歌を競います。

ヨーロッパの話でも、「動物の花嫁」（ATU402）のように、花嫁候補が機織りなど主婦としての能力を競う争いに勝ち、王子の妻の座を射止める話が多く見られます。

KT608と同じく『啓顔録』の趣向を借りた話です。ここには先の例話には無かった首の長い鳥と蝦蟇（がま）の対比があり、これもまた『啓顔録』に見える古話の変化であることは明らかです。【斧原・樋口】

## 537 ＊黒犬の目玉

夜、暗闇の中でものを見るためには、黒猫の目玉を抜いて自分の目玉と入れ替えればいい。しかし、火事があると縁の下に駆けこむ難があるという話は、日本本国にも伝えられているが、これは朝鮮の話である。

KT610　黒犬の眼

片目の人が、それを気にして、ふだんは「一つ」という言葉さえ嫌っているというのを友人が聞いて、「そんな馬鹿なことがあるものか、たとえば日も月も父も母も一つしかないものではないか。そんなことを苦にしてはいけない」とおしえた。しかし、どうも自分の片目が気になってたまらないので、「なんとかして両眼開くようにしたい」と会う人ごとに訴えていた。

ある人の曰く、「それは何でもない、黒犬の目を入れれば目が開く」と言うから、「それは本当のことか」と聞けば、「その代わり往来を歩くと、落ちている食物を腐ったものでも一度は鼻で嗅ぎたくなる」ろ、といった。

（山崎日城　一九二〇）

**【文献資料】**

①山崎日城　一九二〇年　一八六～八七頁

**【話型構成】**

Ⅰ．（1）ある者が片目であったので常に不満を抱いていた。（2）友人が、太陽も月も父も母もみな一つなのに片目がなんの不満の対象になるか、と忠告した。（3）けれども不満が解消しないので、黒犬の眼をとってさしこめばよいと教えた。（4）片目の者は、それは本当かと問うと、友人は、しかし道にこぼれている腐ったものでも一度は鼻先で臭いをかぐようになるからそれだけは覚悟しろ、といった。

**【古典文献】**

成俔『慵斎叢話』「狗の目と取り換えたなら」（＊梅山秀幸訳五六七頁）

**【解説】**

これは、成俔の『慵斎叢話』で蔡耆之（一四四九～一五一五）の逸話として記録した「狗の目と取り換えたなら」の類話ですから、韓国の人びとの間では古くからよく知られていたものと思われます。

この話を『朝鮮奇談と伝説』（一九二〇）で「目の明く法」として紹介した山崎日城は、そのタイトル下に「内地（日本本土）に有る話」と記しています。この日本の話とは、江戸時代の戯作者、小松百亀（一七二〇～九四）のあらわした『聞上手』に収められた「眼玉」をもとに語られた古典落語「犬の目」などを指すものと思われます。

それは、目を患った男の目を摘出手術した医師がその目を犬に食われてしまい、代わりに犬の目をはめこみます。おかげで男は今までよりはるか遠くが見え、夜でも昼のように明るく見えるようになるのですが、困ったことに電柱を見ると小便をしたくなってしまう」というのが一般的です。落語ですから、話の落ちの部分（サゲ）は落語家によってさまざまで、韓国の話のように「道端の食物の臭いをなんでも嗅いでしまう」というのもありそうです。

中国には、韓国や日本の物語のような目玉を入れる趣向をもった話は無いようですが、動物の体の一部を移植した人間に、その動物の性質が移るという物語はあります。中国で一般的に知られるのは、名医が狼や犬の内臓を移植した結果、移植された人間が酷薄で乱暴な性格になったという話で、「狼心狗肺」（人でなし）という言葉の由来譚になっています。

【斧原・樋口】

# 538 ＊曲がった背中を治すには

## KT 611 せむしをなおす医師

「曲がった背中を上手に治す治療師がいる」というので訪ねてみると、道具は餅つきの板臼と杵しかない。「今まで何人ぐらい治療したか」と聞くと、「十人治療した」という。結果はどうだったたかと聞くと、「二人は死んで、八人はこの世にいない」と答えたそうだ。

（李勲鐘　一九六九）

【文献資料】

①李勲鐘　一九六九年　一六六頁

【話型構成】

I．（1）ある者がせむしをよくなおすとの噂なので訪ねてみると、餅搗き板と大槌だけでほかになにもなかった。（2）何人なおしたかと聞くと、ちょうど十人なおしたという。（3）その結果は、と聞くと、二人は死に、八人は生きていられませんでした、と答えた。

【解説】

韓国では、粳米（うるちまい）を土器のセイロで蒸して、図のような厚い板の上にのせて杵でついて餅を作ることがあります。この話の治療師は、この板の上に患者を乗せて患部

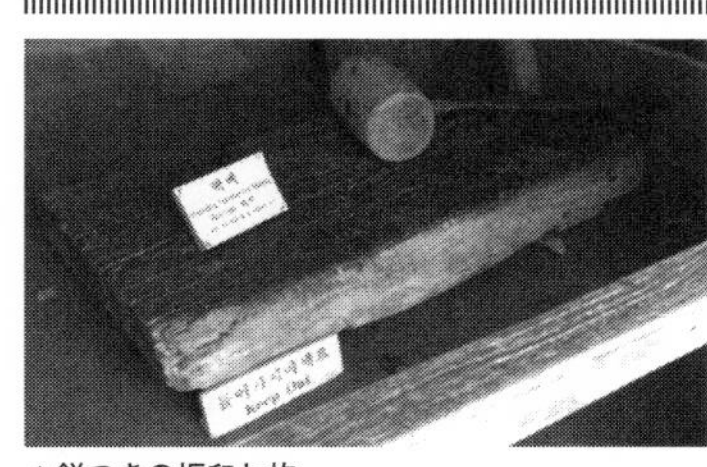
▲餅つきの板臼と杵

を叩きつぶすというのですから、たいへんな荒療治になります。

この話は仏典の『百喩経』にありますが、中国では後漢の『笑林』にすでに見え、梁『殷芸小説』、明『雪涛小説』、清『笑得好』にも同様の話が見えます。

ただ民間の昔話としてはそれほど知られているとはいえません。広東省に伝わる話では、せむしを治すことができる医者がいると聞いた男が老父を連れて行ったところ、医者は老父を二枚の板に挟んで寝かせ、上から踏んで殺してしまいます。息子が医者に詰め寄ると、医者は看板にはせむしを治すとしか書いていないといって治療費を要求した、という笑えない話になっています。

【斧原・樋口】

**【話型比較】**丁1862D　金1862D

# 539 ＊渡ったのは私の息子

KT 612 女船頭と中国人

ある渡し場での出来事だ。夫が別の用事があって、妻が船を動かしている時に、中国人が一人乗ってきた。すると、この腹黒いやつが「おばさんは俺の女房だ。おばさんの船（ぺ＝腹）に乗ったからには、俺はおばさんの夫だろう」と、こんなことをほざく。

癪にさわってたまらなかったが、相手にしないで黙って櫓をこいだ。そして、やっと川を渡って向う岸に着いてから、下りた中国人に女船頭が声をかけた。

「息子よ、息子」という、その声に中国人が振り返った。

「お前は私の腹（ぺ＝船）の中から出てきたんだから、私の息子だろ」

（李勲鐘　一九六九）

**【文献資料】**

①李勲鐘　一九六九年　一四九頁（一九四〇年に平安南道江西で記録）

**【話型構成】**

Ⅰ．（１）ある船渡し場で一人の中国人が女船頭の船に乗った。（２）中国人が彼女に「奥さんぼくの妻。ぼくは奥さんのぺ（船も腹も同音）に乗ったよ」と皮肉った。（3）皆、船から降りた。中国人も降りた。すると女船頭は彼を「息子よ、息子よ」と呼んだ。（4）中国人が振り向くと「お前さんは、私のぺ（腹）から出たんだから私の息子だろ」と皮肉り返した。

**【解説】**

言葉によって侮辱された女船頭が、言葉を切り返して相手の男をやりこめる話です。

日本語と同じく、韓国語の場合にも同音異義語が多く（たとえば「防火」と「放火」、「連覇」と「連敗」など）、言葉遊びの材料には事欠きません。

この話に登場する「船（ぺ）」と「腹（ぺ）」は、まさにそのケースで、女船頭の「腹（船）に乗る」という乗客の冗談は、まさにセクハラですが、船を降りる乗客にむかって「私の船（腹）から下りた（出た）お前は私の息子だ」と切り返す女船頭の言葉は、長幼の序が厳しい韓国では、とくに痛快に響きます。客に向かって「ガキのくせに、一人前の口をきくな」と威勢よく啖呵をきるさまは、立場が弱いはずの女性の強さを小気味よく示しているように思われます。

【樋口】

# 540 ＊呪文

KT 613 風波に出あった舟

開城の道で碧瀾渡を舟が渡っていた。波が高くて今にもひっくり返りそうになった。舟の中に坊主がいてお祈りした。「南無阿弥陀仏々々」

また盲者がいた。「角亢氐房（星の名）々々」

巫女もいた。「我王萬壽々々」

医者もいた。「理中湯々々」

おかげで舟は覆らずに対岸に着いた。中に一儒生がいたが、岩に上ると訊いた。「坊さんや盲人や巫女の呪文は意味がわかりますが、お医者さんの理中湯というのはどういうわけですか」

医者が答えた。「腹の薬では理中湯が一番良く効く。俗に、腹（ぺ）のことを舟（ぺ）といいましょう。だから、さよう念じたのじゃ」

聞いた人は皆、腹を抱えた。


（森川清人　一九四四）

【文献資料】

①森川清人　一九四四年　一五八～五九頁

【話型構成】

I．（1）開城付近で舟が川を渡るとき、風と波でひっくり返りそうになった。（2）舟に乗っていた人たちが、祈りはじめた。（3）僧と盲人と巫女はそれぞれ呪文を唱えた。医師は理中湯をくり返し唱えた。（4）舟は無事目的地に着き、人びとは降りた。そのとき、ある者が医師に理中湯の意味を聞いた。人の腹痛には理中湯が一番よく効くから、舟（ペ）も腹（ペ）と同じだから理中湯と唱えた、という。

【解説】

これもまた舟（ペ）と腹（ペ）という韓国語の同音異義語を使った笑い話です。

僧、盲人、巫女、医者のうち、この場合「盲人」と呼ばれているのは、一般の目の不自由な人を指すのではなく、占いを職業とする盲目のシャーマン「盲覡」のことでしょう。

盲覡は「判数（パンス）」とも呼ばれ、家を襲った凶事を祓ったり、原因不明の病を治したり、家の安全を祈願する「安宅」などの儀礼をおこないます。

ここで彼が唱える「角亢氐房」というのは、月の運行によって運命を占う宿曜占星術に登場する四つの星の名前で、角宿は東方を守る霊獣青竜の角、亢宿は首と喉、底宿は胴、房宿は腹に当たるとされ、それぞれが人と宇宙の運命を司っているとされます。

【樋口】

# 541 ＊飯を作る運命

KT 614 米飯を食べなけりゃ

これは、田舎にはよくある話だよ。

ひどく貧しい家の次男が嫁を取って分家して、村の人たちに手伝ってもらって、たった一間に台所一つという家をなんとか建てたが、分家の暮らしは実に粗末なものだった。中小の釜二つに膳が一つ、どんぶり二つ、皿と小鉢に米少々、それに布団一式で全てだった。

昼の間に家財道具を運びこみ、男が日暮れまで山へ行って木を刈って帰って来ると、女房が台所で夕食の準備をしていた。

分家して初めての飯だと喜んで、「夕食のおかずは何だい」と夫が聞くと、妻が「何もないのに何か作れますか。お粥を作っただけです」と答えた。怒った夫は粥の釜を引っくり返して、「おい、お粥とは何だ。飯を炊け」と怒鳴った。

それを母親がこっそり見ていた。母親は、息子夫婦が夕食に何を食べているのか心配になって見にきたら、このありさまだ。

母親が、引っくり返ったお粥を見て「なんて罰当たりなことをするんだい」と言うと、息子は「私にだって、いけないことだと分かっています。しかし、引っ越して初めて食べる飯が粥だなんて、腹が立ちませんか」「じゃあ、どうすればいいんだい」「お母さんもお母さんですね。粥を食べても力がつかないから、仕事が少ししか出来ません。仕事を少ししかしないと、少ししか稼げません。稼ぎが少なければ、また粥しか食べられない。これじゃあ、いつになっても白い飯が食べられないでしょう。後のことはともかく、まずは白い飯を食べなくては始まらない。腹いっぱいになれば元気が出る。元気が出れば仕事ができる。ほかの人が宵の口から寝ても、私は夜更けまで藁沓を編めます。他人が薪を二回集めれば、私は四回集めましょう。こうすれば、私は生涯ずっと白い飯を食べて暮すことができます」

息子は、その言葉通り、それから一生懸命に働いて稼いだので、だんだん暮しぶりがよくなり、腹いっぱい食べて暮らしたということだ。

（李勲鐘　一九六九）

**【文献資料】**

①李勲鐘　一九六九年　二一～二二頁（一九三〇年に京畿道広州で記録）

**【話型構成】**

Ⅰ．（1）息子が嫁をもらって分家した。（2）山から薪を背負ってきて、妻に今晩の食事はなにかと問うと、粥だという。（3）彼は粥をひっくりかえし、全部こぼしてしまった。するとと母が叱った。（4）彼は「粥を食べても力が出ないので仕事も少ししかできない。仕事を少ししかできなければお金も少ししか稼げない。結局また粥を食べるはめになる。だから結果はどうなっても、まず米飯を食べなけりゃ」といった。

【解説】

貧しい家の次男が分家して、懸命に働いて成功するというこの話は、かつての韓国農村の暮らしの在り方をよく語っています。分家した若者のために村の人たちが協力して小さな家を建ててやるというのは、「トゥレ」や「プマシ」と呼ばれた村人たちの助け合いの一環でしょう。貧しい次男は、親から分けてもらう田畑はありませんから、山に入って柴を刈り、それを売って生活します。夜なべの仕事は藁細工で、草履や叺（かます）などを作って稼ぎます。そんな、かつての暮らしを伝える話です。【樋口】

## 542 ＊ほかのものが切ったので

KT 615 肉屋の主人

あるところに朴尚吉（サンギル）という人がいて、市場でコギカン（肉屋）を営んでいた。肉屋は、ところによって呼び方が違う。ソウルでは「カン」、地方によっては「肉庫（ユッコ）カン」、「プジュ」、

「プジュッカン」などという。

近くの村に住む両班の二人が、市場へきたついでに肉を買いにきた。そのうちの一人は横柄で、偉そうに「サンギルや、肉を一斤もらおうか」といった。

朴サンギルは、「はい、儒生さま、いらっしゃい」と一斤の肉を切って藁できれいに包んで差し出した。

もう一人の両班は、穏やかに相手を見下す様子もなく、「朴さん（朴書房）、肉一斤をくださいな」といった。

朴サンギルは、やはり「はい、儒生さま、いらっしゃい」といって、同じように肉を切り藁に包んだが、量が先ほどの倍にもなった。

初めの儒生は酒を飲んだ勢いもあって、このありさまを見て腹を立て、「おい、おかしいじゃないか。同じ一斤のはずなのに、どうしてこの人のはこんなに多くて、私のはこんなに少ないんだ」と文句をつけた。

これを聞いた朴サンギルは、「え、本当ですか。でもまあ、それは他の人が切ったものですから、私には分かりません」と答えた。

両班が、「ほかの人だって。二つともお前の手で切っておきながら、とんでもないことをいうじゃないか」というと、朴サンギルは「違いますよ。そちらはサンギルが切った肉で、こちらは朴さん（朴書房）が切った肉です」とすまして答えた。

（李勲鐘　一九六九）

【文献資料】

①李勲鐘　一九六九年　四一頁（一九六五年に京畿道広州で記録）

【話型構成】

Ⅰ.（1）二人の者が肉屋に肉を買いに行った。（2）一人が「おい尚吉（サンギル）、肉一斤くれ」といった。そこで肉屋の尚吉は、肉一斤をあげた。（3）また一人は「朴ソバン（書房）、肉一斤頂戴な」というと、やはり肉一斤与えたが、前よりも多かった。（4）それで前にもらった者が不公平だというと、肉屋の主は「あなたの分は尚吉（サンギル）があげたのであり、後のものは朴ソバンがあげたものだよ」と答えた。

【解説】

これもまた弱い立場の庶民が知恵を働かせて横柄な両班をやっつける話です。

少し前までの韓国は、はっきりとした身分社会で、研鑽をつんで科挙を受け官吏や武人をめざす両班と、主として農業を営む常民、そして被差別の白丁と、大きく三つの階層に分かれていたといえます。

この話に登場する肉屋は、屠殺にもたずさわる被差別民でしたから、両班からすれば最底辺の人です。したがって肉屋の朴サンギルは、二人に向かって「儒生さま」と敬語を用い、両班は肉屋に「サンギル」と呼び捨てにして構わないのが道理です。

ところが、もう一人の両班は白丁の肉屋に「朴書房」と丁寧に呼びかけています。「書房」は、官職のない人に対する丁寧な呼びかけで、肉屋をひとかどの人と見る呼称ですから、肉屋がサービスしたくなるのも当然です。

【樋口】

# 543 ＊糊を買って食べた人

KT 616 糊を買って食べる者

ある田舎者がソウルに行く途中で、腹がすいたのに食べるところが見当たらなかった。ちょうど道端で糊を売る人がいて、それがまるでケピトック（あずきや豆の餡を入れて半月形に作った餅）のように見えたので、餅だと思って買って食べた。

そこを通りかかった人がこれを見て、「変ったやつもいるもんだ。糊を買って食うなんて」と言いながら笑った。田舎者は、しまったと思ったが、とっさに「これが糊だということは私にだって分かっているさ。この糊は消化不良によく効く薬だから買って食べたんだ」と答えた。

笑っていた人も、どうやら消化不良に苦しんでいたらしく、これを聞くと「そうか、私も買って食べなくては」と言いながら糊を買って食べた。

田舎者はこれを見て「おい、私は糊だとは知らずに買って食べたのに、お前は糊だと分かっていながら買って食べるのか。とんでもない間抜けだな」と言いながら、その人の頬を叩いて、冷やかしてやったということだ。

（任晢宰　一九七一）

**【文献資料】**

①任晳宰　一九七一年『韓国民俗総合調査報告書（全北篇）』六七一頁（全羅北道茂朱　一九六九）（一九六九年八月十八日に、全羅北道鎮安郡竜潭面寿川里で金重植〔八三歳〕に聞く）（＊『韓国の民俗大系（全羅北道篇）』任東権・竹田旦訳　七一五頁）

**【話型構成】**

Ⅰ.（1）田舎者が都に行く途中、腹がすいて食堂を探したがなく、糊を売っている人しかいなかった。（2）彼は糊も食べられると思い、金を払って糊を買って食べていた。（3）ちょうど都の人が通りかかり、「変わった人もいるもんだね。糊を買って食べるなんて」と言われ、彼は恥をかかされた。（4）そこで彼は「糊だということはおれだって知ってるさ。ただ糊が消化不良によいというから買って食べたのさ」と答えた。（5）すると都の人にも消化不良があったので「ではおれも買って食べよう」と言い、糊を買って食べた。

**【解説】**

　都の者にからかわれた田舎者が、知恵を働かせて都の者にいっぱいくわせて復讐する話です。この話に登場するケピトックは、小豆や黄粉の餡を餅の皮で包んだ、日本の柏餅の中身とよく似た餅菓子です。現在でも、ソウル市内の地下鉄駅の売店やコンビニで見かけるほどポピュラーな食べ物です。

【樋口】

**【話型比較】** 大成405B

# 544 ＊来不往

KT 617 文字の解釈

漢文を尊んでいた朝鮮王朝時代には、それにまつわる話も多かった。

ある田舎の士人がソウルにでたが、することなすこと思う通りに行かなくて、胸の思いを「若不京来食肉不去」と詠じた。

この田舎士人の文章を漢文として読んでも、意味は通じない。彼は「若くもない身でソウル（京）にきたが、肉を食べても、身にならないので、去る」と言いたかったのだ。

また、ある士人が遊びに来ないかと友人に手紙を送ったら、「来不往　来不往」という返事がきた。彼には、どんな意味かよくからなかったが、〝不〟の文字が二つもあるので、おそらく来られないということだろうと思っていたら、友人が息を切らして入ってきた。

「来られないと言っていたのに、どうして来たのか」と尋ねると、友人は「誰が来られないと言ったか。『来不往　来不往』と返事をしただろう。それは『来るなと言われても行くが、来いと言われれば、行かずにはいられない』という意味だぞ」と答えた。


（李勲鐘　一九六九）

【文献資料】

①李勲鐘　一九六九年　一三七頁（一九六〇年にソウルで記録）

【話型構成】

Ｉ．⑴ある学者が招待を受けたので「来不往　来不往」と答えた。⑵招請者は「不」の字が二度も使ってあるので、おそらく来られないのだと判断した。⑶しかし、彼が現れたので「来られない人がどうして来たのか」ときいた。⑷学者は「誰が来られないといったか。来るな(来不)といっても、行く(往)つもりなのに、来い(来)というのに行かない(不往)はずがないだろう」といった。

【解説】

朝鮮王朝時代の両班たちは、幼いころから書堂で千字文を学び、漢籍を詠み、日常交わす手紙も漢文で書いていました。それは、中国の人たちの書く文章と同じ形式で、しかも返り点のない「直読」です。

日本の場合も、遣隋使・遣唐使の時代から中国は文化の発信地であり、漢文を読み書きすることは必須でしたが、いつの間にか「返り点」をつけて漢文を日本語の順序に置き換えてよむ「訓読」が主流になりました。江戸時代に入って儒学が武士や町人たちの間に普及しても、明治以降の学校教育で漢文を教える時代になっても「訓読主義」の伝統は変りません。たとえば杜甫の春望を読むときその第三句と四句「感時花濺涙・恨別鳥驚心」を「時に感じて花にも涙を濺ぎ・別れを惜しんで鳥にも心を驚かす」と語順を変えて読み下しますが、朝鮮王朝の両班たちは、これを「感時花濺涙・恨別鳥驚心」のままの順序で直読します。韓国語と日本語の語順はほぼ同じですから、日本人の目から見ると、それでどう理解できるのか、不思議です。漢文を読み書きする当時の両班たちは、現在のバイリンガル・同時通訳と同じ能力を持っていたとしか考えられません。

とはいうものの、そこには裏があり、なかにはとんでもない漢文を使って文章を書いたり、手紙のやり取りをしていた「ニセ両班」もいたわけで、この話は、そうした「ニセ」を笑う話になっているようです。【樋口】

KT 618　酒屋で会った爺

# 545 ＊孟思誠と「公堂問答」

六百年ほど前に孟思誠という人がいました。官職は宰相にまで登りましたが、清廉潔白で、この上なく質素でした。どこに行く時も、ほかの政丞のように行列を作りません。楽士などを伴う大げさなまねをせず、下男を一人だけ連れて一般人のようにふるまいました。

ある時、忠清南道の温陽にある母親の墓参りに行くのに、みすぼらしい身なりで、下男一人だけ連れて、牛に乗って行きました。一国の宰相がやって来るといううわさを聞いて、ヤンソン（陽城）郡とチンウィ（振威）郡の郡守が（現在の利川市にある）長湖院マウルまで出迎えにきて待機していました。二つの郡の使令（官庁の下級職員）たちが道沿いに列をなして並んで、一般の人びとの往来もふさいで、孟宰相が来るのをまだかまだかと待っていました。

すると、みすぼらしい田舎の士人のような身なりをした人が、宰相が通るはずの道をためらうことなく牛に乗ってやってきたので、二人の郡守は、「宰相が通る前にいったい誰がおそれ多くもこの道を通るのか」と大声をあげました。すると、その年寄りは「孟古仏（古仏は孟思誠の号）が自分の牛に乗って温陽

に行くのに、いったい誰が道を妨げるのか」と言ったので、二人の郡守は、おそれをなして逃げていきました。そして、あまりあわてたので官印（官庁の印）を池に落してしまったそうです。それで、その池をチムインヨン（沈印池）と呼ぶようになった、という話があります。

また、こんな話もあります。孟思誠が温陽での墓参りを終えてソウルに帰って来るのに、ソウル郊外の龍仁で雨に降られ、宿に入って一休みしたそうです。その時、ある若者が馬に乗って威勢よく、威張って宿に入ってきました。宿の主人はこの若い客を迎えるために、先にいた客を移動させようと慌ただしく動き回りました。

若い客は上等な部屋に座りこんで、片隅にいたみすぼらしい身なりの孟思誠に、「ちょっと爺さん、退屈だからおもしろい話でもしよう」と声をかけました。すると孟思誠は全く顔色を変えないで「そうしよう」といってから、まず若い客に「お若いのはどこに行くのかい」と聞きました。若い客は「ソウルに行くのさ」と答えました。

「何をしに行くつもりかな」「官吏になるためだよ」「どんな官吏になりに行くのかな」「録事（議政府、中枢府の官職の一つ）になりに行くのさ」「私が、お前にその官職を与えようか」「おかしいことを言う爺さんだな」と、こんなやり取りがありました。

その後、この若者はソウルへきて、録事官職試験に合格して、何人かの大臣の前で口述試験を受けました。孟思誠はこの若者を見て、「あれからどうしていたのかな」と尋ねました。

若者がその試験官をよく見ると、この間、龍仁の宿場で会った年寄りでした。その時、若者は自分が生意気なふるまいをした事に気がついて、どうしていいのか分からず「大変御無礼いたしました」と言いました。その席にいた試験官たちが「何のことか」と尋ねたので、孟思誠は龍仁の宿で若者と言葉を交わした話をしました。この話を聞いた大臣たちもその問答が面白いとひとしきり笑って、その後、この問答を「公堂（公務を執る所）問答」として語り継ぐことにしました。

（任晳宰　一九七五）

【文献資料】

①任晳宰　一九七五年　第五巻　一一～一四頁

【話型構成】

Ⅰ．（1）ある有名な大臣が、田舎にある先祖の墓参りを済ませ、帰りに酒屋によって若者と話をした。（2）若者の話はとても生意気だった。都につき科挙試験を受けたとき、老人の対話の中から問題が出た。（3）若者は不思議だと思ったが、出題者は例の老人であった。（4）若者は酒屋で老人に失礼なふるまいをしたことを深く反省した。

【解説】

孟思誠（一三六〇～一四三八）は、黄喜（一三六三～一四五二）とならぶ朝鮮王朝初期の名臣で、幼少のころから頭角を現し、二七歳で科挙に及第して名君世宗に左議政として仕えました。彼の過ごした家は「孟氏杏檀」と呼ばれ、忠清南道 牙山市に残されています。「杏檀」は孔子が銀杏の木の上で教えたという故事に由来し、その故事を知る孟思誠が銀杏を植えて後進を指導したのだといわれています。

孟思誠と黄喜に共通するのは、深く学問を収めながら、謙虚で機知に富み、人の話をよく聞く、洒脱な人柄です。この二人の逸話を通して、伝統社会を生きた韓国の人びとの理想とした為政者像がうかがえるように思われます。

【樋口】

# 546＊無学大師の漫談

KT 619　無学大師の答え

六百年ほど前に、無学大師という悟りを開いた僧がいました。この人はありとあらゆることを学びつくして、これ以上学ぶことはないという意味で「無学」という名前を持つようになったといいます。李太祖を助けて、さまざまな功績を積んだ人です。

無学大師はある日、李太祖とのんびりとした時間を持ったことがありました。その時、李太祖は無学大師を見て、イノシシに似ていると冗談を言いました。そして「私は何に似ているか」と尋ねました。すると無学大師は「仏様のようだ」と答えました。

李太祖はこの言葉を聞いて、変だと思いました。自分が無学に対してイノシシみたいだと言ったのですから、無学大師はイノシシよりもっと悪いものに似ていると言うと思ったのです。

そこで、李太祖は、どうして自分を仏様に似ていると言ったのかと尋ねました。すると無学大師は、「はい、人には全てのものが自分に似ているように見えます。イノシシの目には、全てがイノシシにしか見えないですが、仏様の目には全てが仏様に見えるのです」と答えたそうです。

（任晳宰　一九七五）

【文献資料】

①任晳宰　一九七五年　第五巻　二七頁

【話型構成】

Ⅰ.（1）ある日、李太祖と無学大師が話をしていた。（2）李太祖が無学を猪のようだと皮肉った。すると無学は李太祖が仏像様のようだと答えた。（3）なぜかと問うと、無学は、猪の目にはすべてが猪にみえますが、仏像様の目にはすべてが仏像様にみえますから、と答えた。

【解説】

無学大師（一三二七～一四〇五）は、高麗末の名僧で、一三九二年に朝鮮王朝の太祖・李成圭が王位につくと同時に王師となり、生涯にわたり太祖の相談役として国政に深く関与しました。

李成圭と無学の出会いは、朝鮮王朝の成立以前にさかのぼり、このようなエピソードが残されています。

李成桂は妻の実家を訪ねる途中小さな寺で一夜を過ごしましたが、そこで「古い家が突然崩れ落ち、その三本の柱を背負って出て来る」という不思議な夢をみます。その夢の解読を僧に頼むと、僧は「それは、後日あなたが王になることを意味する。夢で崩れた家は高麗を指し、その柱を支えた者は国を背負う者である」と答えます。この僧こそ無学大師であったというのです。

李成桂は、この教えにしたがって高麗の国号を改め、遷都を決意します。当初、都の候補地には鶏龍山と漢陽（現在のソウル）があり、無学大師と同じく建国の功臣であった鄭導傳の間で意見が分かれましたが、結局、無学大師の意見が採用されて、都は漢陽とされたというのです。

【樋口】

# 547 ＊豚肉の食べ方

KT 620 おじぎを二度

興宣大院君にまつわる話だそうだ。

ある士人が西江にある石坡亭大院君（国王の父君）に会いに行ったのだが、初めての訪問であり、かつ初対面だった。それでも少し離れたところからでも容姿の見当はつくのだが、到着すると、大監（大院君）が結った髪をほどいて素足で木陰に座っていた。

日々の国事に縛られているので、せっかく石坡亭にきたときくらいは寛（くつろ）ぎたかったのだろうが、その時の大院君の様子はひどかった。士人にはそれが分かっていたが、わざと「ちょっと、じいさん、大監はお宅にいらっしゃるか」と尋ねた。大監は心中おだやかではなかったが、今の自分の姿では怒るわけにもいかず、ブスッとして「入ってごらんなさい。いらっしゃると思うよ」と答えてから、振り返って客間に入って座った。

一方、士人はずいぶん待たされてから、下男に案内されて客間に入ると、大院君が威儀を正して上座の座布団にもたれて座っていたが、さっきのことが不快だったのか、目をつぶったままだった。お辞儀

を一回してから顔をあげてもそのままだった。そこで士人はもう一度お辞儀をした。

すると頭の上から声がして、「おい、私は死んだ人間か。お辞儀を二度するとはどういうことだ」と言った。その言葉を待っていた士人は、「一番最初のお辞儀は『参上いたしました』という意味のお辞儀です。しかし、大監が何かに没頭されておられるようなので、今日のところは、とりあえず引き下がろうと思い、『それでは、失礼いたします』という意味で、二度目のお辞儀をいたしました」と言うと、大監は機嫌が直った。

それがきっかけとなって、士人は大院君の身近によく出入りするようになったが、ある時、新年の挨拶に行くと宴が盛大に催され、膳が準備してあり、それを食べろと言われた。士人は、一国の政権を動かす人の前で飲んだり食べたりするので、さすがに緊張して、蜂蜜を塩辛と間違えて、豚肉につけてしまった。

すると、大院君の高い笑い声が響いた。「豚肉を蜜につけて食べるやつは生まれて初めて見た」

すると士人は手を振って、こう切り返した。

「いや、それは違います。それは大監がご存じないだけで、豚は生前『蜂蜜を一生に一度でいいから食べたい』とブーブー鳴いているものなのです。そこで、私は豚の気持ちを思いやり、『死んでからでもいいから、お前も一度食べてみろ』と、蜂蜜をつけてやったのです」

（李勲鐘　一九六九）

**【文献資料】**

①李勲鐘　一九六九年　二二一～二二二頁（一九五〇年にソウルで記録）

【話型構成】

Ⅰ．(1)大院君のご機嫌が悪いとき、ある学者が訪ねた。(2)おじぎをすると、なんの反応もないので、さらに一度おじぎをした。(3)すると大院君は怒り、「わしは死者か。二度もおじぎをするとはなんだ」と叱った。(4)学者は「はい。はじめのおじぎは私がきたときの挨拶で、二度目のおじぎは、なにか夢中に考えていらっしゃるようなので、退散しようとしたさよならの挨拶です」と答えた。(5)すると大院君の怒りが解け、ご機嫌がよくなった。

【解説】

口の減らない士人（身分と教養のある人）が、権力者の言葉に知恵を使って応え、難局を切り抜ける話です。興宣大院君（一八二〇～九八）は朝鮮王朝最後の王である高宗の実父で、摂政として絶大な権力をふるった政治家です。

最初の出会いで大院君が「私は死者か」と腹を立てたのは、目上の人に対する拝礼の作法が通常は一回、祭祀における祖霊に対しては二回であるからです。

次の会食の場面で士人が取り違える「蜂蜜」と「塩辛」の「塩辛」というのは「アミ（小エビ）の塩辛（セウチョック）」のことで、日本の醤油のように、韓国では食事に欠かすことのできない調味料の一つです。【樋口】

# 548 ＊尹行恁の機知

KT 621 尹行恁の機知ある答え

二百年ほど前、尹行恁という人がいました。学識もあり、徳も高くて、正祖王からも信頼を受け、大司諫の職まで任されました。大司諫というのは王がする仕事の良し悪しを遠慮なく申し上げ、民の申し出や世間の動向を事実そのままに王に申し上げる役職です。

ある日、正祖王は政事をおこなっている時、多くの臣下たちと一緒に世間話をしながら、のんびりとした時間を過ごしていました。その時、正祖王は尹行恁に冗談で、「王は民のために正しい事を施し、臣下は王に忠誠をつくさなければならないというが、卿は臣下として臣下の道理をつくし、王の命令ならばどんなことでもできるのか」と尋ねました。

「臣が聖恩をこうむり、高い官職に座り、国の禄（給料）をいただいて暮しているのに、どうして忠誠の道理を忘れることができましょうか。もし死ねと言われても、王の命なら謹んでお受けいたしましょう」と言いました。王は、「卿が本当にそう思うなら、あそこの池へ行って、跳びこんで死ねるのか」と言いました。

尹行恁は「はい」と言って立ち上がり、池があるところに行きました。ところで、水深が深い池を見たら飛びこむ勇気が出なくて、どうしようかと考えながら池だけ眺めていました。王がこれを見て、「どうしてじっとしているのか。死ぬのが恐ろしくてそうしているのだな。さっき言ったことは嘘だったのだな」と叱責するかのように言いました。

すると尹行恁は、「おそれ多くもどうして王の命に背くことができましょうか。たった今、臣が池に飛びこもうとしたところ、水の中から屈原が出てきて、『私は愚鈍で、愚かな王に出会ったので仕方なく水に飛びこんで死にましたが、あなたは賢くて、善良な王に仕えていながらどうして死のうとするのか』と言うので、どうしようかと考えているところです」と言いました。

正祖王はこの言葉を聞いて、尹行恁の才能に感心して、死なずにこちらに上って来なさいと言いました。屈原という人は約二千三百年前、中国の春秋戦国時代の楚の国の人物です。その当時の楚の国の懐王は奸臣たちの言うことだけ聞いて、国をよく治めることができませんでした。屈原は国をよく治めるように誠心誠意、王に忠告をしましたが、懐王は奸臣たちの言うことだけ聞いて、さらに国をだめにすることをくり返しました。そこで屈原は国が亡びるのを心配して、旅に出ました。すると王は屈原を流刑に処しました。屈原はこんな腐敗した国で暮すより潔く死んでやろうと、汨羅水という川に身投げをして死んだのです。

（任哲宰　一九七五）

**【文献資料】**

①任哲宰　一九七五年　第五巻　二八～三〇頁
②山崎日城　一九二〇年　五九～六三頁

【話型構成】
I．⑴王様が尹行恁に「死ねといえば死ねるか」と聞いた。⑵尹は「はい」と答えはしたものの、実際は勇気がなくて立っていた。⑶王様が彼の様子をみて「どうした」と問うと、彼は「水の中に屈原が現れ、私は悪い王様にめぐりあい水に溺れ死んだが、あなたは善い王様に会えたのになぜ死のうとするか、と聞くので、只今考えているところです」と答えた。

【古典文献】

成俔『慵斎叢話』（＊梅山秀幸訳「滑稽な永泰」一四四～四五頁）

【解説】

尹行恁（一七六二～一八〇一）は、名君として知られる正祖に仕えた文官です。朝鮮王朝後期のこの時代は、ヨーロッパに端を発した近代の波が、深く国を閉ざしていた韓国・朝鮮にも押し寄せ、朱子学の理論闘争に名を借りた激しい政争（党争）がくり返されました。先代の王・英祖の孫に生まれ、党争によって父（英祖の次男）を失った正祖は、王位に就くと、無益な党争の害を除くために腐心しましたが、押し寄せる近代の波の中で保守と革新が競い合い、理論的な対立に名をかりた政争は激しさを増していきました。

世祖が、信頼する尹行恁の覚悟を試すこの話は、こうした時代背景抜きには語れません。

尹行恁がこの時に引用した屈原は、中国の春秋戦国時代の楚の人で、王の施政に絶望して水に身を投げて死んだと伝えられています。

尹行恁は、世祖によく仕え朱子学の本来の姿を極めながら、近代を受け入れるという難しい事業に力を尽くしましたが、自身も党争による流刑を経験し、世祖の死後まもなく斬首され、悲惨な最期をとげています。

この話は、昔から両班たちの間でよく知られた話であったらしく、十五世紀の文人・成俔もその『慵斎叢話』で、「高麗王朝の将仕郎であった永泰が、忠恵王（一三一五～四四）に池に投げ入れられた」と語っています。永泰もまた尹行恁と同じく知恵者で、とっさに屈原の故事を引いて忠恵王を名君と讃え、銀の瓶を下賜されたといわれます。


【樋口】

# 549 ＊安東の権虎

KT 622.1 「権」虎と「趙」猟師

慶尚道でも安東(アンドン)というところは地方色が強く、普通の人はその土地に定着することがなかなかできない。なかでも、権氏と金氏は数も多く、勢力もあることで有名である。

粛宗の時代に安東権氏の門中に優れた人物が一人出たのだが、「身・言・書・判」すなわち、容姿、言辞、文筆、判断力の四つの能力を揃えている上に、抜け目がなく、その人の言うことならたいていい通るほどの勢いで、誰が名付けたかは知らないが「権虎」という別の名で呼ばれていた。

ある日のこと、ソウルから引っ越してきたと、挨拶を兼ねてやってきた客がいた。不慣れな地方に都落ちをしてきたのだが、駕籠屋と付き合えば駕籠屋の友人となり、士人と親しければ士人と同類になるというから、権力のある権虎一派に近づこうという下心があるように見受けられた。

来客が「私はソウルからこちらに引っ越してきたものです。先生の高名な徳心のうわさを聞いて、指導していただこうと訪ねて来ました」と両手をついて丁寧に挨拶をしたのに、権虎はほかの人と話すのをやめて、片手をつくか、つかないくらいの素振りで、「ああ、そうか。私は権虎です」と、非常に高

飛車な態度に出た。すると客は、「はい、お噂はよく聞いております。私は趙砲手です」と恭しく答えた。客の態度は確かに恭しいが、これは完全に権虎の負けである（虎が砲手と相手をしたら、これは相手にならない）。

権虎は腸が煮えくり返るほど腹が立った。これまで安東の地では、人から見下されることのなかった身なのだが、こんな目に会おうとは思わなかった。

権虎はしばらく思案して、ある妙策を思いついた。これは良い考えだった。彼は、わざわざ造泡所（官家に豆腐を作って捧げるところ）の豆腐を用意して、趙砲手を招待した。そして、「わざわざ来ていただいて申し訳ない。実は洛東江で釣ったいい鯉があって、あなたと一杯やろうと思って」と一尺越える鯉をそのまま蒸し焼きにして出した。そして、主人がまず先に箸を持って、客人にも一緒に食べるように勧めた。それから「私は魚の頭にします。あなたは魚の尾にしなさい」と自分は頭を取って相手に尾を取らせて勝ったつもりだったが、趙砲手は、「はい、御主人が魚の尾（オミ）をくださるとは、恐れ入ります。さっそくいただきます」と答えた。

またしても、権虎の負けである。負けといっても、ちょっとやそこらのものではない。完敗である。オミ（魚の尾）はオミ（母）という意味にも通じるから、「オミをいただきます」という答えの裏の意味はひどすぎる。「主人が母をくれたから、母をいただく」というわけだから、これは権虎の完全な負けだ。

権虎は、まったく面白くなくなって、酒もあまり飲めず、夕方、横になって考えても、これほど悔しいことはなかった。歯ぎしりしながら、次の機会が来るのを待った。

そうこうしているうちに、趙砲手の母親が亡くなった。権虎は「くそ、こうなった以上、いくところ

までいってみよう」と思い、ここで馬の一物（雄性器）を一つ手にいれて、白い紙で何度も包んで、喪家に香典として送った。この土地にやってきて、たちまち権虎と対等な付き合いをしてきた趙砲手だ。不慣れな土地だが、あちこちから香典や紙や蠟燭が門を塞ぐほど届けられ、護喪所（葬式の受付）で受けとって処理するのだが、権虎からきた品物だけは喪主に直接渡された。

喪主が受けとって解いてみると、何重にも包まれていた。包みを解くとまた白い紙で包まれていた。何度か解いてやっとあらわれたが、これほどの失礼なことがあろうか。とても大きな馬の一物だった。これをまわりで見ていた人の顔まで真っ赤になった。みなが「他人の祭祀に馬の一物を送るなんて、いくら権虎が口惜しかったとはいえひどすぎる」と心の中で思い、主人の顔色をうかがうと、趙砲手は全く驚いた様子もなく、むしろ微笑んで「これは家でも使いみちがない。進士のもとに持っていきなさい」といって送り返させた。

その後、安東の人士の間では、集まればこの話で持ち切りだった。趙砲手が、今度はどんな手で出るのか、そこに関心が集まった。

ところで、ある日、権虎が弔問を兼ねて趙砲手を訪ねてきた。初終（人が死んでから三ヵ月目におこなう祭祀）のあいさつが終わると、権がおもむろに、「今回はせっかくいい肉を送ったのに、なぜ祭祀で使わなかったのか」と尋ねた。すると趙砲手は、「はい、いただいた肉を見ると、串を通した穴があったので、お宅の祭祀ですでに使ったものだと思って、使わなかったのです」と答えた。

話は変わるが、当時、国政が多難をきわめ、人材の登用を図ったことがあった。権虎はその徳望が朝廷にまで知られていたので、科挙試験もなしで隠密に選ばれ、朝鮮王朝の判書（六曹の長官）に任命されて上京した。安東の趙砲手は、いい喧嘩相手を失ってさびしく思い、ソウルの友人にも久々に会いたくなったのでソウルに上京した。

前もって通知をすると、権判書はその日が来るのを待ちに待って、趙砲手を迎えると、宮廷の内侍(宦官)の何人かを呼んでは、食事を豪華にふるまった。むかしも今も人を揶揄したり、皮肉ったりするには機知が働かなくてはならないが、庶民の間では薬屋、宮廷では内侍がまさにそのはまり役だった。女にも興味がなく、任務も軽く、いつも集まればしゃべることしかないので、伸びるのは舌しかない。

膳を下げた後で権判書が、「まもなく友人が一人訪ねてくるが、そいつは他に比べようもないほど口が立つ奴だ。どんな手を使ってもいいから、奴をあっと言わせてくれれば、今日のもてなしどころか、あらためて豪華に奢りましょう」と言った。内侍たちが「心配ご無用。私たちが口で負けるなんてことが、この世の中のどこにありましょうか」と、酒が回って偉そうなことを言っているところに、客がきたとの連絡だ。迎え入れると、やっぱり趙砲手だった。

喜んで手を握り、久しぶりに手厚く挨拶を交わした後で、内侍の一人がまず口を切った。「このお方は、田舎から大監を訪ねてきた客のようですが、お近づきになりましょう。お宅はどちらの方ですか」「はい、私は趙進士と申します」

当時の形式的な挨拶では、互いに姓を名乗り合うのが一般だが、尋ねる方がまず姓を名乗るのが常識だ。先に先方の姓を尋ねるのさえ失礼なのに、内侍はさらに無作法な態度に出た。自分の名前は名乗らずに、横の同僚に向かって口を尖らせて笑いかけた。

「いや、この両班は趙氏だそうだ」「田舎者が趙何とやらといっても、どこの馬の骨か分からない」「そ

うだ、そうだ。それが分かるものか」「ねえ君、君は田舎に行ったことがあるかい。男は柴刈りに行って、女は山菜とりに行き、山や野に狩りに出て、そうやって暮している連中が趙とか何とかいっても分かるはずがないだろう」

これくらい言えば、相手はひどく怒って飛びかかってくるものなのだが、これは全く違う。趙進士は徳深く、これに相づちを打ってきた。

「たしかにそんなこと田舎ではよくありますね」「そうやって生まれた子が娘なら、どこかの他人にやってしまうでしょう。そして、女のままで育てられます。ところが、男の子だと話が違うでしょう。そんな連中に先祖の墓を守らせるわけにはいかない。男なら生まれて三日たったら、髪の毛で金玉を結んで男でなくしてしまう。ソウルにやってきた内侍というのは、みなそんな連中です」

主人の大監の表情を見ると、しかめっ面をしている。周囲を振り返ってみると、内侍たちはみな逃げ腰になって、音もなく消えてしまった。

主人が鈴縄を振ると、小間使いの子どもがやってきた。「酒肴膳を準備して、金進士と安教理にここに来るようにと言いなさい。そして、すぐ入内するから準備をして、私が少し遅れても、このお客がお酒を召し上がることができるように計らいなさい」と用事を申し付けると、衣服を正して宮中に向かって輿を走らした。

一方、宮中では、謹厳で恐ろしい権判書がたった一人で王に上奏するとはなにごとかと上下がどよめいた。王も襟を直して、姿勢を正した。

ところが権判書の話はまったく違っていた。「御酒を召し上がって、小臣の話をゆっくり聞いていただ

きとうございます」「ハハ、卿が寡人（王）に酒を勧めることがあるのか。これは珍しいな」と王は答えた。

そして権判書は、王に強引に酒を二、三杯勧めた後、酒興を盛り上げようとむかし話を切り出したのだが、ほかでもなく、自分と趙砲手との間のやり取りだ。一話語るたびに、王はしきりに膝を打って「あっぱれ。あっぱれ」の連発だった。話を最後まで語ると、権判書はこう切り出した。

「これはみな、私が自ら経験したことなのですが、その相手の男を私の家に待機させております。私は始めから自分がこの判書というにふさわしくないことを恐縮に思っていましたが、ちょうどその男が家に訪ねて来ましたので、その男を判書に推挙したいと思います。私の代わりに重用していただければ、きっと国の幸いとなりましょう。私は郷里で余生を過したいと思いますので、ぜひこの願いをお聞き届けくださいませ」

かくして、趙砲手が一躍、重職に就き、国家のために才を惜しまず発揮したそうだ。

（李勲鐘　一九六九）

**【文献資料】**

①李勲鐘　一九六九年　一二〇～一二四頁（一九四〇年に京畿道広州で記録）

**【話型構成】**

I．安東の「権」虎。(1) 安東というところに権虎という別称を持った勢力家があった。(2) 誰一人、彼にへたに口をきこうとする人はいなかった。(3) ある日、趙という者がこの村に引越してきて権に挨拶に行った。(4) 権はわしは「権」虎よ、と自己紹介をすると、相手は、

わしは「趙」猟師よ、と答えた。(5) それからも趙はまけずに権の立場を無視するような言葉をはいた。

Ⅱ. 趙の才能を認める。(1) 権が都に行って大臣になった。そこへまた趙が現れた。(2) 権は内待たちを動員して趙をいじめようとしたが、趙の機知に皆やられてしまった。(3) 権は趙の才能を高く評価し、自分の位を彼に譲って田舎に帰った。

【解説】

韓国の伝統社会を生きる人びとは、族譜という家系図を持ち、自らの家筋を誇りにして来ましたが、中でも両班を輩出した慶尚北道の安東ではその気風が強く、とくに安東権と安東金が名家として知られています。

この話に登場する「権虎」と呼ばれる人物の本名は明らかにされていませんが、実在の人物に当てはめれば権大運（一六一二〜一六九九）を指すものと思われます。権大運が活躍した粛宗（一六六一〜一七二〇）の時代は、朱子学の理論闘争に名を借りた政争（党争）が最も激しかった時代で、彼はこの時代に領議政を務めながら波乱の多い人生を送り、しかも長寿を全うした、したたかな人物です。

これは、家柄も地位もない趙氏が「猟師（砲手）」を名乗り、自ら虎の威勢を誇る権氏の当主を、知恵の力で翻弄する話ですが、その一方で「権虎」の方も屈辱をものともせず、最後には彼を重用するという「良き大人」の役割を演じています。庶民の知恵と、権力者の懐の深さを語る、韓国らしい話です。

【樋口】

# 550
# *胆のすわった噺家

KT 622.2
図々しい噺家

ある日、妙算（噺家）が長川面（現慶尚北道亀尾市）の趙氏の村で話をくり広げた。豊山ウルム谷のヘウンさんが話をしに来たとうわさが立ち、村人が小さな部屋に三〇人ほど集まった。

妙算の話は噂の通りで、青山流水のごとく滞るところがない。村人は話にすっかり聞き入り、次々と酒や料理をふるまった。妙算は、そうやって昼夜七日の間、話をしたら、話も底をついて、もうこれ以上、話のタネがなくなった。

「仕方がない。話が底をついたというと面目が立たないから、趙氏門中（一族）の悪口でもいって、旅費を稼いで、ここを去るしかない」と思った。七日目の日、最後の夕方、最後の話をはじめた。

むかし、あるところにコウノトリが暮してた。ある日、魚が食べたくなって、海に行って食べてやろうと、何百里も飛んで海辺へ行った。海辺の岩の上に座ってハアハア息を切らしていると、貝が岩の片隅で口を開けているのが見えた。まだ呼吸が整わず息を切らしていたが、貝を見た瞬間、我慢しきれずに、その貝の身をつついたら貝が口を閉じてしまった。嘴をはさまれたコウノトリは息もできなくて、

死にそうだ。飛び跳ねて岩のあちこちにぶつけると、やっと貝が離れた。

貝のせいで大変な目にあったので、また元の土地に帰ろうと、何百里の道程を一気に飛んで、ある家の便所のうしろにある桑の木に座った。息を切らしてハアハアいっていると、一人の若い女が便所に入ってきて、裾を下げた。このコウノトリは降りてきて、貝は海だけかと思ったら、どうして陸にも貝があるじゃないかと覗きこんだ。そしたら、その女が小便をするではないか。まるで、滝のようだ。「アッハー、これはおまるの滝だ。貝（チョゲ）の長川（チャンチョン）だ」といったかと思ったら、「これがまさに長川趙家（チャンチョン・チョゲ）だ」しばらくしてから女が屁をこくと、今度は「いや、違う。これはプンヤン（豊壌）のチョゲ（趙家）だ」といった。

妙算が話を続けようと思ったら、話を聞いていた趙氏の人たちは「とんでもない奴だ。これで話は終わったか。ひとの門中の悪口を肴にする、こんなひどい話がどこにあるのか」といきり立った。妙算は「いやあ、みなさんは話が分かるんだなあ。でも、これは私の作り話じゃなくて、本当に昔そういうことがあったというので、私は聞いた通りに語っているだけだよ」と答えた。

「この野郎、そんな話をするのならすぐ立ち去れ」「旅費を多く工面しておくれ。そうしないと、ここから出て行けないよ」

そのあくる日、妙算は旅費を十分に手に入れてその村を発った。こいつは、話が底をつくまで十日ばかり酒を飲み料理を食べてすごし、話の底がつきると、村人の門中の悪口の話をくり広げて、旅費を得て旅立つ常習犯だったたってことだ。

（林在海　一九九一）

【文献資料】

①林在海　一九九一年　四四六～四七頁

【話型構成】

Ⅰ. ある語り手が長川趙氏の村で、面白い話を語り続ける。

Ⅱ. 村は、語り手を大歓迎するが、七日もたつと話のタネが尽きる。

Ⅲ. 語り手は、村人の門中（趙氏）の悪口をタネに話を語り、怒った村人から旅費をせしめて村を離れる。

【解説】

この話に登場する「妙算」は噺家を意味します。「妙算」は、もともと「良い考え・策略」を意味する言葉ですから、「気の利いた話をする人」程度の意味ではないでしょうか。

韓国では、「語り上手」を「イヤギ（話）クン」「マル（言葉）クン」と言います。クン（꾼）は、何かの名人とか何かを生業とする人で、「ナムクン（木こり）」「ナクシクン（釣師）」などのほかに「サギクン（詐欺師）」もあります。

この話を読むと、かつて韓国には、日本の瞽女や声聞師のように、語りを職業として旅する芸能者が存在したことが分かります。この妙算の故郷は豊山郡（現在の金亨稷郡）とされて咸鏡南道（現在の両江道）ですから、話の舞台となる慶尚北道亀尾市の長川面からはかなり隔たっています。この長川面のある村に豊壌趙氏の支派である長川趙氏の一族が住んでいたという設定です。この村は趙氏一族の住む同族村ですから、その趙氏をからかうこと、その本流である豊壌趙氏の品格を貶めることは赦されませんが、妙算のヘウンは、このタブーを逆手にとって旅費を得たというのですから、たいへんな策略家であったことになります。

【樋口】

# 551 ＊犬を画いて飲む

KT 623 犬を描いて飲め

「どうも腹の中がさっぱりしない」とある者がいうと、他の者が教えるには、「それは腹の中にいろいろ不潔なものが溜っているためだ。犬を画いて飲めばその犬が不潔物をみな食ってしまうだろう」と。「それではその犬はどうして出すんだ」「それは虎を画いて飲めばよい。犬が追われて出るから」「その虎はどうするんだ」「砲手（鉄砲打ち）を画いて飲めば出る」「砲手はどうするんだ」「砲手は密猟をよくやるものだから、捕盗（警官）を画いて飲めば逃げて出る」「捕盗はどうするんだ」「それは郡守の呼出命令書を書いて飲めば大急ぎで出る」「命令書はどうするんだ」「それは紙だから糞になって出る」

（孫晋泰　一九三〇）

**【文献資料】**

①孫晋泰　一九三〇年　一〇四～〇五頁（一九二八年一月に、咸鏡南道咸興郡定平郡邑で金良瑕に聞く）

②朴英晩　二四一～四二頁（一九三五年に平安北道定州で記録）

【話型構成】

Ⅰ．⑴腹が痛む人がいた。⑵ある人が、犬を描いて食べれば腹中の汚れ物を犬が食べてしまうからよくなる、といった。⑶ではその犬はいかにして外に出すかと問うと、虎を描いて飲めばよい、といった。⑷次は猟師を描いて飲めばよいし、次は警察を、次は郡守の召喚状、これは紙切れだから糞になって出てくるよ、と教えた。

【解説】

腹痛を治すのに、まず犬の絵、そして虎、猟師、捕盗(警官)、郡守の命令書という順に、次々に強いものを絵に描いて、都合の悪いものを駆逐するという話です。

日本でも、この話は「廻りもちの運命」(大成635)として知られています。日本の場合は、「男の腹の中に蛙が入ってあばれるので、鵜を呑み、鵜があばれるので、熊手で引き出すと、一緒にはらわたが出てきたので、着物の裾わたを呑み、腹が空いたので焼餅を食うと綿に火がついて腹が焼ける」などとなっています。

笑話であると同時に、次から次へと話が展開するタイプの形式譚にも分類される話です。

【樋口】

【話型比較】大成635　池田2026　通観1133

# 552 ＊晴れたら行け

KT 624 田舎者と薬局の者

むかしも今も、口がうまいのは知識のある者だと決まっているから、書堂の先生や薬屋が笑い話にはしばしば登場する。

今は乙支路入口と呼ばれているが、むかしの銅峴四辻は薬屋が立ち並んでいることで有名で、そこで起こった出来事である。

いきなり夕立ちが降ってきて、ある田舎者が薬屋の軒下で雨宿りをしていたのだが、雨足も弱くなり、日差しも出てきた。その時、薬屋にいた人が田舎者の方を向いて、「ケコンカジ」といった。これには、たしかに「晴れたら行け」という意味もあるが、「犬（ケェ）なら行け」ともとれる。この言葉に従って行ったら、一生犬になって暮すことになりそうだ。

ところが、この毛深い田舎者は店の中を振り向くと、「タケニカヤケックン」といった。これは「晴れたから行く」という意にも、「（店の連中が）皆が犬だから、行ってしまおう」という意にもとれる。

店の人たちは「あいつなかなかやるな。ちょうど雨が降って、客足も途絶えたから、呼び入れて話で

もしよう」と考えて、「ちょっとちょっと、暇なら中に入ってタバコの一服でもしていかないか」と呼びかけた。

男が中に入ってきて座ると、「見るからにお宅は話上手に見える。こうやって知り合ったのも縁だから、話の一つも聞かせておくれ」と持ちかけた。

「私が話上手って分かったのかい。私は十日ほど前に病気で死んだ挙げ句、また生き返ってきたんだよ」「それじゃあ、あの世の見物でもしてきたのかい」

諸葛孔明が曹操をからかって怒らせようとする時、曹操の知恵を逆に利用したように、男は店の主人や家族たちの知恵を逆手にとって、作り話をはじめた。

あの世に行ってみると豪華な宮殿が一つあって、玄関を見ると冥府殿と金色の文字で刻んであった。「そうか、私は死んだんだ」と思って突っ立っていると、「近くに来い」といって、どこの誰だとか、四柱（生年月日や干支）を聞くではないか。

どうせ死んだ身だから、怖いものもなく、ありのまま話した。相手は文書をあれこれとひっくり返した後、その真ん中に座っている人（要するに閻魔大王だが）、それが拳で机を叩いて「お前ら、また間違えて捕まえてきたのか。しっかりしろ」と大声でどなりつけ、まわりの連中はブルブルとふるえ上がった。

閻魔の宮殿の下働きが、私を連れ出して「あなたはまもなく人間に戻ります。この先まだ寿命が三〇年もあるのに、驚かせて申し訳ない」と謝って、「しばらくしたら使者が人間の世界に戻る道まで案内するから、それまで待ちなさい」と庭先の長椅子に座らせたのさ。そこには亡霊が並んで待っていて、

極楽行きや地獄行きが決まった魂も列を作って案内を待っていた。

順番待ちの一番先の奴は、素足で麻の履物を引きずって編笠を持ったが、体から生臭い臭いが漂っていた。

閻魔大王の尋問が始まった。「お前は生前、どんなことをしていたのか」「はい、牛を殺して解体したり、羊、豚のような生き物を殺して解体することを仕事にしていました」「ひどい奴だな。そんなむごい殺生をくり返したお前は、どこに行くと思ってるんだ」

するとそいつは答えて、「いいえ、それは大王様の思いすごしです。国では毎年、春秋に牛や豚を贄に殺して、天に祭祀をおこないます。その牛や豚は大王も一緒に召し上がられたものと存じます。大王様は、祭祀をおこなう王様や地位の高い両班たちが手ずから生き物を殺して差し上げたらよいと思われますか。とんでもないことですよね。私たちのようなものが、汚らわしい、人がしたがらない仕事をしてきたおかげで、天の祭祀もできましたし、大王様も御馳走を召し上がることができたのです。今まで何十年ものあいだ、召し上がられたものはみな、私たちの手によるものです。国王や三公や六卿のような大監たちのおかげだけではないはずです」

閻魔大王は笑顔を浮かべて、「分かった。お前の言うことは正しい。この死者を極楽浄土に送りなさい」「はは」と平伏したそいつは、高々と鳳輦（ほうれん）に載せられて、前後に楽隊を伴って極楽に上がっていくではないか。

その次に女が一人出てきたのだが、歩き方をみると普通の家庭の女ではなかった。

「お前は、生前どんなことをしていたのか」「はい、歌と踊りを習って、宴に出かけては場を盛り上

げ、また酒と笑いで数多くの男の慰み者をしておりました」

「とんでもない悪女だ。お前のせいでどれだけの男が惑わされ、どれだけ多くの家庭が崩壊し、どれだけ多くの女が泣かされたと思っているのか。自分がどれほど罪を犯してきたか分かっているのか」すると女はこう答えた。

「はい。そのとおりでございます。でも大王様、考えてもみてください、私たちはそれを好きでやっていたとお思いですか。人間の世の中には、いろいろ事情がありまして、まともに生きていくのは並み大抵のことではございません。間違えて自殺するような人を出せば、怨霊がさ迷うことになります。私は、心から笑えないことがあっても、それを隠して愛嬌を振りまいてきました。みなさんが、世の中の憂さを忘れて順調に暮らしていけるように、自分を犠牲にした一生でした。踏みにじられた私の一生を、大王様はお咎めになるのですか。多くの方々のために犠牲を払った報酬がこれですか」といって、ポロポロと泣いた。

閻魔大王も涙に目をしばたかせてから、判決を下した。

「話を聞いたら、かわいそうで仕方がない。来世は金持ちの一人娘に生まれ、大監のところに嫁に行き、一生一人の夫に仕えて、末長く幸せに暮せるように計らいなさい」

その次にやってきたのは、恰幅の良い、ふっくらとした顔つきで、白く鬚を伸ばした品のある年寄りで、仕事を聞かれた。

その老人が、「はい、ただただ神農氏（中国の古伝説中の帝王）の教えに従って、草根木皮で薬を作り、病んでいる人が苦しまないようにし、死にそうな人を生き返らせ」と話しはじめると、閻魔大王は大声を

あげた。

「この生意気なやつの口先をへし折ってやれ。人の寿命がお前の手で決められるものか。貴様が病人に手を貸して生き返らせたのか。世人を惑わす悪いやつだ。近ごろ、亡者を捕まえにやっても、手ぶらで帰ることが多いから、どうしたことかと思っていたら、お前のせいだな。こいつを地獄の果てに落としてやれ」

老人はがっかりして、地獄に行くのを待つことになった。そして私の隣りに立たされたが、私を見て言うことに、「あなたは人間に戻るというから、お願いだ。見ての通り、まったく当てが外れた。息子がソウルの銅峴四辻で私の後を継いで薬屋をしているから、ちょっと伝えておくれでないか。『孫息子はみな屠殺の仕事につかせ、孫娘はみな妓生にさせなさい』と」

「店は銅峴四辻のどの辺なのか」と聞こうとしたら、怖い顔つきの使者が、「誰が話をしていいと言った」と老人の首をつかんで引き立てて行った。老人が私の方をしきりに振り返りながら引かれて行くので、私もついに涙が出てしかたがなかった。こう話してから、店の主人が服喪中の麻のかぶり物を着けているのを見て、「もしかして、あの老人は御主人の亡くなられた父上ではありませんか」と言うと、その男は「そもそも最初に主人が呆気にとられて、「おまえは、店の悪口をいってるのか」と言うと、その男は「そもそも最初に悪口を言ったのは、どこの誰だったかな」と答えた。

（李勲鐘　一九六九）

**【文献資料】**

①李勲鐘　一九六九年　一二七〜一三〇頁

**【話型構成】**

Ⅰ．（1）ある田舎者が都の薬局の前で雨の止むのを待っ

ていた。(2)薬局の人たちが彼に「ケコンカジ」と皮肉った。この言葉は「止んだら行け」という意もあり「犬だったら行け」、という意にも受けとれる。(3)田舎者は彼らに「タケニカヤケックン」といった。これは「晴れたから行く」という意にも、「皆が犬だから避けよう」という意にも受けとれる。(4)薬局の人たちは彼を面白い人だと思い、部屋に入れて挨拶をした。(5)すると田舎者は、自分が死んで閻魔大王に逢ってきた話を語って、皆に仕返しをした。

**【解説】**

韓国の昔話には、書堂の先生とならんで医者や薬屋がよく登場します。医者と薬屋は、神のような力を発揮する童蔘（童子の形の野生人蔘）のような生薬の価値を知る不思議な力を持つと同時に、その達者な口上で人を惑わせる特別な存在であるからに違いありません。

この話の舞台となる銅峴四辻は、今はロッテ・デパートや明洞のある乙支路入口の繁華街に姿を変えましたが、生薬の専門店や市場は祭基洞に近い京東市場（ソウル薬令市場）に今も集中し、人蔘などの生薬を求める人びとで賑わっています。

これは機転の利く田舎者が、その達者な口で商売する都の薬屋をやりこめる話ですが、話の後半の「地獄から生還する話」は、日本の「閻魔の失敗」（大成442）によく似ています。韓国の話では、主人公が地獄に落ちたのは獄卒の手違いで、閻魔とやり取りするのは白丁（屠殺人）と妓生と薬屋で、上手に身の上を語った白丁と妓生が極楽に送られますが、日本の「閻魔の失敗」では山伏、鍛冶屋、医者などの三人が、それぞれが技を使って閻魔を困らせて、この世に生還します。【樋口】

**【話型比較】**　大成442　池田1864　通観1078

# 553 *古い借金を返して、新しい借金で暮らす

KT625 古い借金は清算

ある村にとても貧乏な主婦がいた。ある日、ウォンニムが彼女を呼んで、「どうして暮らしているのか」と問うと、彼女は、「はい、わが家では古い借金は返し、新しい借金で暮らしております」と答えた。

ウォンニムはその意味が理解できなかったので、詳しく述べるよう促した。すると彼女は、「それはつまり、現在、親が食べているのは古い借金の返済分であり、子どもが食べているのは、私からの新しい借金です。その子どもは大きくなると親である私を食べさせて、借金を返済するでしょう」と答えたそうだ。

（崔仁鶴　一九八〇）

**【文献資料】**

①崔仁鶴　一九八〇年B　一一一～一一二頁（一九七三年九月に、全羅南道莞島邑で李ソトク〔八〇歳・女〕から聞く）

**【話型構成】**

I．（1）とても貧しい暮らしをしている人を官庁に呼び寄せ、「いかにして暮らしているのか」ときいた。（2）「古

い借金は返し、新しい貸し金で暮らします」と答えた。
(3)「それはどういう意味か」と問うと、「今食べているのは古い借金を返しているのであり、子どもたちに食べさせるのは新しく貸与しているのだから将来返してくれます」と答えた。

【解説】

これは、少し前までの韓国や日本の人びとの「子育て」や「親孝行」の真実の姿を示す話です。少し前の韓国・日本では、働く世代の親たちは、子どもと親の世話をするのが当たり前と考えてきました。それは、いま親の世話をしている働き盛りの人たちが、かつては「子ども」として親の世話になってきたからです。そして、彼らもいずれは年を取り「老人」として子どもの世話になります。

こうした世代の循環が「自然なこと」として受け入れられていれば、「子育て」も「親孝行」もごく自然におこなわれることになります。

それぞれの家庭によって貧富の差はありますが、「子育て」と「親孝行」の循環のサイクルが、韓国と日本の伝統社会を支え、昔話を支えてきたことは間違いないと思われます。

【樋口】

# 554 ＊三〇銭で暮らす三人家族

KT 626 三〇銭で暮らす三人家族

むかし、ある使道（郡守の敬称）が早朝、用事で馬に乗って出かける途中、一人の婦人が道に落ちている小石を拾っている姿を見た。そして使道が用を済まして帰って来る時にも、朝見かけた婦人が夕方になったその時刻にも小石を拾っていた。そこで使道は婦人に、

「あなたはなにをしているのか」ときいた。

「はい、小石を拾っています」

「その小石をどうするつもりかね」

「これを工事現場へ持って行って売ります」

「一日中拾うといくらほどもらえるのか」

「三〇銭もらえます」

「家族は何人か」

「三人です」

「ではそれで三人が暮らせるか」

「はい。十銭は借金を返し、十銭は貯金をし、残りの十銭で食べていきます」

使道は彼女の話がますますあいまいで分からなかった。それでさらに、「十銭で三人がいかに食べていかれるか」と問うと、彼女は、「はい、わが家には姑と息子と私と三人で暮らしておりますが、姑が食べるのは借金を返すのであり、息子が食べるのは貯金であり、残りの十銭は自分で食べるのであります」と答えたそうだ。

（崔仁鶴　一九八〇）

【文献資料】

①崔仁鶴　一九八〇年B　九三〜九四頁（一九七三年九月に、全羅南道莞島邑で崔釆心〔五十五歳女〕に聞く）

【話型構成】

I．（1）官吏が道端で小石を運ぶ女に出会い、一日いくら稼ぐのか問うと、三〇銭だという。（2）三〇銭で三人が食ってゆけるかと問うと、彼女は、はい、十銭で借金を返し、十銭は貯蓄し、あとの十銭で食べてゆく、と答えた。（3）官吏が、詳しく説明しろというと、彼女は、姑が食べるのは借金を返すことであり、息子が食べるのは貯蓄することであり、残りは自分が食べるのである、と答えた。

【解説】

これもまたKT625と同じく、三世代が互いを育てながら、循環してゆく話です。

一日中、石を拾ってわずか三〇銭を稼ぐ女が、つつましく暮らして、子どもを育て、親に孝養を尽くして生きる。このことに郡守が心を打たれたとは、とくに語られていませんが、「孝行」や「烈女」というテーマを掲げた話よりは、その真実を深く語る物語になっていると思われます。

【樋口】

# D　名裁判

## 555 ＊ほんとうの母親

KT 627　まことの母

むかし、ある女が子どもに乳をやりながら庭先に出ていた。この時、同じ村のある女が、ちょっと子どもを抱かせてほしいというので、子どもを渡したら、自分の子どもだといって返してくれなかった。そして、二人は互いに自分の子どもだといって争った。

二人は郡守を訪ねて、互いに自分の子どもだと主張し、判決してくれるように訴えた。

郡守は二人の言い分を聞いても、どちらが本当の母なのかわからなかった。判決を下そうにも、よい方法がなかったが、突然、あることを思いついた。

郡守は子どもを中に置いて、二人の女に自分の子どもなら、互いに引っぱって連れて行きなさいと命令した。

二人は子どもほしさに、左右から子どもの腕をつかんだ。一人は容赦なく子どもの腕を引っぱったが、もう一人は子どもの腕をつかんだまま、強くは引けず、泣きながら立っていた。

郡守は止めなさいと号令して、子どもを強く引くことができなかった女に引き渡すことにした。強く引いた女が、自分の子ではないから容赦なく引くことが出来たのに対して、思い切り引くことの出来なかった女は、子どもが怪我をしないか心配で手を放したのだった。

郡守の判断は的中して、子どもは本当の母のもとに返された。

（任東権　一九七二）

**【類話】**　名判決二則

ある郡守は、二人の商人が一疋の木綿（二反の木綿）をたがいに自分のものと言い争う訴えに接して「こんな事件は判決の仕様がないから、汝ら二人で力まかせにこれを引っぱりあい、勝った者の所有とするがよい」といった。すると盗んだ方の者は慾に目がくらんで懸命に引っぱり、本主は自分の品物のいたむのを恐れてわずかにこれを引いたので、前者は獄に下ろし、木綿は本主にわたしたという。

（孫晋泰　一九三〇）

**【文献資料】**

①任東権　一九七二年　二九二～九三頁（＊『韓国の民話』

熊谷治訳　二一一～一二頁）

②孫晋泰　一九三〇年　一七二～七三頁（一九三〇年五月に、全羅南道麗水郡邑で金東斌に聞く）

【話型構成】

Ⅰ．（1）ある女が赤子を抱いて庭に出ると、隣りの女がちょっと抱いてみたいといって抱き、自分の子どもだと言い張った。（2）当局に訴え、裁判官が両方の言い分を聞いた後、赤子を両方から引っぱって、勝った方が所有しろと命じた。（3）一人の女は情け容赦なく引っぱろうとしたが、もう一人の女は涙を流しながら引っぱられて行った。（4）裁判官は引っぱられて行った女がまことの母だと判決した。

【解説】

この話は、旧約聖書の「列王紀」に見られ、中東とヨーロッパを中心に世界各地に広く分布する「ソロモンの裁き」（ATU926）と同じ話型だと考えられます。

旧約聖書の話は「同じ家に住む二人の女が同じころに子どもを産むが、そのうち一人の子どもが死に、残された子どもを二人の女が争う。ソロモンは、その子を剣で二つに裂き、二人で分けるという裁定を下し、子どもの命を守り、親権を譲ろうとした女の方に子どもを渡す」という展開になっています。

韓国には、ここに紹介した話のほかに、孫晋泰が全羅南道麗水郡邑で記録した類話の後半に「子どもではなく一疋の木綿を商人が争う」という話が見られ（類話参照）、同じ構造の話がちがった展開をする好例を示しています。

日本でも「児引き裁判」（大成本格新26）としてよく知られ、江戸時代の名奉行として知られる大岡越前守の多くの逸話の一つとなっています。

中国では後漢・応劭〔撰〕『風俗通義』に、子どもを争う話と布を争う話が見えています。このうち一枚の布を争う話は、韓国の【類話】のように布を二人に引っ張り合わせるのではなく、布を二つに切って双方に与えると判決を下したところ、納得しなかった者を真の持ち主であると判断したという話になっています。このような「児引き裁判」の類話は仏典の『賢愚経』やチベットの古典にも見え、昔話としても内陸アジアから中国大陸に広く伝わっているものです。

【斧原・樋口】

【話型比較】大成本格新26　ATU926　通観740
丁926　金926

# 556 ＊望柱石と名裁判

KT628　望柱石と名裁判

むかし、あるところに名裁判官として有名なウォンニム（郡守）がいた。このウォンニムはいかなるむずかしい問題がもちあがっても公平に裁いてくれるのだった。このうわさは広く伝えられ、互いに争い解決できない問題を持って来る人がとても多くなってきた。しかしウォンニムが解決できなかった問題は、これまで一件もなかった。

このような知恵のあるウォンニムに、ある日、とてもむずかしい問題をもちこんできた商人がいた。ウォンニムでも頭を悩ますほどの難問題であった。その内容はこうである。

大晦日が近づいてきたので、年の暮れの市の景気をねらって、ソウルから絹織物をいっぱい背負って田舎へ売りに出かける商人がいた。行先は遠いし、荷物は重く、足は疲れ、商人はある望柱石（墓の前に立てる二本の石柱）の前に荷物を降ろして休むことにした。

ところが疲れてしまったので、ちょっとの間、居眠りをしてしまった。目をさましてみると、望柱石の前においてあったはずの絹織物の包みがなくなっていた。いくら見まわしても、広々とした平原だけで、人間の姿は一人もなかった。商人はあわてて大きな目でさがしたが、望柱石が二つ立っているだけであった。いかなるすばやい泥棒でも、ほんのわずかの時間にこんな広々とした平原を脱け出せるはずがないと考え、とても不思議でたまらなかった。

商人はやむをえず息をはずませて、やっとある村に着いた。村人が商人の心配そうな表情をみてわけを尋ねた。商人がわけを話すと、村人は、「うちのウォンニムに尋ねてごらんなさい。そのウォンニムは必ず泥棒を捕えてくれるでしょう」と教えてくれた。こういうわけでこの商人はまもなくウォンニムを訪ね、陳情したのである。

商人の話を聞いたウォンニムは、内心とてもむずかしい問題だと思ったが、それを表に出すわけにはいかなかった。この事件のうわさはすぐに広がった。人びとはこんどこそウォンニムの知恵をはかれる機会であるとか、ウォンニムも人間である限り、証人も証拠もないこんどの事件を裁くのは無理だろうと、諦めるような言いかたを口にしている人もいた。ウォンニムも一般の世論を耳にしたときは不愉快であったが、といって叱るわけにもいかなかった。

数日考えこんだウォンニムは、ある日、その商人を呼びよせ尋問をはじめた。「その絹織物の包みを盗まれたときには本当に誰もいなかったのか、よく考えて答えろ。いくらすばやい泥棒にしろ、広々した平原で、ちょっとの居眠りの間に包みが消されたというのはおかしいじゃないか」と聞いた。すると商人は、「はい、そのとおりです。まことに不思議なことです。本当に誰もいませんでした。いたとすれば望柱石のみでした」と答えた。ウォンニムはさらに、「それでは、その望柱石は泥棒をみたはずだな」といった。商人はウォンニムの気は確かかと考えながら、「ウォンニム、それは石です」と答えた。するとウォンニムは、「とんでもない、その望柱石をすぐに捕えてこい。審問をすれば白状するだろう」と結論を出した。

率徒(配下の役人)たちは笑いたくてがまんできなかったが、ウォンニムの命令なのでしかたなく現場にかけつけ、望柱石を掘り出し綱でしばりつけて運んできた。このうわさは隣の村まで広がり、口もなければ話もできない石を捕えて裁くというおもしろさにみんな見物にきた。再び裁判がはじまった。ウォンニムは中庭に立てておいた望柱石に向かって、「早く白状しないか。もし何も言わないと、おまえは泥棒と共犯したことになるぞ」と脅した。しかし石がものを言うはずがない。そこでウォンニムはもっと大きい声で、「白状しなければおまえを叩き殺すぞ」といった。

このおもしろい場面をみていたたくさんの人たちは、おかしくておかしくておなかがよじれそうになったが、ウォンニムの前で笑うわけにもいかないのでがまんしていた。いよいよ体罰が始まった。ウォンニムは棍棒で望柱石の臀部を白状するまで叩くよう命令した。率徒たちは棍棒で叩きはじめた。この様子を見た人びとは、もうこれ以上がまんができなくなって声を出し、いっせいに笑い出した。この時である。ウォンニムは、「神聖なる裁判の場で無礼にも笑うやつはただちに捕え、牢屋に入れろ」

と厳しく命令した。それで大勢の人びとが牢屋に入れられた。さっきまで笑っていた人びとは、今は涙をこぼしながら許しを求めた。だがウォンニムは許してくれず、もっと厳しく叱った。

人びとは牢屋の中でひざまずき、ウォンニムに許しを乞うた。すると、ウォンニムも少し気が変わったのか、「わしに無礼して笑ったその罰として殺してもいいんだが、そこまで反省するんだったら許さないこともないではない。しかし罰金として絹織物一疋(二反)を三日以内に納める者に限って許すことにしよう。さもなければ、再び牢屋に入れられ、一生そこで暮らすことになるぞ」と言って、皆を釈放した。

三日目になると、牢屋から釈放された人びとは、絹織物一疋ずつ確かにウォンニムの前に納めた。みんな納めた後、ウォンニムは盗まれた商人にそれを見せながら、「これは、おまえが盗まれたのと全く同じものか」と聞いた。商人はそのとおりだと答えた。「では数は足りるのか」とさらに聞くので、商人が数えてみると三疋足りなかった。でも商人は、「いいえ、足りないぶんは結構です」と言うと、ウォンニムは、「結構ではない、足りないのを捜さなくては」と言いながら、納めた人たちに、それをどこから買い求めたのかを聞いた。すると峠を越えた村に絹織物の商人が来ているというので、そこに行って買ってきたということであった。

ウォンニムは率徒たちに、いますぐその商人を捕えてくるよう命令を下した。ウォンニムはその商人に、「ほとんど押収したがあと三疋が足りない。白状しろ」と言うと、彼はただちに隠しておいた三疋の絹を差し出して、「どうか命だけは助けてください」と乞うた。彼が望柱石のところで盗んだ泥棒であった。

泥棒はなお売った代金を残らずウォンニムの前に出した。こうしてウォンニムは望柱石で泥棒を捕えたばかりか、牢屋に入れられた人びとに絹を買った代金をみんな払いもどしてやりながら、「皆がこの泥棒を捉まえるために協力してくれてありがたい」と礼までいった。すべてがウォンニムの計画どおりに事がはこび、ウォンニムの知恵に人びとは今さらながら驚いたのである。

（崔仁鶴　一九七四）

**【文献資料】**

①崔仁鶴　一九七四年　二四二〜四七頁
②崔仁鶴ほか　一九七〇年　第一巻　九五〜一〇四頁
（徐晳主編『韓国伝来童話全集　第一巻』ソウル、一九七〇）
③Eckardt　1928　pp.86-88
④金相徳　一九五九年　四三〜五〇頁
⑤任晳宰　一九七一年　第五巻　三五〜三八頁
⑥森川清人　一九四四年　八〜一〇頁（今村鞆採集）

**【話型構成】**

Ⅰ. 商人の荷物がなくなる。(1)絹織物の商人が年の暮れの市の景気をねらって行く途中、望柱石の前に荷をおろし、昼寝をした。(2)目が覚めてみると、荷物は影も形もない。捜してもみつからなかった。

Ⅱ. ウォンニムの知恵。(1)ウォンニムは商人の訴えを聞いて、望柱石を捕らえてこさせて体罰を加えた。(2)すると見物人が笑い出したので、全員不敬罪で投獄した。(3)罰金として絹織物一疋ずつ納める者は釈放する。ただし三日以内に持ってくることと命じた。

Ⅲ. 真犯人を捕らえる。(1)皆は期間内にきちんと絹を納めた。(2)その絹織物を全部合わせてみると、盗まれた商人の量とほとんど同じであった。(3)ウォンニムは真犯人を捕らえ、自白を得た。そして商人は物をすべて返してもらった。

**【ヴァリアント】**

清州のウォンニム李趾光は、僧が盗まれた紙を捜してあげるため、わざとチャンスンを隠しておいて、チャンス

ンを盗まれた罰に紙を納めるよういいつける。それで、盗まれた紙をとり戻す⑥。

**【古典文献】**

『青丘野談』巻八　清州倅以権術捕盗条

**【解説】**

望柱石というのは墓を守る石柱で、墓の前に二本向き合って立てられるのが一般です。この石柱を縛って叩き、それを疑う者を全て逮捕して犯人を割り出すという、奇妙な裁判の話は、中国の「包公奇案」に見える話を、高尚顔（一五五三〜一六二三）が『效嚬雜記』に紹介したことから、朝鮮王朝の読書人たちの間で広く知られるようになりました。とくに朝鮮王朝後期の野談集『梅翁閑錄』『記聞叢話』では鄭孝成、『青丘野談』では李趾光、『東野彙輯』では柳成龍などと、王朝に仕えた機知にとんだ名臣の逸話として盛んに語られ、人びとの人気を集めたものと思われます。日本で、水戸黄門や大岡越前守、遠山金四郎の逸話が人気を集めたのとよく似ています。

森川清人が編集した『朝鮮野談随筆傳説』に収められた今村鞆の「頓智郡守の話」では、布を百反も盗まれた木綿商人が被害者で、それを裁くのは新任の郡守です。郡守は、自分に挨拶をしないチャンスンを縛り上げ、噂を聞いて郡衙（郡の役所）に集まった村人をすべて逮捕し、木綿を供出させて犯人をつき止めます。捕縛される相手が、墓を守る望柱石から村を守るチャンスンに変わっていますが、話の構造はほぼ変わりません。

【樋口】

**【話型比較】**　ＡＴＵ１５３４

# 557 ＊僧侶と牛商人の争い

KT 629 僧と牛商人との争い

朝鮮の山寺では、むかし多くの副業を営んで米塩の購入に充てたものである。忠清北道の山寺で、葛の蔓で履（くつ）を編むことを副業にしている僧があった。ある日、製造した履を持って、清州の市に出てこれを二両で売ったので、その金を裸のまま懐に入れて寺に帰ろうとすると、道に網袋が落ちていた。中を改めると二〇両の金が紙に包んで入っていたので、その僧侶は「誰がなくしたものか、さだめしこの持主は今ごろ探しているだろう」と思って、幸い清州に懇意な飯屋があるのでそこへ立ち寄り、主にその訳を話して、かつ自分の持っていた二両の金も、何気なしにその袋の中に入れて主人に預け、僧侶は清州の市内に落とし主を探しに出た。ところが、ついにこの金は牛を商う者が落としたということが分かった。

そこでこの落とし主に会って、あなたは幾ら落としたと聞くと二〇両落としたと答え、その入れ物はと問えば、麻の袋でその中に紙で包んでおいたというので、いよいよその男が落としたに違いないと思い、「さらば愚僧がそれを拾いて、懇意な飯屋に預けておきたれば、受け取りに来られよ」といって、

その牛商人と同道して飯屋に行き、僧は先刻預けおきたる袋から、自分の二両を取って、牛商人に渡すと、この牛商人がなかなか悪い奴で、僧が二両の金を袋から取り出したのを見て、その金は自分の所持金だと言い出した。僧は驚いて「最前貴下の遺失した金は二〇両だと言ったではないか」と言うと牛商人は「あの時あわてていたから端(はした)の二両は言うのを忘れたのだ」と言う。

僧は「この金は自分が履を売って得た二両である」と言ったが、その牛商人は図太い奴で、あべこべに、僧に向かって「言い間違えたのを盾にとって二両盗もうとする太い坊主だ」と言い出し、戸外はこの論争のために黒山のような人だかりがする。どうしても水掛け論で果てしがつかないので、とうとうこれを役所に訴え出た。役所では、裁判をする役人が双方の陳述を黙って聴取していたが、さすがに馴れたもので、もう役人の頭には牛商人が悪いということが分かった。

そこで厳かに宣言を下して言うよう「本官の見る所では、どうも牛商人の遺失した袋は他の者がこれを拾得したのであろう。世間には同じ袋がいくらでもある。牛商人は二二両入れた袋を落としたのだから、僧侶の拾った二〇両入りの袋とは全然その持ち主が違うと認むるのほかはない。それゆえ僧の拾った二〇両入りの袋は僧に一時下げ渡すから、これより再びその持ち主を探すがよかろう」と言ってその袋を下げ渡した。

牛商人は、早くも役人が自分の悪心を見抜いたことに気がついたので、役所の門を出るとにわかにふさぎ込んでしまった。僧は見るに見かねて、いろいろ説き諭して、その二〇両を牛商人に返してやったという。

（山崎日城　一九二〇）

【文献資料】

①山崎日城　一九二〇年　四九～五二頁（忠清北道清州の話として記録）

②森川清人　一九四四年　三〇三～三〇八頁

【古典文献】

『青丘野談』巻二　治牛商貧僧逢明府条

巻八　清州倅以権術捕盗条

『四分律』巻一八（高麗版大蔵経）

『五分律』巻一〇（高麗版大蔵経）

【話型構成】

Ⅰ．僧が二〇両の銭袋をあずける。(1) 山中の寺にいる僧が副業に草鞋をこしらえ、市に売りにきて二両を得た。(2) 帰る途中で二〇両の銭袋を拾い、食堂の主に二〇両と自分の二両を含めてあずけ、銭主を探しに出た。(3) 銭主をみつけ、銭袋を渡すとき自分の二両をとると、銭主はその二両まで自分のだと言い張った。

Ⅱ．裁判官の判決。(1) 裁判官は二人の言い分を聞いて、銭袋を僧に渡しながら、どうしてもこの銭主はこの人でないらしいから本当の主が現れるまであずかっておきなされ、と判決した。(2) 牛商人の銭主は、裁判所を出ると僧に謝った。僧は忠告したのちに銭袋を渡した。

【解説】

山崎日城は、この話の冒頭に「恩を仇の牛商人、まるで「大岡政談にもありそうな話」と記しています。たしかに日本の大岡越前守の逸話にありそうな話ですが、ここで際立っているのは、僧の無欲で善良な性格でしょう。この話の類話を記録した森川清人も、裁判が終わり二二両を手にした僧が「釈迦の弟子がどうして不当の利得をしてなろうぞ」と、落胆した牛商人に二〇両を返す姿を加えています。

韓国の昔話に登場する僧は、一方で不思議な力を発揮する神僧ですが、もう一方では仏教の掟を犯す破戒僧でもあります。それに対して、この話の主人公は山の奥の寺で葛の蔓で履物を編み、町の市場で売って米や塩を手に入れて暮らしています。

普段うかがい知ることの少ない、韓国の僧侶の日常の姿を映し出した興味深い話です。

金関丈夫は『沙石集』の「正直の人宝を得る事」の類話について述べたエッセイのなかで、中国の古い類話として、元・陶宗儀『南村輟耕録』巻十一に見える元の循吏、聶以道の次のような逸話を紹介しています。ある野菜売りが「至元鈔十五錠」を拾って持ち帰ったところ、母親に諭され、拾った場所で落とし主を待ちます。やがて落とし主が現れたので返してやると、彼は自分の落としたのは三〇だったのに十五しかない、と言うので言い争いになり、二人は役所に行きます。聶以道は二人の言い分を聞いて、落とし主にはお前の落としたのは三〇錠なのだからこれではないとし、拾った男に十五錠を与えたという話です。

金関は後に追補して、南方熊楠が「正直者金拾いし話」の中で、すでに仏典の『五分律』、『四分律』の類話について触れていることを述べ、さらにトンプソンの『モチーフ・インデックス』を引いて、アラブとヨーロッパにも同様の話が広まっていることを紹介しています。また金関は、同じ追補のなかで、中国の類話がさらに明・馮夢龍『古今譚概』、清・朱翊清『埋憂集』にも見えることを指摘し、韓国の類話の存在についても触れています（金関丈夫『木馬と石牛』）。

【斧原・樋口】

# 558 ＊つむじ風の裁判

KT 630.1 つむじ風の裁き

甕造りの職人が甕を背負子いっぱいに担いで、村で売ろうと険しい峠を汗を流しながら登っていきました。やっと上りきって、背負子を杖で支えて休み、汗を拭いながらタバコを吸っていたところ、突然どこからかつむじ風が吹いてきて、背負子を吹き飛ばしてしまいました。甕は一つ残らず、すべて割れてしまいました。

甕造りの職人は呆気にとられて、しばらくキョトンしていましたが、やがて声を上げて泣きはじめました。職人はあんまり悔しく、憎くて、その村の郡守のところに行って、裁判をして、甕を弁償してほしいと訴えました。

「つむじ風の奴がいきなりヒュッと吹いてきて、私の甕をみんな割ってしまいました。甕を弁償してください」

郡守は前代未聞の訴えを受けて、しばらく眉間をしかめて考えていましたが、使令を呼び寄せて、「お前は大同江に出向いて、登りの船頭と下りの船頭の二人を連れてこい」と命じました。

使令は大同江に出向くと、帆に風をいっぱい受けて上っていく船を一隻見つけて、その船頭を捕らえました。また、しばらくすると、今度は、やはり帆に風をいっぱい受けて下っていく船が一隻あったので、この船頭を捕らえました。

二人の船頭は、何の罪もなく、わけが分からないまま捕らえられ、呆気にとられていました。使令は二人の船頭を郡守の前に連れて行きました。すると、郡守は一人の船頭に「お前は上りの船頭か、下りの船頭か」と聞きました。この船頭は「私は上りの船頭です」と、正直に答えました。すると、郡守は「では、お前はどちらの方向に吹く風を望んでいるか」と船頭に尋ねました。するとこの船頭は「はい、私は上りの船なので、上りに吹く風を望んでいます」と答えました。郡守はまた、もう一人の船頭を呼んで、「お前は上りの船頭か、下りの船頭か」と尋ねました。「はい、私は下りの船頭です」と、この船頭は答えました。すると、郡守はまた、「では、お前はどちらの方向に吹く風を望んでいるか」と尋ねました。「はい、私は下りの船なので、下りに吹く風を望んでいます」と船頭が答えました。

郡守はこのように二人の船頭に審問をした後、声を高めて「お前たちは、一人は上りに吹く風を望み、もう一人は下りに吹く風を望んでいるが、上りに吹く風と下りに吹く風が出会えばどんな風が吹くと思うか」と聞きました。

「つむじ風です」と、二人の船頭は何のことだか分からず、身を震わせながらこう答えました。「では」郡守は厳粛な声で言いました。

「過日、つむじ風が吹いて、この甕職人の背負子が倒れて甕が一つ残らず壊れてしまった。つむじ風が吹いたのは、つむじ風を望んだお前たちの罪だ。だから甕職人に甕の代金を弁償してやりなさい」と

言って、二人の船頭を叱責しました。

郡守の命令には逆らえません。二人の船頭は、壊れた甕の代金を二人で半分ずつ払い、弁償してやりました。

（朴英晩　一九四〇）

**【文献資料】**

①朴英晩　一九四〇年　四九五～九八頁（一九三五年に平安南道江西で記録）

②任東権　一九七二年　四二～四五頁（＊『韓国の民話』熊谷治訳　二七～二八頁）

④韓相壽　一九六六年　九八～九九頁（慶尚北道尚州で記録）

**【話型構成】**

I．（1）甕商人がつむじ風のせいで甕を全部壊され、ウォンニムに訴え出た。（2）ウォンニムは船渡し場に部下をやり、北上する船頭と南下する船の船頭を呼びよせた。（3）彼らはウォンニムの質問に、「北風がよい、南風がよい」と答えた。（4）ウォンニムは、おまえたちのためにつむじ風が生じ、つむじ風がこの商人の甕を壊したから弁償しろと命じた。

**【古典文献】**

『於于野談』籌利破瓮条

**【解説】**

つむじ風に巻きこまれた甕売りを救済するために上り下りの船頭を使うという、理不尽な判決を良しとし、「名判決」とする笑話です。この話は朝鮮王朝中期に柳夢寅（一五五九～一六二三）が著わした『於于野談』に収められた「籌利破瓮条」などの野談集に始まり、まずは両班の間で、そして庶民たちの間に広く伝えられてきました。

この話に登場する甕造り職人の扱う甕は「オンギ」と呼ばれ、上質の磁器と区別されます。蛇のように伸ばし

た陶土を巻き上げて叩いて成形したものを焼き上げたものので、キムチや味噌・醤油を漬けこむために不可欠な庶民の道具です。

そのオンギをチゲ（背負子）に山のように積んで売り歩いたのが行商です。オンギは、キムチ専用冷蔵庫が登場する近年まで、日本の樽のように、どこの家庭でも便利に使われてきました。【樋口】

【話型比較】大成437

## 559 ＊陶器売り

KT 630.2 甕売りの算段

陶器売りが荷物を背負って村に売りに行く途中、荷物が重くて足も痛かったので、道端に背負子を立ててしばらく休んでいた。管の短いキセルでタバコを吸いながら、汗を拭いて、一息つくと、自分の身の上を独りで語りはじめた。

「星回りが良くて、大きくて立派な屋敷で、ごちそうを食って、何不自由もなく暮している奴もいるのに、自分は星回りが悪くて、藁屋根の家一つなく、粗末な身なりに、ろくなものも食えず、五、六月の一番暑い時も、十一、十二月（陰暦）の雪が降る寒い時も、暑さ寒さに関係なく行商をして暮し、なんの楽しみもなく生きている。なんと哀れで情けない人生だ。何をしにこの世に生まれてきたのか」といって、タバコを吹かして、遠い山を眺めながら座っていた。

それから思い直して、「このままではだめだ。これからは私も大きく商売して、一儲けして金を稼ごう。甕売りをして金持ちになろう」と考えた。背負子に入れた陶器を指さしながら、あの甕一つを一ウォンで買って二ウォンで売ればいい。二ウォン手に入れて、また店で甕二つを買ってきて、村で売れば四ウォンになる。このように一ウォンの資本が二ウォンになって、また二ウォンが四ウォンになり、四ウォンが八ウォン、八ウォンが十六ウォン、このように倍々に増えれば、後々には甕を何万個買って、何万ウォンを稼ぐこともできる。こうやっていけば、所願成就して、私もほかの人のように景色がいいところに立派な屋敷を建てて、家の前には田畑を作って、家の中には下男や女をたくさん置いて、快適に暮すことができる。これだ。こうすれば心配がないと思った。

「よし、私の星回りよ」といって、一人気分よく動き回り、興に乗って踊りだし、つい背負子の支え棒を足で蹴ってしまったから、背負子が倒れて、売り物の陶器がこなごなに壊れてしまった。そして、その時まで抱いていた金持ちになる夢も、水の泡になってしまった。

（沈宜麟　一九二六）

【文献資料】

①沈宜麟　一九二六年　一九三～九四頁

②韓相壽　一九七四年　二二一～二二二頁（一九五九年に慶尚北道大邱で記録）

③崔仁鶴　一九八〇年B　二四五～四六頁（一九七六年三月に、江原道溟州郡で金鎮必〔六一歳・男〕に聞く）

④任晳宰　一九八八年　第二巻　一八九～九〇頁（一九三三年に平安北道碧潼郡で記録）

――――一九七五年　第三巻　七五～七六頁

⑤任東權　一九七二年　七七～七九頁（一九五四年八月四日に、京畿道坡州郡泉峴面法院里で曺圭徴〔五三歳・男〕に聞く）

（＊『韓国の民話』熊谷治訳　五三～五四頁）

⑥任晳宰　一九七一年　第三巻　七五～七六頁

【ヴァリアント】

盲人があやまって瓶を壊した。通りかかった人が、両方の言い分を聞いた後、盲人が弁償する性質でないと判断した⑥。

【話型構成】

Ⅰ．陶器売りが道で休む。

Ⅱ．自分の人生を省みて、独り言をいう。

Ⅲ．陶器を売って金持ちになる計画をたて、うっとりする。

Ⅳ．有頂天になって、踊りだし陶器を壊して、金持ちの夢も砕ける。

【解説】

貧しい暮らしをする甕売りが、ふと思いなおして商売を立て直し大金持ちになる夢をみたのに、つい浮かれすぎて商売物の甕を割り、現実に引き戻される話です。このように長者になる夢を見て破産する人のことを、諺でも「トクザンサ・クク」（甕売り九九算）と言いますから、昔から人びとに知れ渡った話であったことが分かります。

日本の場合も、いわゆる「とらぬ狸の皮算用」で、酢を一瓶造った男が、これを売って大儲けをして、妾を囲ったら女房と喧嘩になり、立ち回りを夢見ているうちに、大切な酢の甕を割ってしまう「金儲けの胸算用」（大成437）、二人の旅人が大金を拾ったら「拾った方が取

るか、二人で山分けか」で喧嘩をする「金を拾ったら」（大成436）などが各地で語られています。

中国では梁・殷芸撰『殷芸小説』の「貧人甕算」が初出で、南宋・施元之撰『東坡詩注』の中に、夜ごと大事な一甕を抱えて寝ていた貧士が、やがて富貴となった自分を夢想して思わず舞ったところ甕を踏み割ったという話が紹介されています。この話は民間の昔話としても山西・河北・貴州・安徽省に伝わり、少数民族の間では蒙古族や土族にも知られています。　【斧原・樋口】

**【話型比較】** 大成436・437　ATU1430　丁1430　金1430

# 560　＊名判決二則

## KT 631　貸したキセル

ある人が路上で一人の若者の求めるがままに自分の長煙管（ながぎせる）を貸し与えると、若者は葉煙草（はたばこ）をつめてふかしたのち、その煙管を持ったまま立ち去ろうとするので、その無礼を責めると、若者はかえって怒色

をあらわし「何をいうのです、これは私の煙管です」といった。この争いがとうとう官庁にまで持ち出されたので、時の郡守は両者をなだめて「煙管の一本くらいで争うことはない。では拙者の煙管を一本あげるからこれで和解しなさい。そして煙草でも吸いながら世間話でもいたそう」といって自分の煙管を出し、三人で煙草を吸いはじめた。三本とも長い煙管であったのである。しかるに若者は煙草が大分燃えて火が弱くなると、雁首を灰皿の中央の突出したところにあてて煙草の灰を落とそうとはせずに、わざわざ（煙管より）短い手をのばして拇指の裏でこれを落とそうとした。これは短い煙管を使用する者のくせである。そこで郡守は若者を獄に下ろし、くだんの煙管の本当の主に渡したという。

またある郡守は、二人の商人が一疋の白木綿をたがいに自分のものと言い争う訴えに接して「こんな事件は判決の仕様がないから、汝ら二人で力まかせにこれを引っぱりあい、勝った者の所有とするがよい」といった。すると盗んだ方の者は慾に目がくらんで懸命に引っぱり、本主は自分の品物のいたむのを恐れてわずかにこれを引いたので、前者は獄に下ろし、木綿は本当の主に渡したという。

（孫晋泰　一九三〇）

**【文献資料】**

①孫晋泰　一九三〇年　一七二〜七三頁（一九三〇年五月に、全羅南道麗水郡邑で金東斌から聞く）

②鄭寅燮　一九五二年　一八七頁（一九四七年にソウルで記録）

**【話型構成】**

Ⅰ．（1）ある者が長いキセルを貸してもらい、自分のだと言い張り続け、返そうとしなかった。（2）ウォンニムは二人の言い分を聞いて、そんなキセル一つで争うのはよくないからタバコでも吸おうよ、と提案した。（3）それで三人がタバコを吸いはじめた。一人が長いキセルの使い方がへたなので、すぐに犯人だとわかった。

【解説】

現在の韓国では喫煙が厳しく制限されていますが、近年まで煙草は成年男子のたしなみで、長幼の序や社会的な序列によって、喫煙の作法が厳しく定められていました。とくに朝鮮王朝の時代には、煙管の長いキセルで煙草を楽しむことは、年を重ね地位もある成熟した両班の特権であり、未熟な若者のすることではありませんでした。

したがって、この話は長いキセルで煙草を吸い、自らのキセルを若者に貸し与える余裕のある老人と、作法を知らない無礼な若者とを対比する話であるとも考えられます。

これは、孫晋泰が一九三〇年五月に、全羅南道麗水郡邑で金東斌から聞いた話ですが、二つの部分に分かれ、後半の木綿商人の話は、すでに「まことの母」（KT627）の項に類話として紹介してあります。【樋口】

▲長キセルを使う両班（右上）

# 561 ＊郡守の裁判

KT 632 女を犯した悪僧

むかし、寺堂組（サダン）というのがあった。流し劇団のように各地を巡りながら芸も披露し、また身も売ったりしたのだが、男寺党（ナムサダン）と女寺党（ヨサダン）と別れていた。「僧が悪事を企み、喪に服している人が経を読む」ということわざがあるのだが、これにまつわるおもしろい話がある。

周辺の村にまで、学問に優れているとうわさが広まったある士人がいた。その士人は親が亡くなって喪に服していたので、直領（朝鮮王朝時代の武官の上着）を着て、喪中につけるかぶり物をつけて外出した。その日の夕方の霊前に供える食事の時間までには家に帰ろうと思っていたが、途中で雨に降られて、家からわずか十里（日本の一里）しか離れてない宿場に泊まることになった。

ところで、ちょうどその日、その村に女寺党がやってきた。歌と踊りを終えて、芸人の一人が宿に泊まると、オンドルの火口に近い方で喪主が壁を向いて横になり、火口に遠い方で坊主が一人横になって寝ていた。みんなでざこ寝していたのだが、夜中に誰かきて女の体を触るではないか。手をあげて手探りしてみると、麻のかぶり物をしているので、あの喪主に違いないと、身を許したのだが、早朝起きる

と、その男は朝御飯も食べないですぐ出発するという。

女寺党の女は「ちょっと、お待ちよ。女と一夜を伴にしたのなら、手当てを払わなくちゃならないんじゃないかい」その筋の女だから口も汚いにきまっている。

恥さらしな目にあって喪主は「違う」と否定したが、誰一人として証人がいるわけでもない。女は、間違いなく喪主の相手をしたという。

そこへ、ずる賢そうな宿場の主人が出てきて、喪主の面目も立てて、家に帰してやった。女の手当ては自分が代替えてやった。

「この三〇両というお金は、後でゆっくりお返しいただければ結構です」という。

喪主は家に帰ると、黙って横になった。誰が話しかけようと、口をつぐんだまま、水さえ全く飲もうともしない。長男が懇請すると、遺言の代わりにこういった。「喪中である身で、家でも清く過ごしているのに、こんな恥さらしなことがあろうか。どんな顔をして生きていけばいいのか」

息子はその足で宿場を訪れた。そして、主人の話で大体のことが理解できた。泊まっていた僧がどこの寺の誰かということまで聞き出して、官家に告発した。

郡守は、とんでもない話だと思った。世の中には偽善者が多い。道学を学んで徳が高くても見掛けによらない者もいる。女がいうには、男は確かに麻のかぶり物をかぶっていたという。しかし考えてみれば、わざわざ服喪を示す麻のかぶり物をかぶって女を襲うというのも奇妙な話だ。

こうして奇想天外な裁判がはじまった。

郡守が「私は、そういう不埒なことをした奴は一目で見分けられる。そこに穴の開いた幕を張るか

ら、それぞれ自分の持ち物を出してみろ。私が見て判断して、罪を犯した者の一物を刀で打ち落してやる」といって、本当に幕を張り、穴から各自の持ち物を陳列させた。もちろん、どれが誰のものか、どれが不埒なものなのか分かるはずもない。しかし郡守以下、多くの人が近くに寄ってしげしげと検分した。そして、頃合いを見て郡守が「あいつを打ち下ろせ」と大声を上げた。するとその瞬間、一人がすぽっと抜いた。

もちろん郡守はカマをかけたのだが、犯人は自分の罪を知っているから、つい恐ろしくなって抜いてしまったのだ。犯人は、あの僧だった。

その日の夕方、女がいうことを聞かないと思い、喪主の麻のかぶり物をかぶって女に近づいたのだ。僧は法によって裁かれ、喪主は道学を学んで徳が高い人として名誉を回復した。

（李勲鐘　一九六九）

【文献資料】

①李勲鐘　一九六九年　二五二～五四頁

【話型構成】

Ⅰ．喪主と悪僧。（1）ある喪主が旅からの帰りに宿に泊った。（2）一つの部屋に僧も芸人の女も一緒に寝たが、笠をかぶった者が芸人の女を犯そうとすると、女は身を許した。（3）朝になると、女が喪主に花代を請求してきた。喪主はあきれて自分ではないと拒むが、女は大声で騒いだ。

Ⅱ．裁判官の判決。（1）家に帰ってきた喪主は死を覚悟して息子にその話を打ち明けると、息子は官に訴えた。（2）裁判官は喪主と僧を呼んで、男根をみれば誰が犯人かわかるから、犯人の男根をちょん切ってやると脅した。（3）その脅しを恐れた僧が犯人だとわかった。

【解説】

この話に登場する男寺堂と女寺堂は、日本の伊勢や尾張の太神楽と同じく諸国を回って曲芸などを披露する芸能集団です。現在ではユネスコの無形文化遺産に指定されていますが、かつては被差別身分で、男寺堂は男色を、女寺堂は女色を売ることを常としていました。

韓国における服喪の規定は厳格で、とくに儒教を学び実践することを第一とする士人が服喪中にこのような女性と接することは赦されません。狡猾な僧の罠に落ち、体面を汚された士人の屈辱は、いかばかりであったことでしょう。

息子の尽力と郡守の機知に不器用な士人が救われる物語です。

【樋口】

# 562 ＊牛肉裁判

KT 633 牛肉裁き

ある人がとても重い病気にかかりました。話によると、この病気は牛肉を食べると治るそうです。しかし、この人はとても暮らしが貧しくて牛肉一切れも買えませんでした。

この人が、ある日ゴホゴホと咳をしながら隣りの家に行くと、その家の上の部屋で旅人が牛肉を食べながらお酒を飲んでいました。牛肉が食べられなくて重病に苦しむ人は、恥ずかしくて牛肉を食べさせてほしいとも言えないので、旅人が牛肉を食べるのを眺め、美味しそうな牛肉のにおいを嗅いでいました。

ところが、不思議なことに、この人は牛肉を焼くにおいを嗅いだおかげで、すっかり病気が治ってしまいました。すると、この話を聞いた旅人は「私が買った牛肉のにおいを嗅いでお前の病気が治ったのだから、その薬代をもらわないといけない。薬代を払え」と言い出しました。しかし、病気が治った人は、旅人の言葉に従うわけにもいきません。言い争いの末、旅人は郡守のところに行って、裁判をしてほしいと頼みました。

郡守は二人から話を聞いた後、牛肉のにおいを嗅いで病気が治った人に「お前の病気が治ったのは、牛肉のにおいを嗅いだおかげではないか。もし、牛肉のにおいを嗅げなかったら、いまだにお前は治っていなかっただろう。だから、病気が治った恩を返さなくてはならん。においを嗅いだ代償を払ってやれ」と判決を下しました。

牛肉を食べた旅人はこの言葉を聞いて、心の中で大喜びしました。そして、病気が治った人の顔をあざ笑うように見ました。病気にかかった人は判決が下されたので、仕方なくお金をあるだけ郡守の前に差し出しました。

すると郡守はこのお金をとって、旅人の前でチャランと音を出して見せて、「これが薬代だ」と言いました。そして、旅人がそのお金を受け取ろうと伸ばした手を払い除けて、「お前も牛肉を見せただけで、一切れでも食べさせてやったわけではない。だから、お前もまたこの金を見たからには、金を見た代償を払わなければならん。お金を見た代償を払え」と言いました。すると、さっきまで笑っていた旅人は赤面して、何も言えずにうつむいてしまいました。

郡守は「なんと心が醜い奴だ。牛肉を見せた代金と金を見た代金を相殺して、さっさと出ていけ」と怒鳴りつけました。そしてお金は病気が治った人に返されました。

それから郡守は、役所を出ようとする旅人を呼び止めて、「裁判はお前が申し出たのだから、裁判費用はお前が出すように」と言いました。旅人はお金ももらえず、その上、裁判費用を払って、顔が石臼のように重くなって、旅立っていきました。

（朴英晩　一九四〇）

【文献資料】

①朴英晩　一九四〇年　二〇七～〇九頁（一九三五年に平安南道安州で記録）

【話型構成】

Ⅰ．焼き肉の匂いで病気が治る。（1）ある人が病気になった。牛肉を食べれば治るという。（2）幸い、焼肉の匂いをかいで病気が治った。（3）すると肉を焼いていた者が、わしの焼いた肉の匂いで病気が治ったから薬代を払えと迫った。

Ⅱ．裁判官の裁き。（1）裁判官は両方の言い分を聞いて、病人だった人に金を出せといった。（2）裁判官は旅人にその金の音を聞かせて、肉を焼いた人に「おまえは匂いだけをかがせたのだから、その代価も銭の音だけでよい」といった。

【解説】

牛肉の匂いを嗅いで病気の治った人に、牛肉の匂いの代金を請求する話です。

日本の場合は、牛肉のかわりにウナギの匂いの代金を請求する「匂いの代金」（通観668）という話が全国各地で広く語られています。

「あるケチな男が、飯時になると隣のウナギ屋から流れてくる蒲焼の匂いをおかずにして飯を食べていたのですが、それを知ったウナギ屋が月末にウナギの匂いの代金を請求します。するとケチな男は財布を取りだして、その音を聞かせて『嗅ぎ代だから音でよかろう』と応酬する話です。「始末の極意」などの落語の吝嗇（りんしょく）話の枕に使われる小咄としてもよく知られた話ですから、ウナギの蒲焼が評判となった江戸中期から落語や小咄などの話芸を通じて町の人びとの間に広められた話だと推測されます。

日本昔話大成には、「藁の贈り物」（大成448）、「吝い（しわい）屋」（大成449）、「辛抱比べ」（大成450）という同工異曲のケチ話が話型として収められています。

中国では漢族の類話としては、安徽省に知られているだけですが、少数民族のあいだでは新疆ウイグル自治区のウイグル族や青海省のハザク族、雲南省のタイ族、吉林省の朝鮮族など、広い範囲にわたって点在しています。なお遼寧省瀋陽に住む朝鮮族の有名な語り手、金徳順（慶尚北道安東県出身）も、金善達の逸話として「肉のにおいと銭の音」を語っています（依田千百子・中西正樹〔訳〕『金徳順昔話集　中国朝鮮族民間故事集』所収）。

【斧原・樋口】

**【話型比較】** 大成448・449・450　通観668　丁1804B　金1592D

# 563 ＊一斤の肉

KT 634　一斤の人間の肉

昔、金某と李某という二人の少年がいた。二人は一つの書堂（塾のこと）において勉強し、兄弟のように仲がよかった。ところが彼らが大きくなって共に一人の娘を思慕するようになってからは次第にその仲が悪くなった。金某は貧しく李某は富者であったので娘はとうとう李某の妻となった。金某はいたくそれを恨み、金をためようと決心して学問を止め、高利貸しその他あらゆる方法を以て莫大な財産を作

りあげた。

その間幾年たったかはわからないが、李某の家は次第におとろえた。その上彼は、ある親友のためにどうしても千両の金を工面しなければならなかったので、その相談を金某のもとに持ちかけた。ところが金某は言下にそれを快諾し、さて言うには「私はこの金を無担保で貸そう、しかし期限に返金のできない場合は君の肉を一斤とることにしよう」と。李某は火急の場合ゆえやむなくその約束で金を借りた。けれども期限にそれを返すことができなかった。それなのに李某が肉を切らせないというので、とうとうこの事件は宮廷に持ち出された。

使道（郡守のこと）はこの事件のため痛くなやまされ、食事もとらず煩悶していた。父の様子を見て使道の娘はそのわけをたずねた。「女の知ったことではない」と初めはとり合わなかったが、娘があまり熱心にきくので、使道は始終を物語った。娘も幾日かの間それがために悩んだが、別にいい考えは浮かばなかった。ところがある日、針仕事をしているうちに、指の先が針にささり血の流れるのを見て大いに悟るところがあって、父のもとにかけてゆき、「肉をとる約束はしたけれども血を流してもいいという約束はしなかったから、血を流さないよう一斤の肉を切りとれと金某に言い渡しなさい」と言った。この名判決のため、かの使道は名官としてうたわれるようになった。

これはシェークスピアの『ヴェニスの商人』の話と酷似しているけれども、私が子供の時、家の下女たちよりよく語りきかされた話で、決して近ごろの輸入説話ではなく、朝鮮在来の説話と固く信ずる。

（孫晋泰　一九三〇）

【文献資料】

①孫晋泰　一九三〇年　三〇三～〇四（一九三〇年三月に、慶尚北道大邱府本町で李相昨に聞く）

②朴英晩　一九四〇年　二〇七～〇九頁（一九三五年に平安南道安州で記録）

【話型構成】

Ⅰ．借金の報酬。（1）ある日、李が金に千両を貸してくれと頼んだ。（2）金は、担保なしに貸してはあげるが、もし期間内に返済できない場合は、李の体から一斤の肉を切りとる、といった。

Ⅱ．裁判官の裁き。（1）李はついに期間内に返せなくなり、金は約束通り李の肉を切りとると迫った。（2）裁判官は両方から事情をきいた後に、血を流してもよいという約束はなかったから肉を一斤切りとるのはよいが血を流してはいかん、と判決を下した。

【解説】

これは、シェークピアの『ヴェニスの商人』によって知られた話です。この話を孫晋泰に語った李相昨は「朝鮮在来の説話と固く信ずる」と述べています。李相昨は、この話を少年時代の下女から聞いたといっていますが、二〇世紀初頭という語りの時代背景と、伝承の広りの少ないことを考慮すると、シェークスピア経由である可能性が高いと思われます。

しかし『ヴェニスの商人』や『リア王』などに見られるように、シェークスピアが古くからの口頭伝承や文献を下敷きにして作品世界を構築することはよく知られています。したがって、李相昨の証言を無碍に退けることも出来ません。

たとえば、十四世紀初頭に書かれたとされる『ゲスタ・ロマノールム』の「第一九五話・人肉抵当」は、『ヴェニスの商人』とほぼ同じ展開を見せ、「借金のかたに、借りた金と同じ重さの肉を切り取ってよい」という契約をして窮地に陥った夫を、妻が機知を働かせて救います。さらに、罪を犯した対価に肉を切り取って償うという話は、仏典の『百喩経』や古代インドの説話集『カター・サリット・サーガラ』にも見られます。そして『百喩経』は早くから韓国で知られています。

しかし、『百喩経』や『カター・サリット・サーガラ』

の話は、ただ罪を自らの肉で償うというだけの愚か者話にとどまり、そこには夫を救う妻のエピソードが見られません。

こうした事実を踏まえると、やはりこの話は、シェークスピア経由ではないとしても、近代になってヨーロッパから韓国に伝えられた話であると考える方がよいと思われます。【樋口】

【話型比較】ＡＴＵ８９０

## 564 ＊三百両裁判

KT 635 知恵のある裁判官

むかし、ある所に小金持ちの男が住んでいました。この男の一生の願いは座首（朝鮮王朝時代の各郡に設置された郷庁の長）になることでした。官家に出入りしながら座首の座を狙っていましたが、多くの財産を全部失い、結局、座首にはなれませんでした。

男は人に会うのも恥ずかしくて、よその土地へ行って住むしかないと思い、衣裳箪笥を背負って、妻と一緒によそに引っ越そうとしました。

途中ある村の大きい瓦屋根の家の前で、衣裳箪笥を下ろして汗を拭きながら休んでいると、「どちらに行くのですか」と、その家の主人が出てきて聞きました。男は主人に自分の身の上をすべて話しました。主人はその男の妻がとても美しかったので、罪な考えを起こして、「もしよければ、私の家で暮らして働きませんか」と言い、「今あなたが持っているお金を、すべて私に預けてください。あなたが働いた分の給与は一月ごとに支払います。そして預かったお金は十年後にそのままお返しします」と言いました。

男はこの言葉を聞いて、喜んでこの家で暮し、働くようになりました。そして持っていたお金の三百両を主人に預けました。いつのまにか十年が経ちました。座首になるのが一生の願いだった男は、「もう、この家を出ます。十年前に預けた三百両を返してください」と主人に言いました。すると主人は思いがけない返事をしました。「お金って何のことだい。お前が私にお金を預けたなんて、とんでもない」男が、「何をとぼけているんですか。私があなたに預けたお金のことですよ」と言うと、主人は「気でも狂ったのかい。三百両もの金のある男が、私の家で作男なんかするわけがないじゃないか」と言って、最後までお金を返そうとしませんでした。

男は、「お金を預けたかどうかは、妻に聞いてみればわかります」と言って、妻に「私たちは、確かに十年前に主人に三百両を預けたよね」と聞きました。ところが妻も「あなたは何て事を言い出すのですか。どんなお金を家の主人に預けたと言うのですか」と答えるのです。男は、本当に気が狂いそうにな

りました。

男の妻は家の主人と企んで、男が家を出たら家の主人と一緒に住もうという恥知らずな考えを起こしていたのです。

座首になるのが一生の願いだった男は仕方なく、お金を返してもらおうと郡守に訴えました。郡守は主人と男の妻を呼び寄せて「お金を預かったのか」「お金を預けたのか」と尋ねると、主人は「預かっていません。預かったこともありません」と言い、妻も「預けていません。預けたことはありません」と答えました。そこで郡守は、その日はそのまま二人を帰し、じっと知恵をしぼりました。

そして次の日、また二人を呼び寄せました。二人はやはり「預かっていません」「預けていません」と答えます。

そこで郡守は、主人と座首になるのが一生の願いだった男に「それなら、あの女を櫃に入れて、その櫃を二人で交互に背負って、あそこの柳のまわりをまわってこい。それから裁判をしよう」

郡守は、男の妻をこっそりほかの部屋に隠し、櫃にほかの人を入れました。そして、座首になるのが一生の願いだった男がまず櫃を背負いました。櫃の中に別人が入っているとは知るよしもない男は、てっきり自分の妻がいると思いこみ、歩きながら「夫以外の男と関係を持つような卑しい女め、お前を川に沈めて俺も一緒に死んでやる。主人に三百両のお金を預けたのに、どんな企みがあって預けてないと言うのだ」と叱責しました。

次は家の主人の番です。主人は、櫃に向かって「おい、どうやら企みが上手くいかないようだ。上手くいかなかったらどうしよう。三百両をそのまま返せばよかった。あいつが郡守に告発するなんて、まったく夢にも思わなかった。ひどい目にあうかもしれない」と言いました。

櫃の中にいた人は、話を一言も聞き逃すことなく聞いていました。そして郡守の前で櫃の蓋が開かれました。家の主人は驚きました。櫃の中から出てきたのは、男の妻ではなく、恐ろしい顔をした使令（郡守の配下）ではありませんか。

家の主人は三百両に利子をつけて五百両を払いました。そして座首になるのが一生の願いだった男の妻も、百叩きの刑に処せられました。

（朴英晩　一九四〇）

【文献資料】

①朴英晩　一九四〇年　一六九～七三頁（一九三五年に平安南道平壌で記録）

【話型構成】

Ⅰ．（1）ある者が官吏になろうとして失敗し、財産を使い果たした。（2）夫婦は若干の旅費を持って旅に出た。そしてある金持ちと会い、その家で雇ってもらった。（3）金持ちは彼の女房が欲しいので雇ってあげたのである。十年後、彼はあずけたお金を返せと迫った。（4）主が断わるので訴えた。裁判官は知恵を働かせて金持ちから自白を得た。（5）そして三百両を十年間あずけたから、その利息分を含めた五百両を払うよう命じた。

【解説】

これも郡守が機転を働かせて、腹黒い男と不実な妻に欺かれた男の危機を救う話です。

主人公の男が目指した座首というのは、朝鮮王朝時代の地方の有力者で、中央から派遣されてくる郡守を補佐する役割を負う名誉職です。おそらくは、ひと財産築いてはみたもののどこか飽き足らず、なんとか名誉ある地位を手に入れようとして失敗する「よくあるタイプの田舎者」という設定だと思います。

人のいい男が、美人の女房を狡猾漢に狙われて、女房

にも愛想をつかされて裏切られ、万策尽きたところを、郡守の知恵に救われる。官職につくことが何よりの誉れであった、かつての韓国社会にありがちな話ですが、日本の落語の人情噺にもどこか通じる話です。【樋口】

# 565＊名官治獄

KT 636.1 真犯人は書堂の先生

一少年が書塾に通う途中において、毎朝夕、一人の娘に出会った。娘はある長者の独女であり、少年が通る時刻に彼女は水を汲みに井戸へ出るのであった。二人はしばしば目をもって互に情を送っていたが、ある日娘は少年に一封の文をわたし、その中には「今夜三更の時（真夜中頃、二三時から午前一時の間）に私の部屋へきて下さい」と書いてあったので、少年は大いに喜び、日のくれるのをばかり待っていた。少年のそわそわとしておちつかぬ様子をふしぎに思った塾のやもめ先生（接長）は、夜になって少年がしばらく仮寝をしている間に、その所持品を調べてみた。そして本の間から娘の文を見出してひそかに

淫心を起こし、二更のころに長者の家へ行ってみると果たして後園の墻越(かきご)しに白布が垂れ下がっているので、彼はそれを頼って難なく娘の部屋へ入った。

けれども娘が彼のいうことをきこう筈(はず)もなかった。のみならず娘は塾の先生をよく知っていたので、先生は事の暴露を恐れて短刀を以て娘を殺したのち逃げ帰った。塾生たちはもちろんのこと、少年もなおいびきをかきながら寝ているので、彼はやや気を安んじて自分の部屋に入った。

それよりしばらくして、少年はぱっと眼をさまして夜の更けたのを知り、急いで長者の家へ走った。そして白布をとって後園の墻(かき)をこえ、娘の部屋へ入ってみるとそういう始末であったので、後はびっくりして逃げ出したが、その時彼はあまりあわてていたため片方の革靴をはき忘れたまま帰ってきた。その履き物によって、犯人はかの少年であるということになり、後は獄に投ぜられた。

当時の県官は少年の態度や娘の文などから察して、少年が犯人でなかろうということはほぼ知った。けれども真犯人は果たして誰であろうかと少なからず苦心をした。そしてこれは少年と毎日接触している者の所為(せい)に相違あるまいと察して、ひそかに一人の泣き声をよくする女を雇い、これをして書塾の後にある古木の枝にかくれて、夜半悲しい鬼哭声（死者の泣き声）を出して泣かしめた。そしてその近所には捕吏を伏せておいた。

かくすること三夜に至ったとき、塾の先生はその鬼哭声に悩まされて、毎夜眠ることもできず、かつ深く己れの罪を悔いて、塾生たちの熟睡するころを見はからい、ひそかに室を出て古木の下まで来ると、膝を屈し地に伏して「一時の情慾にかられてしたことですからどうかゆるして下さい」とわびた。その時四方から捕吏が現れて彼を捕え、事件はそれで落着したという。

（孫晋泰　一九三〇）

【文献資料】

①孫晋泰　一九三〇年　三一〇～一一頁（一九二三年八月に、慶北漆谷郡倭舘で金永奭に聞く）

②任東権　二〇五～〇六頁（一九五五年八月二一日に、京畿道坡州郡交河面多栗里で俞日録に聞く）（＊『韓国の民話』熊谷治訳　一四八～四九頁）

【話型構成】

Ⅰ．書堂の先生の悪行。（1）書堂に通う若者に金持ちの娘が恋文をよこした。（2）書堂の先生がその恋文を横取りして読み、自分が夜、彼女を訪ねた。（3）彼は彼女を犯そうとしたが、彼女が必死に拒むので、ついに彼女を殺して逃げた。（4）そこに若者が現れ、彼は殺人犯として捕われの身になった。

Ⅱ．裁判官の裁き。（1）裁判官は若者が犯人でないことを予想した。（2）裁判官は女を雇い、毎夜、書堂の裏にある古木に登って鬼神の泣き声を出すよう命じた。（3）毎夜鬼神の不気味な泣き声を聞いた書堂の先生は、ついに我慢できず自白した。

【ヴァリアント】

ある若者が書堂に行く途中、洗濯している女に惚れ、手紙をだした。女から返書がきたが意味がとれず、書堂の先生にうかがった。先生はその内容を知り、自分が彼女を犯そうとしてついに殺してしまった。裁判官は夢に柳の葉が落ちるのをみて、占い師に占ってもらうと、「柳葉落」という占卦が出た。それで真犯人の書堂の先生を捕えることができた②。

【古典文献】

『高麗史』列伝　李宝林の名判決

【解説】

これも郡守（県官）が知恵を使って犯人をつきとめる話ですが、真犯人をつきとめる方法が、鬼哭声（浮かばれない死者が鬼神となって泣く声）を聞かせて精神的に追い詰めるところに特徴があります。これと同じタイプの話を任東権が京畿道坡州で記録していますが、そこで犯人逮捕の決め手となるのは郡守の見る夢と、それに基づく占いです。郡守が夢で柳の葉が落ちるのを見て、占師が

「柳落葉」という真犯人の氏名をつきとめるのです。

さらに、エバーハルトが記録した中国の類話（「幽霊が裁判官に頼む」）では、殺されるのは商人で、殺すのも商人ですが、殺された商人は幽霊になって包判官という伝説の名判事（宋代の官僚・包拯）に訴えようとします。しかし包判官はすでに過去の人ですから、芝居の舞台で包判官を演じる役者に訴えるのです。このあまりに不思議な出来事がきっかけとなって、殺人者である商人は逮捕され処刑されます。包拯は京劇にも登場する人物で、あの世とこの世を繋ぐ力があると恐れられていました。

この三つの話に共通するのは、死者の訴えや死者に対する怖れです。いずれの話でも、なんらかのきっかけであの世とこの世の境界が裂け、そこから聞こえる死者の声やメッセージ、あるいは訴えがこの世に届き、それを聞いた為政者が罪ある者を裁くことになります。

【樋口】

**【話型比較】** Eberhard 136

# 566*タカの代わりにトンビで弁償した裁判

KT 636.2 タカの代わりにトンビ

むかし、ある寡婦が山のふもとで暮していたのだが、その日の食べ物にも事欠くありさまだった。ほんの少しの卵を売って暮していたのだが、陰暦十一月になって雪が降りはじめたころ、猛禽がニワトリ一羽を食い殺してしまったので、腹が立ってその猛禽を炒めて食べてしまった。すると、一人の鷹匠がやってきて「私のタカを食べたのだから、弁償しろ」というではないか。「お金がない」というと、家を差し出せという。家を売ると二両半。タカの代金は七両だ。鷹匠は官衙に訴えた。

数日後、郡守は命令書を送りつけ、二人を出頭させた。

「お前は、どんなタカを食べたのか」「私はタカだとは知りませんでした。卵を売って暮らしているのに、その鳥がやってきてニワトリを食い殺してしまったので、食べたのです」「そうか、二人とも外で控えていなさい」

その後、郡守は吏房（朝鮮王朝時代の地方官庁に属した六房の一つ）の役人を呼んで、「市場に行って、トビを買ってこい」と命じ、役人に七文でトビを買ってこさせた。それから二人を呼び寄せて、鷹匠にいっ

た。

「このトビもニワトリを食べるから、これを持って行きなさい」

タカの主人は悔しがり、女はありがたがった。

女は翌年の三月、四月くらいになって、お礼にモロコシを挽いて、それを蒸して「ムサルグニ」という餅にして官衙にもっていった。

郡守はその餅を食べて、おいしかったので六房の役人を次々に呼んで食べさせた。みんな喜んで食べた。そして、女をそのまま帰すわけにもいかないと考えて、郡守は十両の褒美を与えた。配下の役人も金を出し、金が山のように積もった。

郡守が「少ないが、これで米でも買って食いつなぎなさい」というので、女はありがたくいただいて、これで田を買い、また一生懸命働いて畑を買い、不安なく暮したそうだ。

（曺喜雄　一九七〇）

**【文献資料】**

①曺喜雄　一九七〇年　七七～七八頁（一九六八年十月二七日に、忠清北道槐山郡青川面青川里で金敬三〔七八歳・男〕に聞く）

**【話型構成】**

Ⅰ．貧しい女がタカを食べてしまった。タカの主人がきて、自分のタカを食べたから弁償しろと訴えた。

Ⅱ．郡守は二人の話を聞いて、配下にトンビを買いにやり、タカの代わりにトンビで弁償させた。

Ⅲ．女は感謝して、郡守に餅を献上した。郡守は、それが気に入って褒美を与えた。女は、その金で田畑を買い、幸せに暮らした。

【解説】

郡守が、知恵を使って貧しい女を助ける話です。韓国には、日本と同じく鷹狩りの伝統があり、女が誤って食べてしまった鷹はこの鷹狩りの鷹で、非常に高価です。鷹狩りは、紀元前に中央アジアに始まるとも言われ、アジアだけでなくヨーロッパや中東世界に広く伝えられています。

女がお礼として官衙に届けるのは、「ムサルグニ」という高粱（モロコシ）で作った餅です。高粱は、雨が少なく米作に適さない韓国では、貧しい人たちの大切な食糧であったに違いありません。

韓国の昔話では、郡守や官衙の役人の横暴や腐敗が語られることが多いのですが、その一方で庶民を庇護し、その健気な生活を称揚するという話も、一連の裁判物語には少なくありません。

【樋口】

# 567 ＊少年郡守

KT 637.1 少年ウォンニムの裁き

むかし、幼い少年が慶尚南北道の境にある達城地方の郡守になって、任地に赴く途中での話です。郡守の供をする吏房（下役人）たちは命令には従いましたが、内心では少年郡守を軽んじていました。

「あんな幼い少年郡守がどうやって難事を裁くのか心配だね」

少年郡守は、配下の役人たちが自分が幼いことを理由に軽く見ているのが分かっていても、我慢して知らないふりをしました。

一行が慶尚北道の聞慶地方を通りかかった時のことでした。ある田舎者の少年が走ってきて、少年郡守が乗っている輿の前に座りこみ、悔しい事情を訴えました。悔しい事情というのはこんな内容でした。

少年の母が亡くなり、その葬式費用にしようとニワトリ一羽を市場に持って行って商人に預けたのに、後でニワトリの代金を払って欲しいと請求しても、商人が「ニワトリを預かったことがない」としらを切るというのです。

少年郡守は話を聞くと「少年が自分のものだと主張するニワトリと商人を連れてきなさい」と部下に命じました。部下は、すぐに少年を連れて市場に行き、その商人と一羽のニワトリを連れて来ました。

郡守は「この少年がいうには、そのニワトリは自分のだとのことだが、事実か」と商人に聞きました。商人は、「めっそうもございません。このニワトリは私が育てたもので、今日、市場で売ろうと鶏小屋に入れておいたものです」と答えた。

「なるほど、お前は少年からニワトリを預かったことは一度もないのだな」「そのとおりです。あの子は嘘をついているのです」

「そうか」としばらく考えた後に、少年郡守はまた尋ねました。「それでは、お前は今朝、このニワトリに何を食べさせたのか」

すると商人はあわてて、「何でしたでしょうか。とにかく、あれこれたくさん食べさせました」と答えました。

少年郡守は、今度は田舎者の少年に聞きました。「お前は今朝、このニワトリに何を食べさせたのか」

「はい、私の家はとても貧しくて、特別、何かを食べさせることはできないので、今朝はモロコシを少しやっただけです」

少年の話を聞くと、少年郡守は部下に、今すぐそのニワトリの腹を割ってみるよう命じました。そして、腹を割ってみると、モロコシの粒が出てきました。

こうして郡守は、このニワトリの持ち主は少年だということを部下たちの前で証拠立てて、判決を下しました。

「ただちに、この悪人の尻を五〇回叩きなさい」と少年郡守は命令を下し、罰を与えました。この事件は聞慶地方で起った事なので、少年郡守は聞慶の郡守に会い、田舎者の少年にはニワトリの代金のほかに五百両の金を与え、葬式の費用とこれからの生活費に当てるようにといいました。

このように賢く処理をするのを見た部下たちは、年は幼くても知恵のある郡守だと思い、その後は尊敬し心から仕えたという事です。

（柳増善　一九七一）

**【文献資料】**

①柳増善　一九七一年　一一一～一一二頁（一九六六年に慶尚北道大邱で記録）

**【話型構成】**

Ⅰ．新任ウォンニムの赴任。（1）新任のウォンニムが任地である達城に赴いた。（2）まだ少年のうえ、様子も大したことがなかったので、従っていた部下たちは大いに無視した。

Ⅱ．少年ウォンニムの裁き。（1）聞慶地方を通るとき、一人の少年が訴え出た。（2）母の葬式費用に充てようと鶏を売りに市に出て、鶏商人が売ってあげようといって鶏をあずかったが、商人は後でそんなことはないといって鶏代を払わないという内容であった。（3）ウォンニムは、商人と少年にそれぞれ、朝、鶏になにを食べさせたのかきいた。すると商人は、あれこれたくさん食べさせたといったが、少年は、食べさせるものがないのでもろこしきびを少し食べさせただけだと答えた。（4）ウォンニムが鶏の腹を割ってみると、もろこしきびが出てきたので、商人には罰を与え、少年には鶏代のほか、母の葬式費用として聞慶ウォンニムから五百両を下賜させることにした。（5）部下たちは知恵のある少年ウォンニムを尊敬するようになった。

**【解説】**

これも郡守が、貧しい庶民を助ける話です。

朝鮮王朝の社会では、年は若くても、科挙に及第するか家柄がよければ郡守の地位につくことができますから、配下の吏房たちは面白くないはずです。その幼い少年郡守が、やはり若輩であるために、狡猾な大人の商人にだまされた少年を救済し、母親の葬儀をおこない孝養を尽くすのを支援したというのです。

これは少し視点を変えると、郡守と吏房（下役人）という身分秩序が年齢差という長幼の序を超越したものであることを示し、母の葬儀を全うする孝養が、やはり身分を超越した絶対的な倫理であることを示した話と読めないことはありません。【樋口】

## 568 ＊こそ泥を捕まえた幼い両班

KT 637.2 牛泥棒を捕まえた少年郡守

これまで聞いたことも見たこともない昔話をするよ。

むかし、王さまがいたころ、ソウルで年が十六になる両班が官職につくことになった。輿に乗って任

地に向かう最中、谷の市場でご飯を食べながら休んでいると、ちょうどその日が市の日で、混雑する中で牛を盗まれた男がいた。「手綱を市場の一角に繋いでおいて、酒を飲んで出てみたら、牛がいなくなっていた」という。

「それなら、この地の郡守のところに行ってみろ」といわれたので、郡守のところに行って「どこどこに住んでいる者ですが、牛を探してください」と事情を話して懇請すると、「牛を探してみたのか。お前が自分で探せ」と追い払われたという。

少年両班が郡守のところに行って、「使道（地方の役人）はいるか」というと使道が出てきたので、「この村に肉を売る所が何ヵ所あるか」と尋ねると二ヵ所あるという。「では二ヵ所に行ってユッケ（牛の生肉の料理）を買ってこい」と命ずると、二ヵ所で買い求めてきた。

両班はそれに手をつけず、今度は肉屋を呼びに行かせた。そして肉屋に、「私は一日にユッケを三杯食べることにしているが、新鮮な肉でなければ食べない。先ほどの肉は古かったから、新しいものを持ってこい」というと、肉屋は震えあがって新鮮なユッケを持ってきた。すると両班は「一日に牛を二頭も屠殺するとはおかしい。いったいその二頭はどこから手に入れたのか、正直に話してみろ」と追求したあげく、犯人を捕まえた。

両班が、任地に赴任して五日経った日、一人の農夫がやってきて、ある所に牛を繋いでおいたら、誰かが牛の舌を半分切って行ってしまったと訴えた。

使道を呼んで、村の若者をみな呼ぶように命じた。そして、農夫に牛を繋ぐようにと言い、牛の前を一人ずつ歩かせた。すると、ある若者が牛の前を通ると、牛がいきなり後ずさりした。

その若者に「正直に話してみろ」というと、白状した。「母の病気の治療費が尽きて、牛の舌で母の病気が治るというのですが、それを買う金がない。やむなく舌を盗んで、舌の汁を食べさせたら、母の病気が治りました」という。

年が十六になる両班は、使道を呼び寄せて、「牛を売ってきなさい」と命じ、その金を牛を盗んだ孝行息子に与えた。その金で、孝行息子は母の薬と食べ物を買った。そして、今度は千石の土地を持つ金持ちを呼び寄せて、土地を十マジギ（一マジギは一斗分の種をまくほどの広さ）出せといって、この土地を孝行息子に与えた。そして「近隣にお前ほどの孝行息子はいない」と褒めた。

これが今まで聞いたことも見たこともない話だよ。

（曺喜雄　一九七〇）

**【文献資料】**

①曺喜雄　一九七〇年　七四頁（一九六八年五月二五日に、忠清北道槐山郡青川面大峙里で金福來〔七六歳・男〕に聞く）

**【話型構成】**

Ⅰ．少年郡守が、牛泥棒をつきとめる。市場で牛の新鮮な肉で作るユッケを購入させ、牛を屠殺して販売した肉屋を牛泥棒として逮捕する。

Ⅱ．少年郡守が、牛の舌を盗んだ若者を捕らえる。犯人の若者が、母親の病の治療のために牛の舌を盗んだことを知り、郡守は牛を売った金を若者にあたえ、母親の薬を買わせ、さらに土地を与える。

# E　業比べ

## 569 *トックボ（大の餅好き）の成功

KT 638　トックボ（大の餅好き）の使臣問答

むかし、支那から朝鮮に、知恵比べをしようと使臣がやってきたそうです。朝鮮ではこの話を聞いて、政府の大官たちが会議を開き、知恵の優れた人を選ぶことになりました。そして、支那の使臣と知恵比べをして勝った者には多くの賞品が与えられ、誰でも参加できると全国に通達しました。しかし、

誰一人志願する者がなく、誰に対決させるか決めることができませんでした。しばらくすると、支那の使臣が鴨緑江に到着したという通知が来ました。政府はどうすることもできません。

そのころ、平安北道の義州にトックボ（大の餅好き）という者がいました。とにかく餅をよく食べるので、このようなあだ名がついたのですが、のんびり屋で、学もなく、一生の願いが餅しか知らない、教養のない人でした。顔つきも醜い上に、目も片方が不自由で、仕事もなく、鴨緑江で船頭のようなことをしてやっと暮していました。

このトックボが知恵比べのうわさを聞いて「私が支那の使臣と話をして、もし上手くいったら、餅を一生好きなだけ食べられる。さもなければ死ぬしかない」と思い、義州の府尹（李朝時代の地方官庁である府の長）の所に行って、志願しました。

府尹が笑いながら、「お前のように低劣な人間が何の知識があって支那の使臣と話をするのか。わざわざ知恵比べにきた使臣だぞ。その才能はどれほどだと思うのか。お前の言うことはカマキリが車を支えること（自分の力を考えないで、大敵と対抗すること）と同然だ。そんな無駄なことは二度と言うな」と諌めました。

トックボは「それは違います。私を外見だけで判断しないでください。人は外見だけで何かを成し遂げるわけではありません。いかに優れた玉でも土の中に埋まっておれば、誰も財宝だとは気がつきません。それを削り磨いてはじめて光輝くものです。またそれだけではなく、諺に『項羽（中国の秦代の英雄）も落傷することがあり、蘇秦（中国の全国時代の弁論家）も妄言を言うことがある』とあるように、外見が良いからといって、必ずしも上手くいくとは限りません。むしろ素人の方がよく成功することもあるので、一度、私に試させてください。やる前からだめだと言わないでください」と説明をしました。

府尹は話を聞くと、何度も聞き直すのも面倒なので、最後に「お前の言うことは一理あるが、これはこの国を代表して行くことで、大変重要で、尋常な役目ではない。もし失敗すれば国の恥となる。その時にはお前の罪は命と引き替えだぞ」と念を押しました。トックボはただ餅を思う存分食べたい一心で承諾したので、府尹は政府に報告し、とにかくこのトックボは支那の使臣と会うことになりました。

トックボはお腹がすいていたので、まず餅屋に入って、大きな黄粉(きなこ)餅五つを帳付け(後払い)で買って食べ、支那の使臣を迎えに船で鴨緑江を渡りました。

支那の使臣は、船でやってきたトックボの片目が不自由なのを見て、笑いながら「彫鳥啄亭長目」(鳥が船頭(トックボ)の目をつっいたな)とからかいました。トックボはこの言葉を聞いて使臣の方を見ると、彼の口が少し歪んでいたので、すぐ「風吹上使口」(風が使臣の口を吹き上げたな)と返しました。

支那の使臣がこれを聞いて「朝鮮は船頭にまでこんな知恵があるのか」と思い、「まず、私から試してみよう」と言って、両手を挙げて、指で丸い形を作ってみせました。トックボはこれをじっと見て何か思いついたのか、「そうか。あの人は丸いジョン(韓国風お好み焼き)を食べたのだな。私は四角い黄粉餅を食べてきた」と言い、両手を挙げ、指で四角を作ってみせました。使臣が今度は指を三本、広げて手を挙げました。トックボはそれを見て、「そうか、三つ食べたという意味だな。私は五つ食べた」と指五本を広げて手を挙げました。使臣が今度はひげを撫でてみせました。トックボがまた、「そうか、美味しかったという意味だな。私はお腹いっぱいだ」とお腹をさすってみせました。

これに支那の使臣はひざまずいて、感嘆しながら言うには、「朝鮮は人材が豊かだ。こんな船頭に、

これほどの教養がある。もう朝鮮の人とは知恵比べできない」と、ただちに自国に帰ろうとしました。

大監の一人がそのわけを尋ねると、使臣の返事は「私があの船頭の目が不自由なので、冗談で『彫鳥啄亭長目』と言ったのだが、すぐ私の口を見て『風吹上使口』と答えました。今度は相手の知恵を試そうと、指で『空は丸い』と言うと、すぐ『地は四角い』と答え、『三綱が分かるのか』と尋ねると、『五倫まで分かる』答え、またひげを撫でて『炎帝神農氏が分かるのか』と尋ねると、お腹をさすって『太昊伏義氏まで分かる』と答えました。何事も知らないことがなく、朝鮮には彼のような人才が多くいることが分かったので、もう国に帰ります」と言って帰っていきました。

大監たちはトックボを国の代表として送ったことを内心とても心配していたのですが、このような結果になったので、すぐにトックボを功臣だとして高い官職に就かせ、たくさんの賞金を与えました。

トックボの成功を驚かない人はおらず、全国にうわさが広まり、その答えの意味をトックボに尋ねました。すると、「私の目を冷やかしたから、その使臣の口を揶揄した。丸いジョンを食べたと言うので、自分は四角いきな粉餅を食べたと答え、また、三つを食べたと言うので、自分は五つ食べたと答え、おいしいとひげを撫でるので、自分はお腹いっぱいだとお腹を触っただけです。もし、また使臣がきたら、いつでも私が相手をしましょう」と大言壮語しました。本当にこっけいで、運がいいトックボです。

（沈宜麟　一九二六）

**【文献資料】**

①沈宜麟　一九二六年　二四四～四九頁

②崔仁鶴　一九七四年　五四～五八頁（一九六八年に京畿道安養で記録）

③孫晋泰　一九三〇年　二二八～三〇頁（一九二三年八月に慶尚北道漆谷郡倭館で金永奭に聞く）
④三輪環　一九一九年　二九六～九九頁
⑤朴英晩　一九四〇年　二八五～八九頁（一九三五年に平安北道朔州で記録）
⑥金相徳　一九五九年　四九七～五〇二頁
⑦任晳宰　一九七一年　第五巻　六〇～六三頁
⑧中村亮平　一九二九年　一四八～五一頁
⑨山崎日城　一九二〇年　四五～四九頁

**【話型構成】**

Ⅰ．餅好き者が接待使になる。⑴中国の使臣がやってきて知恵比べを挑んだので、知恵のある接待使が必要となった。⑵全国に募集を出したところ、ある餅好き者が応じてきた。⑶彼は無学な者だが、一生の願いでもある餅をありったけ食べたくて応じたのである。⑷朝廷では彼を採用するつもりはなかったが、彼の弁舌を聞き採用した。

Ⅱ．中国使臣との問答。⑴鴨緑江で船に乗ってくる中国使臣は、餅好き者といくつか手問答をしたが、餅好き者の答が幸いうまくあたったので、中国使臣はびっくりした。⑵餅好き者はでたらめに答えたつもりだが、中国使臣は自分よりはるかに知恵があると認め、中国に戻って行った。⑶餅好き者は餅をたらふく食べ、たくさんのほうびをもらったうえに位も授かった。

**【ヴァリアント】**

餅好き者が学者にかわって中国へ遣わされた。中国ではわが国の有名学者がやってくるのだと思い、それを確かめるため出迎えに出た④。船頭が餅が食べたくて応募した。中国の使臣を乗せて川を渡るとき、船中で問答が始まった。中国使臣は、一人の船頭でさえこの程度の知識があるから学者は言うまでもない、このまま引っかえそう、と言って中国へ帰って行った⑤。中国の使臣がわが国にやってきて、道である人に会い、話が通じないので手振りで話を交した⑨。

**【古典文献】**

『於于野談』認庸為異条

【解説】

この物語は、韓国各地に広く分布し、時には「暗行御史としても活躍したとされる金萬重（一六三七～一六九二）が、鴨緑江の渡り場で船頭に変装して中国の使臣と船中で問答した⑦」とか、「金萬重の甥の金春澤が鴨緑江の船頭を装って中国使臣と詩文を競い、中国使臣を驚かせて帰国させた⑤⑧」というように、特定の人物にまつわる伝説となって伝えられることもあるほどです。

中国の使臣が語る「炎帝神農（えんていしんのう）」は、古代中国の三皇五帝のうち五帝の一人で、人びとに医療と農耕の術を教えたと言われ、伏羲（ふくぎ）は三皇の一人で、妹または妻の女媧（じょか）と共に、蛇身人首の姿で描かれます。

日本でも、江戸末には落語の「蒟蒻（こんにゃく）問答」が人気を博し、全国各地で語られています。また、世界的にもATU924「身振り手振りの問答」として知られ、中東世界を中心に広く分布しています。

中国では、黒竜江省から海南島まで昔話として広く知られる話です。少数民族の間では、蒙古族や回族、チベット族に伝わっていますが、それほど流行していないようです。主人公を靴屋・皮屋・屠夫とする話が多く、韓国の例話と同じように、教養のある相手が主人公の手真似を間違って解釈するところに面白さがあります。明・楽天大笑生『解慍編』に類話が見えますが、ここでは無知な僧侶と訪ねてきた僧とのあいだの手真似問答になっています。

【崔・斧原・樋口】

【話型比較】大成520　ATU924・1630　池田924　Eberhard 194　丁924A　金1660A

# 570 ＊頭突きと噛みつきの試合

KT 639 頭打ちと食いつきとの競争

平安道の頭突き名人が咸境道の噛みつき名人と偶然に丸木橋の上で出会った。二人は初対面だったが、前々から相手のうわさを聞いていて、互いによく知る間柄だった。朝鮮八道では平安道の人は頭突きが上手で、咸境道の人は噛みつきが上手だと言われているのだが、いつか一度会って、頭突きと噛みつきのどちらが勝つか、試合をしたらどうなるかと互いに考えていた。それで二人は心中、「本当によくぞ出会えた」と思った。

二人は、丸木橋で出会ったので、互いに先に進むことができなかった。どちらかが後ろに下がって道を譲らなければならなかった。しかし相手が相手だけに、互いに素直に後ろに下がるわけにはいかなかった。二人は互いに相手に向かって「退け」と言い、譲らなかった。どちらも一歩も後ろに退かなかった。そして互い睨み合っていたが、力で対決するしかないと思った。

二人は狙いを定めて、相手の隙を狙い、殺気がみなぎった。そしてしばらくして、平安道の頭突きが飛びこんで、咸境道の噛みつきに素早く頭突きした。その瞬間、二人とも丸木橋の下に転び落ちた。平

安道の頭突きは勝ち誇ったかのように、揚々と立ち上がりながら「お前の負けだ」といった。咸境道の噛みつきも起き上がりながら、口から血の塊をぱっと吐き、「お前は頭突きをしたが、鼻がくっついているかどうか見てみろ」といった。

平安道の頭突きが手で鼻を探してみると、本当に鼻がない。臼のような穴がぽっかり掘られていた。頭突きをした瞬間、鼻が噛みちぎられていたのだ。それで、二人は結局、引き分けたということだ。

（任東権　一九七二）

【解説】

昔話には、力を競ったり、知恵を競ったり、嘘つきの業を競ったりと、さまざまの「業比べ」が登場します。ここで語られる「頭突き名人」と「噛みつき名人」の話は、おそらく他に例を見ない特別な話ですが、「二人の名人が互いに技を競い合い引き分けに終わる話」と考えると、世界中のあちこちに見られそうな気がします。

なお、「平安道の頭突き名人」と「咸境道の噛みつき名人」のうち、「噛みつき名人」の話はあまり聞きませんが、「平安道の人が、頭突きが上手だ」という評判は実際に聞くことがあります。

【樋口】

【文献資料】

①任東権　一九七二年　四九～五〇頁（＊『韓国の民話』熊谷治訳　三一～三二頁）

【話型構成】

Ⅰ．⑴平安道の頭突き名人と咸鏡道の噛みつき名人が一本橋の上で出会った。⑵お互いに譲らないので、まず頭突きが一回頭で打った。そして自分の勝ちだと大声を出した。⑶しかし、噛みつきが口から血の塊のようなものを吐き捨てながら、おまえさんの鼻があるか確かめよ、といった。⑷頭打ちが手で鼻をこすってみると鼻がなくなっていた。それで試合は結局引き分けにおわった。

# 571 ＊開城の人と水原の人

KT 640 開城の人と水原の人

むかしから開城の人と水原の人は、節度があることと、けち臭いことで有名である。そして、開城の人は財を築くことが多く、女たちもつつましく暮し、無駄使いをしないということだった。それで、開城の女と結婚すれば、「つつましい暮しは間違いない」「福の神がやってきた」といわれてきた。水原の人も、やはり暮しぶりに隙がないといわれている。計算に明るく、どんなことも白黒を明らかにし、節約においては誰にも負けないといわれていた。

むかし、偶然、開城の人と水原の人が道中をともにしたことがあった。あれこれ話しながら歩いていたのだが、草履がすり減ると思い、二人とも素足のままで草履は腰にぶら下げて道を歩いた。しばらく歩いていくと、前から有名な家門の箱入り娘がこちらの方に向かってきた。二人は体面を気にして、草履を履かざるをえなくなった。

二人は草履を履いた。開城の人は草履を履いて何歩か歩いてから、一行が通りすぎるとすぐに草履を脱いで、砂ぼこりをはたいてから、どれだけすり減ったかを見ると、また腰にぶら下げた。水原の人は

道ばたに立ち止まって草履を履いたまま、遠くをきょろきょろ見回すふりをしていた。そして一行が通りすぎるのを待って、草履を脱ぐと砂ぼこりをはたいて腰にぶら下げた。

このことから、開城の人より水原の人の方がけちだと思われた、と伝えられる。

（任東権　一九七二）

**【解説】**

これも数多い「けちん坊比べ」の話です。日本でも、けちな男が隣のけちの家に金槌を借りにやり、「金の釘を打つなら貸さない」と言われて、「なんというけちな奴だ。それなら家の金槌を出して使いなさい」などという話が、落語でよく聞かれます。この話は、けちな男が隣の家に行き、「真っ暗なので履物を探すのに火を貸してくれ」というと、隣のけちが「頭を叩いて目から火花を出してそれで探せ」と答えたので、けちな男は「きっとそんなことだと思って履物は履かず裸足できた」というのに、少し似ています。いずれにせよ、「けち比べ」は「知恵比べ」で、「どちらのけちが、上手にけちを通すか」が、笑いのツボになります。

【樋口】

**【話型比較】**　大成448・449・450

**【文献資料】**

①任東権　一九七二年　五五～五六頁（＊『韓国の民話』熊谷治訳　三六頁）

**【話型構成】**

Ⅰ．⑴開城の人と水原の人はけちん坊で有名だ。⑵二人は旅をしたが、二人とも草鞋がすり減るのがいやで脱いで手に持って歩いた。⑶両班家の娘が向こう側からやってきたので、体面上、草鞋を履かざるをえなくなった。⑷そこで開城の人は草鞋を履き、娘が通り過ぎるとすぐまた脱いだ。⑸水原の人は草鞋を履くと歩かず道端でそらとぼけていて、彼女が通り過ぎるとすぐ脱いで手に持った。⑹だから水原の人が最もけちん坊だという。

# 572 ＊我慢くらべ

KT 641　三病人の我慢競争

むかし、ある村に、頭に腫れ物がある人と、目を病んでいる人と、ハナをズルズル垂らしている人が暮していました。腫れ物がある人はいつも頭を掻くのが癖で、目を病んでいる人は寄ってくるハエの群れを追い払うのに忙しく、ハナ垂らしはいつもズルズルとハナを垂らし、袖の先でハナを拭いていました。

ところで、この三人は自分のことはさておいて、いつも相手の欠点をけなしてばかりいましたが、ある時、賭けをしました。

「では、私たち三人の中で誰が一番我慢できるかな」と、腫れ物がある人は頭を掻かず、目を病んでいる人はハエを追い払わず、ハナ垂らしはハナを拭かないで、どれだけ耐えられるのかという我慢比べでした。

しばらく時間が経つと、みな死にそうでした。腫れ物がある人は頭の中がむずむずし、目を病んでいる人はウシバエが真っ黒になるほど寄ってきて泣き面になり、ハナ垂らしの鼻からハナ水が流れて、拭

かずには我慢することができません。

しかし、三人は体をくねらせて、つらいのを我慢しながら、互いの欠点である見苦しい格好を見ていました。そのうち、とうとう耐えきれず、腫れ物がある人が妙案を思いつき、声を掛けました。「私が昨日、山に柴刈りに行ったのだが、鹿が一匹、森の中から飛び出してくるではないか。その鹿の頭には、ここにも角があり、あそこにも角があった」と言い、手で角があった所を指すふりをしながら、かゆい所をボリボリと掻きました。

これを見ていたハナ垂らしも、知恵をしぼって、「その鹿が、私の前を通って逃げる時、ちょうど猟師が狩りをしにきて、鹿を捕まえようとこう弓を構えた」と言って、弓を引くふりをしながらこっそり袖の先でハナを拭きました。

二人が知恵をしぼって辛(つら)さを逃れるのを見て、目を病んでいる人も考えて、「お前たちの話はみなもっともらしいが、本当は裏山で鹿を見た奴はいない。私はお前たちの話を信じない」と言いながら首を横に振り、手を振りながら寄ってきたハエ群れを追い払いました。こうやって互いに辛さの峠を越えた三人は、それからはお互いの欠点をあげつらうことなく、仲よく暮らしたそうです。

（任東権　一九七二）

**【文献資料】**

①任東権　一九七二年　三八～四〇頁（＊『韓国の民話』熊谷治訳　二四～二五頁）
②Eckardt　1928　p.74
③朴英晩　一九四〇年　一二七～一二九頁（一九三五年に平安南道安州で記録）

④沈宜麟　一九二六年　二一八～二二〇頁

⑤任晳宰　一九七一年　第一巻　二三～二五頁

⑥任晳宰　一九七一年『韓国民俗総合調査報告書（全北篇）』六七一頁（一九六九年八月十二日に、全羅北道茂朱郡茂豊面県内里で李崇述（男・四二歳）に聞く）（＊『韓国の民俗大系（全羅北道篇）』「三人の知恵」任東権・竹田旦訳　七一四頁）

⑦韓相壽　一九七四年　七一～七二頁（一九六九年に忠清北道清州で記録）

⑧崔來沃　一九七九年　一二〇～一二一頁（一九七七年に全羅北道全州で記録）

**【話型構成】**

Ⅰ．（1）頭にはれ物がある者、眼病がある者、鼻水をたらす者の三人がいた。（2）ある日、三人はお互いの陰口をいっているうちに、誰が長く我慢できるか競争することにした。（3）先に痛いところに手を触れた人が、餅屋で餅代を払うことにした。（4）三人は話の途中、知恵を働かせ、相手をだまして手を触れた。

**【ヴァリアント】**

三人が旅をしているとき、良い宝物を拾った。三人は各々持ちたくて競争をした。

**【解説】**

この話はヨーロッパを中心に世界中に広く分布する「掻かない取り決め」（ATU1565）の類話で、日本でも「三人の癖」（大成431B）として全国各地で語られています。我慢比べをするのも、「虱持ち」「鼻たれ」「目ただれ」の三病人で、韓国の話とほとんど同じ構図です。

中国ではこれと似た話が、清・游戯主人〔撰〕『笑林広記』にあります。白雲（しらくも）、蓄膿、皮癬を患っている三人の聟が、岳父とその客の前で畏まるという設定になっており、白雲の男は鹿の真似をして頭を掻き、蓄膿の男は弓を引く真似をして洟を拭き、皮癬の男は驚いたふりをして背中を揺することになっています（松枝茂夫〔編訳〕『歴代笑話選』）。韓国の例話とは全体の設定は異なりますが、頭の掻き方と洟の拭き方が一致します。中国では民間の昔話としてはエバーハルトが主に江南地方の類話を数話集めており、やはり頭が痒い男と全身が痒い男、洟を垂らしている男の組み合わせになっていま

す。少数民族にはほとんど知られていないようですが、広西壮族自治区に住む壮族には類話があります。

【斧原・樋口】

【話型比較】大成431B　ATU1565　通観759　Eberhard 笑話10

# 573 ＊放屁試合

KT642 屁ひり試合

慶尚道の放屁大将と平安道の放屁大将とが放屁の競争をすることになって、まず慶尚道の大将の方が臼杵を臀部にあてて、ずどんと一発放すと、臼杵はひゅうと吹きとばされて平安道の大将の額へ正にあたろうとした。びっくりした平安道の大将はさっそく尻を臼杵の方に向けてずどんと一発放った。すると臼杵はふたたび吹きとばされて慶尚道の大将の額を打とうとしたので、慶尚道の大将もおどろいて、ふたたび臼杵に向けて一発放った。こんなことをひんぴんとくり返しているうちに、臼杵はあちらへ吹

きとばされたり、こちらへ吹き返されたりして、ついに空高く吹きあげられてしまった。そしてその杵は三ヵ月と十日の後、はじめて落ちてきたとかいう話だ。

（孫晋泰　一九三〇）

【文献資料】

①孫晋泰　一九三〇年　二二〇頁（一九二七年八月に、慶尚南道馬山府で明周永から聞く）

②任東権　一九七二年　六七～六九頁（＊『韓国の民話』熊谷治訳　四五～四六頁）

③任晳宰　一九八八年　第二巻　二〇三頁（一九三三年に平安北道宣川郡で記録）

④韓相壽　一九七四年　一二七～一二八頁（一九六〇年に全羅南道順天で記録）

⑤崔來沃　一九七九年　一二五～一二六頁（一九五〇年に全羅北道南原で記録）

【話型構成】

I．（1）慶尚道屁ひり大将と平安道屁ひり大将が屁ひり試合をした。（2）慶尚道大将が杵に向かって屁をひると、空を飛んで平安道大将の顔にぶつかりそうになった。（3）平安道大将は飛んでくる杵に向かって屁をひると、これまた逆に慶尚道大将の方へ飛んで行った。（4）こうして杵は三ヵ月と十日後にやっと地上へ落ちた。

【ヴァリアント】

慶尚道屁ひり大将と全羅道の屁ひり大将との対決②。

【解説】

これも日本では「屁ひり比べ」（大成493）としてよく知られた話で、東北地方と西日本を中心に広く語られています。韓国の話では、名人同士の対決に決着がつきませんが、日本の場合は、挑戦者に屁で家を壊されたり、名人が屁で杵を飛ばして挑戦者に一矢報いて決着をつける話がほとんどです。

中国には「屁ひり比べ」の話はそれほど知られていませんが、江蘇省灌雲には山の表側に住む屁こき女が、山

の裏側に住む屁こき男と戦うという話があります。両者はいろいろな屁の技を出しますが、最後は屁こき女が「追いっ屁」をひって屁こき男を追いかけると、男は「打ち上げっ屁」をひって「追いっ屁」を打ち上げます。空が騒がしいので猟師が空に向けて鉄砲を打ったところ、空中から二個の「屁の種」が落ちてきたという結末になります（澤田瑞穂『中国の昔話』）。　【斧原・樋口】

**【話型比較】** 大成493　通観852・1118・1120・1121

## 574 ＊嘘で妻をめとる

KT643　嘘つき試合で嫁を得る

昔一人の宰相あり、きわめて嘘を好んで「私の気に入るような嘘をよく二つ言う者には私のひとり娘をあたうべし」といったので、朝鮮八道（全国の意）の嘘つきという嘘つきはみな集まってきた。けれどいかに途轍もない嘘をいっても、二番目の話になると「うむ、それは本当だ」といって決して娘をくれ

なかった。ところがある日、一人の若者がきていうには「やがて暑い夏が来ることでしょうから、今のうちに長安の鐘路通り（鐘閣があるので、そう呼ばれる京城の大通り）の処々に深い穴を掘り、その中へ去年の冬の冷たい風を捕え入れておいて夏になってこれを出して売るとえらい金もうけになるでしょう」と。宰相は面白がって、例の如く「これはすばらしい嘘だ、してその次は」といった。すると若者は、腰におびている巾着（きんちゃく）から古証文一枚を引出して宰相の前に拡げながら「これは先大監が亡くなられる前に私から借りた十万両の借金の証文です。これを返して下さい」といった。宰相が思うに、これを嘘だといえば娘をやらなければならぬし、ほんとうだといえば十万両という大金を払わなければならぬ。やむを得ずその娘を若者に取られてしまったとの話だ。

（孫晋泰　一九三〇）

**【類話】**

昔、官職から退いた宰相がいた。彼は、昔話を好み、誰でも自分の家に泊めて飯をやり、金も与えたりした。このように何年か過ごしてみると、同じ話を何度も聞かされ、ほかの話は聞けなくなってしまった。

そこで、ソウルだけでなく、全国各地に広告をだした。自分があきるまで話を聞かせてくれる人には百石の籾を与えるといった。すると三南（慶尚道、全羅道、忠清道の三地域）のある所から、木こりのように黒ずみ、馬鹿みたいな男が訪ねてきて「大監さまが止めろとおっしゃるまで話をすれば、広告通り籾を百石下さいますか」とたずねた。

「もちろん、おれが止めろというまで話したら籾を百石与える。早くはじめなさい」

彼は「ネズミの話をします」といって話しはじめた。

「ある時、三南地方が凶作で食べ物がなくなり、ネズミは群れを成してソウルに上がりました。ネズミの群れがソウルに向かって上るので、ピックペック、ピックペックと、とても騒々しい音がしました」といいながら「ピックペック、ピックペック、ピックペック、ピック

ペック」と他のことは一言もいわずにピックペックだけを夜通しした。

　朝飯を食べてから、またピックペック、ピックペック、昼時までそれだけ話す。大監はこらえきれなくなって、「ピックペック、ピックペック、いつまでピックペックだけなのか」とたずねた。

「はい、下三道（慶尚道、全羅道、忠清道）のすべてのネズミがソウルにたどり着くまでには何ヵ月かかるか分かりません。ネズミの群れがソウルに全部到着したら、その次を話すことができます。ネズミが通ります。ピックペック、ピックペック」とまたもピックペック、ピックペックという。大監は、そのピックペック、ピックペックという言葉を聞きたくない。しかし聞きたくないといったら籾百石やらなければならないので、それを耳にせぬように外に出て行った。

　しかし、もどってみれば彼は依然としてピックペック、ピックペックをくり返している。大監は母屋に行ったが、そこで何か不快なことがあったので舎廊房にもどった。かれは、その時でもピックペック、ピックペックとくり返していた。大監は気分がよくないところへ、こいつが幾日も続けてピックペック、ピックペックというので「こいつめ、ピックペックも何もあったものじゃない、やめろ」とどなった。

　彼はすぐに「はい、やめろという言葉を聞きたいため、今までくり返して来ました」といって、百石の籾をくれといった。

　こうしてあきあきするまで話して、籾百石を手に入れたわけだ。

（任晳宰　一九七一・文献資料②）


【文献資料】
①孫晋泰　一九三〇年　二〇四～〇五頁（一九二八年二月に、慶尚北道金泉郡牙浦面国士洞で金文煥に聞く）
②任晳宰　一九七一年『韓国民俗総合調査報告書（全北篇）』六五八～五九頁（一九六九年八月十一日に、全羅北道茂朱郡茂朱邑北里で吉南烈（男・六三歳）に聞く）（＊『韓国の民俗大系（全羅北道篇）』任東権・竹田旦訳　七〇一頁）
③森川清人　一九四四年　九三～九五頁
④鄭寅燮　一九五二年　一九五頁（一九四〇年にソウルで記録）
⑤崔仁鶴　一九七四年　二三八～四〇頁

⑥李勳鐘　一九六九年　一四六〜四八頁
⑦朴英晩　一九四〇年　四一一〜一三頁（一九三五年に平安南道安州で記録）
⑧任晳宰　一九七一年『韓国民俗総合調査報告書（全北篇）』六五八頁（一九六九年八月一七日に、全羅北道鎮安郡龍潭面玉栗里で李基相〔男・六〇歳〕に聞く）（＊『韓国の民俗大系（全羅北道篇）』任東權・竹田旦訳　七〇〇〜〇一頁）
⑨山崎日城　一九二〇年　五四〜五五頁

**【話型構成】**

Ｉ．（1）ある金持ち両班家に娘がいたが、年頃なので父は嘘つき名人を聟に迎えると告げた。（2）大勢の若者が応じたが、両班にはおよばなかった。（3）ある若者が嘘をついて両班を追いつめ、ついに娘を嫁にもらうのに成功した。

**【ヴァリアント】**

ある退職した元大臣が、ひまなので話を長くする人に米を百石を与えると告げた。応募者は、皆、数日で話が底をつき失格して帰った。一人の若者が「南が凶年にあたり鼠の群が都にむかって進行中だが、その音がピックペックと聞こえます」といいながらピックペックという音だけ限りなく語った。老人が「なぜピックペックばかりいうのか」と問うと「はい南の鼠が皆都に移るには、これからも数ヵ月かかりそうです」といい、またもピックペックと唱えた。老人は彼に米を百石を与え「もう良いから帰れ」といった⑨。

**【解説】**

日本でも「話三荷」（大成132）、「嘘の名人」（大成494）、「嘘の皮」（大成495）などとしてよく知られた話です。「話三荷」は、長者が三荷ほどの話（長者を満足させる三つの話）をしたものを娘の婿にするという難題を出し、この難題を知恵の力で解いて娘を手に入れるので、「難題聟」という本格昔話のジャンルに分類されています。「嘘の名人」と「嘘の皮」は、いずれも聞き手が「自分をだましたら」「それは嘘だと言わせたら」褒美をやると約束して、嘘の名人が知恵を働かせて褒美を手に入れる話で、笑話のジャンルに分類されています。いずれも同工異曲のよく似た話です。

韓国の話の場合も、孫晋泰が慶尚北道金泉郡で聞いた話は、語り手が難題を克服して手に入れるのは花嫁ですが、任晳宰が、全羅北道茂朱郡茂朱邑で聞いた話では米百石ですから、これは本格昔話と笑い話のどちらにも分類される話であるといえます。

中国では権力者が嘘つきに向かって自分をだませと要求したところ、嘘をつくための道具を家に忘れてきたので取りに帰るといい、まんまと権力者をだますという話が、特にチベット族や蒙古族、雲南省の諸族のあいだに広く知られています。チベット族では有名な智慧者のアクトンパの話になり、嘘をついてみろという金持ちに対し、智慧の箱を忘れてきたので馬を貸して欲しいといって馬を盗む話になっています。【斧原・樋口】

**【話型比較】**　大成132・494・495　ATU1542　池田852A・1296　通観798・841　金1542A

# 575 ＊権力宰相と弓射ち

KT 644 嘘つきでウォンニムになる

むかし、兵曹判書（兵曹の長）として北村で権力をふるっていた宰相がいました。彼の家には都と地方の知り合いが頻繁に出入りして、望みの官職に就かせてほしいと願い出ていました。

宰相は、これには大変困って考えた末に、「誰であろうと、私に話をして私をだました人に願いどおりの官職を与えてやる」といいました。

そこで、皆はそれぞれ話を考えて、宰相をだましてやろうと、毎日客間に集まってきて、さまざまの話をしましたが、宰相は話を聞くと必ずおかしな点を探し出して、一度もだまされる事はありませんでした。

そのころ、南村にある弓射ちが住んでいましたが、ご飯をろくに食べることもできないほど貧しかったので、このうわさを聞いて宰相の家を訪れ、ぜひ話をしたいと申し出ました。そして宰相が承諾したので、弓射ちは話しはじめました。

「私がここにやって来る途中、おかしなものを見ました。水標橋の中ほどに来ると、空を飛んでいた

雁のうちの一羽が口にくわえていたユスラウメを一つ私の前に落すので、それを拾ってみると、なんと大きい甕くらいの大きさでした」

宰相は思わず、「お前は、なんという出鱈目をいうのだ。そんな大きなユスラウメがどこにあるというのか」といいました。

すると、弓射ちが、「甕とまではいわないまでも、胴が膨らんで口が小さい瓶ぐらいの大きさがありました」というので、宰相は「それも嘘だ」といいました。

弓射ちが、「いや、壺くらいの大きさでした」というと、宰相は「それもありえない」と応じ、弓射ちが、「それでも、どんぶりぐらいはありました」と答えます。

宰相が、「それも全部、嘘か」というと、「いいえ、嘘ではありません。小さな器くらいはありました」と答えます。

こんなやり取りがずっと続き、最後に弓射ちが、「本当にドングリぐらいはありました」というと、宰相は「おそらく一番大きなユスラウメはそれくらいあるだろう。それは一理ある」とうなずきました。弓射ちが「それでは、それは嘘ではありませんね」というと、宰相は「うん、それは本当だな」とうなずきました。

そこで弓射ちが「大監はだまされないといいましたが、今度は確かにだまされましたね」といって、笑いました。宰相が「ユスラウメの太いのがドングリくらいだといったのが悪いか。私が何にだまされたというのか」といいました。

そこで弓射ちは「それはそうですが、この夏の時期に、雁がどこにいますか。雁というのは九、十月

に南の方に行き、二、三月に北の方に行く渡り鳥です。この時期、雁が往き来するとお思いですか。ユスラウメの大きさにだまされないようにと気を付けて、雁がいるか、いないかは考えもしなかったのです。これが、だまされなかったことになりますか」というと、これまでだまされた事がなかった宰相も、この時ばかりは何もいい返すことができませんでした。

この弓射ちは宰相をだまして、願いどおり郡守の地位に就いて、百姓たちをよく治め、自らも極貧の暮らしからも免れたそうです。

（沈宜麟　一九二六）

【文献資料】

①沈宜麟　一九二六年　二六九〜七一頁
②金相徳　一九五九年　四五〇〜五三頁
③高橋亨　一九一〇年　一七〜二〇頁

【話型構成】

Ⅰ．（1）ある権力のある大臣が、自分をだました者に位を与えると告げた。（2）ある日、ある者が訪ねてきて、雁をみたが口にユスラウメの実をかんでいた。その大きさは大きな瓶ほどであったといった。（3）大臣はユスラウメの実が大きいという点だけに気をとられ、雁は夏にはいないことに気付かなかったので、ついにだまされてしまった。（4）その者はウォンニムになり、民をよく治めたという。

【解説】

これも知恵を働かせて地位を得る話です。

この話に登場する貧しい弓射ちは、南村に住み、清渓川にかかる水標橋を渡り、北村に住む権力者の兵曹判書を訪れます。

この北村というのは、今では韓屋（韓国伝統家屋）の多い観光地として知られていますが、景福宮に隣接した要地で、北漢山をはじめとする山々を背負い、南に清渓川を配した風水の名地で、現在も北に大統領府を擁する政

▲朝鮮王朝末期の清渓川

治的な中枢です。
　この清渓川を渡り、南山に至る一帯が南村で、士人が多く暮らす地域でした。この話に登場する弓射ちも、この界隈に住み、貧しい暮らしの中で腕をみがき、出世の機会を狙っていたのだと思います。
　弓射ちが渡った水標橋は、清渓川にかかる古い橋で、川の水位を測る水標石という柱が立てられていたことから、こう呼ばれました。清渓川はソウルの発展に伴って暗渠とされましたが、李明博がソウル市長であった時に再生され、水標橋も復元されました。しかし水標橋と水標石は、歴史的建造物であることから、そのままの復元は難しく、かつての橋は奨忠壇公園、水標石は世宗大王記念館に保存されています。
　ソウルの歴史を知る上で、興味深い話です。【樋口】

**【話型比較】** 大成494　通観798

# 576 ＊夫婦餅を争う

KT 645　無言較べ

あるところに爺さんと婆さんとがいた。ある夜のこと、隣家から祭祀の食物（先祖の祭祀用に作った飲食〈供物〉は隣近所へ祭後に分けあたえることになっている）を持ってきたので、夫婦はその飯と菜とを一緒に食べた。けれども、餅はただ一つしかなかったので、二人はこう約束した。「誰でも先に口をきく者はこの餅を食べられないことにしよう」。二人は餅をまん中において、黙々とこれを眺めていた。その時、ちょうど盗賊が入ってきて二人のこの様子を見て、二人はいずれも盲でつんぼであるに相違ないと思って、品物をぬすんだ上、婆さんを犯そうとした。それでもなお爺さんはだまってこのありさまを眺めているばかりなので、婆さんはとうとう堪えかねて「この薄情爺め、わたしがこんなことをされているのに、お前はだまっているのか」とさけんだ。すると爺さんは、さっそく餅をつかんで口へ入れながら「もうこの餅はおれのだよ」といったそうな。

（孫晋泰　一九三〇）

【文献資料】

①孫晋泰　一九三〇年　二二六〜二二七頁（一九二三年八月に、慶尚北道達城郡月背面上仁洞で尹和炳〔男〕から聞く）

②任東権　一九七二年　六一頁（＊『韓国の民話』熊谷治訳四〇頁）

③韓相壽　一九七四年　七〇頁（一九六二年に忠清南道青陽郡で記録）

【話型構成】

Ｉ．（１）ある老夫婦のところに、隣りの者が祭祀餅を持ってきてくれた。（２）夫婦は「先に口をきいた者は食べない」という約束をして、口を閉じたままでいた。（３）泥棒が入ってきてみると、老夫婦が唖のようなので、盗みがおわってから婆に暴行をはたらいた。（４）これ以上我慢できなかった婆は、「爺め、なぜ黙っている」と叫んだ。すると老人は、「餅はおれのさ」といい、口に入れた。

【古典文献】

『百喩経』巻四　高麗版大蔵経夫婦食餅要喩条

【解説】

一九二三年八月に慶尚北道達城郡月背面上仁洞で、この話を尹和炳から聞いた孫晋泰が、「この話も全国的である」と注記しているように、少し前の韓国では誰もが知っていて語っていた人気の高い笑い話であったと思われます。

日本でも「無言比べ」（大成497）としてよく知られ、東北から九州まで広く語られる話です。江戸時代初期から『和漢りくつ物語』等の笑い話集にも見られます。また、これとよく似た話に「三人の僧が無言の行を競っている最中に燈明の火が消えかかり、あわてた一人が『火が消える』と口を開き、二人目がそれを指摘して口をきき、最後まで黙っていた僧が勝つ」という「無言の行」（通観865）があります。こちらの話の記録は、早く十三世紀の『沙石集』に「無言上人の事」に見られます。

中国での記録はさらに早く、古代インドの仏典を漢訳した五世紀末の『百喩経』に、夫婦が餅を争って無言比べをする「夫婦食餅要喩条」という話が見られます。

『百喩経』の原典は失われてしまったのでインドでの

記録はありませんが、アールネ・トンプソンの話型カタログには「沈黙の賭け」（ATU1351）という類話が見られ、同じタイプの話がインド、中国、韓国・朝鮮、日本を含むユーラシア大陸全域に分布し、さらに北アフリカやアメリカ大陸にまで広く伝えられているのが見られます。

孫晋泰は、話のなかで爺と婆が隣家の祭祀のお裾分けを分かち合って食べることについて「先祖の祭祀用に作った飲食（供物）は隣近所へ祭後分けあたえることになっている」と書いていますが、これは大変興味深い記述です。祖先祭祀は、一家の祖霊を招き、供物を捧げ、それを祖霊とともに食べ、祖霊と一体化することが基本です。したがって、供物は身内だけで食するのが基本で、血縁のない者に分けあたえることは禁じられています。

しかし、この話に見られるように、近隣の人びとは皆、隣の家で祭祀がおこなわれたことを知っていますから、近所の人たちと仲良くして地縁を強化するためには、そのタブーに目をつむって、御馳走をお裾分けすることが必要になります。

短い話の些細なエピソードですが、韓国の村社会における血縁と地縁を考える上で大切な手掛かりを与えてくれる話です。

中国には類話はそれほど多くありませんが、華中を中心に漢族のあいだにいくつか類話が伝わっています。河北省には三つ目の餅を夫婦で争うという『百喩経』そのままの話がありますが、四川省や湖南省では怠け者の夫婦がどちらが朝飯を作るかで黙り合うことになっています。新疆ウイグル自治区に住むウイグル族にはやや変化した話があって、四人の怠け者の話になっています。四人の怠け者が、小さな缶に入った牛乳に水を注いで皆で分けようとして、誰が水を汲んでくるかで争い、最初に口をきいた者が水を汲んでくることにします。通りがかった猟師が牛乳を全部飲んでしまい、残りを犬が嘗めてしまいますが、誰も何もいいません。犬が一人の男の口を嘗めたので、男が思わず怒鳴りつけたところ、他の三人が「お前が水を汲んでこい」といった、という話です。

【斧原・樋口】

【話型比較】大成497　ATU1351　I–XV　丁1351　金1351
池田1351A・1351B　通観864　Eberhard 笑話

# 577　＊言葉の才知

KT646　言葉の才能

むかし、あるところに士人、力士、雄弁家の三人が暮していました。

この三人が互いに自分の才能を自慢をしていました。学問に優れている士人は学問が優れていなければならないと言い、力士は力持ちでなければならないと言い、雄弁家は話が上手でなければならないと言いましたが、勝ち負けがつきませんでした。

そこで、あるところのある谷に大盗賊が住んでいるというので、そこに行って、勝ち負けをつけようということになりました。

三人がその谷に着くと、大盗賊はこの三人を捕まえて、大きな蔵のようなところに閉じこめ、殺そうと刀を磨ぎはじめました。三人は軽い悪戯のつもりだったので、まさかこんな風に殺されるとは思いもよりませんでした。

話が上手な雄弁家が力持ちの力士に向かって、「君は力があるのだから、ここから抜け出せる方法を考えてみろ」と言いました。力士は蔵の扉を力いっぱい蹴ってみましたが、扉はびくともせず、力持ちは反対の壁の方に飛ばされてしまいました。

そこで、話の上手な人は学問の優れた士人に向かって、「君は学問が優れているから、泥棒に手紙を書いて助かる方法を探してみろ」と言いました。士人は、さっそく盗賊に長い手紙を書きました。盗賊はその手紙を受取りましたが、「もうすぐ死ぬ人間が、手紙とは何だ」と言って、手紙を見もしませんでした。力士の力と士人の文才では助かる方法が見つからないので、二人は雄弁家に向かって、「君の言葉の才知で助かる方法を探してくれ」と頼みました。

雄弁家は、「では、私がやってみよう。だが、君らは私が言うようにしなければならないよ」と言って、二人に思い切り泣いたり、笑ったりするようにと言いました。

そして三人が大声で泣いたり、笑ったりしたので、これを聞いた盗賊は、「泣くのは死ぬのが悲しくて泣くのだろうが、いったいどうして笑っているのか」と、その笑う理由が分からなかったので、三人が閉じこめられている蔵にやってきて、笑う理由を聞きました。

話の上手な雄弁家は、「私たちは国の逆賊で、国の追手に捕まらないようにここまで逃げてきたが、国の追手に捕まって死ぬよりはここであなたたちに殺されるほうがましだから、うれしくてこうやって

笑っている。しかしその一方で、まだ若いのに死ぬかと思ったら命が惜しくて泣いている」と言いました。

盗賊たちはこの言葉を聞いて、あいつらが国の逆賊なら、捕まえて国に差し出せば多くの賞金がもらえると思い、三人を縛ってソウルに行き、逆賊を捕まえてきたと言って国に差し出しました。

ところが、この三人は国に、「私たちは、あるところのある谷に盗賊の大集団があるというので捕まえに向かい、かくかくしかじかで知恵をしぼってこうやって捕まえてきました」と言いました。国ではその盗賊集団を罰して、この三人によくやったと、高い官職を与えました。

力持ちでも学問に優れていても、話が上手でなければかなわないということです。（任晳宰　一九七一）

**【文献資料】**

①任晳宰　一九七一年『韓国民俗総合調査報告書（全北篇）』六六一～六六二頁（一九六九年八月十日に、全羅北道茂朱郡茂豊面県内三里で朴末善（四七歳・女）に聞く）（＊『韓国の民俗大系（全羅北道篇）』任東権・竹田旦訳　七〇四頁）

**【話型構成】**

Ⅰ.（1）士人、力士、雄弁家の三人が、常に自分が優れていると言い争った。（2）ある日、三人とも強盗団に捕らえられた。（3）力士が力で門を開けようとしたが失敗、士人が文を書いて頭に渡したが、読んでもくれなかった。（4）最後に雄弁家の知恵で、三人は笑ったり泣いたりした。頭がわけを問うと、雄弁家は、もとわれらは反逆者で国に捕えられ死ぬ身だったが、強盗団に殺される方がかえってよいからだ、と告げた。（5）頭は賞金をねらって三人を国に渡したが、国では三人の話を聞いて強盗団を捕らえた。そして三人には賞金を与えた。

**【解説】**

優れた能力をもった三人が技を競い合う話です。

韓国では、これとよく似た話に「四人の力士」（KT287）があります。これは、ヨーロッパでよく知られた「世界を旅する六人組」（ATU513）と同じタイプの話です。足が速かったり、鉄砲が得意だったり、大風を起こすことができるという特別な能力をもった仲間が力を合わせて、大活躍する話です。

ヨーロッパの話の場合は、不思議な能力をもった仲間が難しい問題を出す王様をやっつけて、王女や宝物を手に入れることが多いのですが、韓国の「四人の力士」の場合には、王様や王女は登場しません。かわって登場するのが、誰も知らない異界にすむ「大盗賊」です。四人は力を合わせて盗賊を倒し、盗賊の財宝を手に入れます。

任晳宰が全羅北道の茂朱で記録したこの話の場合にも、三人の特別な才能をもった男が谷間に隠れた大盗賊を退治に行きます。士人、力士、雄弁家のうち大盗賊を退治するのは雄弁家ですが、三人は盗賊退治の功績によって、そろって出世します。

「異界に住む怪盗」という韓国昔話独特のモチーフを考える上で、興味深い話です。【樋口】

**【話型比較】** 大成625　ATU513　池田325B

# F　大人と子ども

## 578 ＊毒の串柿

KT 647　和尚と小僧・食物型

ある坊主が串柿（あるいは飴）を押入れの中にしまっておき、いつもひとりでひそかに食べながら、小僧には「これは食うと死ぬものだよ」と教えていた。ある日坊主の留守中に小僧はその串柿を残らず食べてしまい、坊主が非常に大切にしている硯をこわしておいて、自分はふとんをかぶって寝ていた。坊

主が帰って「どうしたのだ」と訊ねると小僧は「師の大事な硯をこわしたので申しわけがなく、死のうとして押入れの中のものをみんな食べてしまいました。今に死ぬだろうと思ってふとんの中に入っているところです」といったそうな。これも全国的な説話である。

（孫晋泰　一九三〇）

**【類話】**

むかし、ある書堂で、夜になってみんな寝静まってしまったのに、一人の子どもだけ寝つけずに起きていると、下の部屋にいる先生が箱から餅を取り出して焼いて食べていた。餅が焼けて、ボッボッという音がするので、先生は「ボツボツと、そろそろ焼けてきた。ああ、おいしい」と言いながら、餅を食べていた。これを見た子が、次の日、他の子どもたちに昨日見たことを話すと、子どもたちはみな「先生の餅を一緒に食べよう」と言った。しかし夜中に先生が餅を焼いて食べているところに突然入って行っても、棒で叩かれるのがおちだから、棒で叩かれないで餅を食べる方法はないかと考えた。

一人の子どもが、先生のところに行って、「私は名前をボツと改名しました」と言ってきた。そして、もう一人の子が先生のところに行って、「私は名前をソロソロに改名します」と言った。また、もう一人の子どもは、「私はアア、オイシイに改名します」と申し出た。

その晩、子どもたちがみな寝てから、先生は箱から餅を取り出して焼いていたが、餅が焼けてボツボツと音がするので、先生は「ボツボツ焼けてきた」と一人つぶやいた。

するとボツと改名した子がこれを聞いて、「先生、私の名前を呼びましたか」と言いながら、先生がいる下の間に入っていった。先生が「私はお前を呼んでいない、どうしてきたのか」という顔で見た。この子は、「たった今、ボツボツと言いませんでしたか。それで、私を呼んだと思って、入って来ました」と言った。先生は仕方なく「こちらに入ってきて、餅を食べなさい」と言った。

それからしばらくして餅がそろそろ焼けてきたので、先生は「そろそろ焼けてきた」と言った。するとまた一人の子が、「先生、私をお呼びですか」と言いながら、入ってきた。「いや、呼んでいない」「いいえ、ソロソロと言ったでしょう。それできたのです」と先生の部屋に入ってきて座った。

先生は仕方なく「餅を食べなさい」と言った。こうして三人で餅を食べていたが、餅がおいしいので、先生は「ああ、おいしい」と言った。するともう一人の子がこれを聞いて、「先生、何かご用ですか」と言いながら、入ってきた。

先生は一人で餅を食べようと思っていたが、結局、子どもたちが三人やってきて奪って食べてしまったので、腹が立って「私はお前たちの名前を呼んだ覚えはない、出ていきなさい」と大声で叫んだ。そうなると、子どもたちの方も腹が立って、寝ている他の子どもたちを皆起こして、先生の餅を奪って全部食べてしまった。

（任晳宰　一九八七）

**【文献資料】**

①孫晋泰　一九三〇年　一九四頁（一九二八年八月に、慶尚南道馬山府で李殷相に聞く）

②鄭寅燮　一九五二年　一八八～八九頁（一九一七年に忠清南道温陽で記録）

③任東権　一九七二年　二四八～四九頁（＊『韓国の民話』熊谷治訳　一八〇～八一頁）

④朴英晩　一九四〇年　五五～五七頁（一九三五年に平安南道平原で記録）

⑤金相徳　一九五九年　四九〇～九一頁

⑥任晳宰　一九八七年　第一巻　二三〇～三一頁（一九三三年に、平安北道宣川郡で李學敬に聞く）

**【話型構成】**

Ⅰ．（1）和尚はおいしい串柿を押入れに入れておいて一人だけで食べる。（2）小僧が問うと、これは毒のある串柿だから食べると死ぬ、と言った。（3）和尚の留守中に小僧は串柿をありったけ食べ終わってから、ふとんをかぶって横になった。（4）和尚がきて、なぜそのようにしているかと問うと、和尚様の大事な硯を壊したので、自殺しようと串柿を全部食べ、ただいま息が絶えるのを

待っているところです、と答えた。

**【解説】**

孫晋泰がここで紹介した話は、日本の場合、「飴は毒」（大成532）としてよく知られた話です。韓国の話が書堂の先生と知恵の働く子どもの駆け引きになっているのに対して、日本の話は賢い小僧が欲の深い和尚を手玉にとる「和尚と小僧」が一般的です。

類話としてあげた任晳宰が平安北道宣川郡で記録した話は、日本では「小僧改名」（大成534）として知られる話で、いずれの話も全国各地で語られています。

中国では隋・『啓顔録』に和尚と小僧の話として典型的な話が見えています。昔話としても広がり、江南地方の類話では、ある酒飲みが下戸の下男を雇い、酒瓶には毒が入っていると説明しておいたところ、下男は酒を飲み干したうえ、毒を飲んで死のうとしたといったという話になっています。類話は漢族よりもむしろチベット族やウイグル族のあいだに流行したようで、ウイグル族では智慧者のエペンディの物語になっています。

【斧原・樋口】

**【話型比較】** 大成532・534　池田1313　ATU1313　通観603　Eberhard 笑話17　丁1568B　金1568B

# 579 ＊渡水僧

KT 648.1 和尚と小僧・夜遊び型

むかし、ある山里に大きな寺があった。

ある日、ある上座の僧（師僧に仕える僧）が外から飛びこんできて、はあはあと言いながら和尚を呼んだ。和尚はたいへん驚いて「どうしたのか」と尋ねると上座の僧が言うには、「寺の門の外の大きな棗（なつめ）の木にカササギが巣を作っているのですが、どうしたわけか玉の簪（かんざし）を挿しています」と答えた。和尚が不思議に思って外に出ると、上座の僧は和尚に「木に登っていって玉の簪を取ってきたらどうですか」と勧めた。

和尚は、カササギの巣をしばらく見あげたのち、履物と足袋を脱いで手につばすると棗の木に登りはじめた。この枝あの枝をかわるがわる踏みしめて、カササギの巣まで登りついたのを見た上座の僧は叫んだ。「あれご覧なさい。うちの和尚がカササギの子をとって、生きたまま食べていますよ」と大声で叫んだ。寺の僧たちがいっせいに見あげるので、棗の木の上にいた和尚があわてふためいて降りてくると、とげで体中を刺されて血まみれになった。

ほかの僧たちに弁解したのち、和尚は恥ずかしいやら腹が立つやらで上座の僧を引きずりこんで存分に打ちたたいた。

しかし、この上座の僧はもともとのいたずら好きだったので、また和尚をひどい目にあわせる方法を考えた。今度は自分が悪ふざけをしても怒られないようにと慎重に計画を練った。

時は秋であった。ある日、上座の僧は寺の下のほうにある村から帰ってくると、和尚のそばにすわり丁重に話しはじめた。

「あのう、下の村の酒幕に若い未亡人がいるでしょう」「うん」「いま、私が帰ろうとしていたところ、その女が呼ぶので何事かと行ってみると、寺の近くの柿の木になる実は、和尚様がひとりで召し上がるのですか、と聞くんです」

「それで？」「それで、返事をしました。『和尚がそんなことをなさるものですか、自分でも召し上がるが、ほかの人にも分けてくださるよ』と言いました」「そしたら？」「そうすると、未亡人が、それなら和尚様に申しあげて、少し分けてもらって下さいと言うんです」「そうか、それなら少し差し上げなさい」

すると上座の僧は満足げに、一番良い柿を選んでもぎ、それを持って村へおりていった。

その未亡人は評判の美人で、ひそかに手に入れたいと思わない人はいなかった。この和尚もひそかにそう思っていた。

「あの女はうわべは花のようだが、内面は水のように冷たい評判の美女だ。あの女に、あえて話しかける人も、話を聞こうという人もいないが、柿の味が知りたいというのは、わしと通じようということ

ではなかろうか？　そうであるならば、わしには柿はありがたい果物じゃ」と、このように心の中でつぶやきながら、心をときめかせた。

するとしばらくして上座の僧が笑いながら入ってきた。

「和尚様、柿を持っていってやりましたところ大変喜びました。そして、あの女がまた言いました」「どんなことを言ったのだ」「あの仏堂のお供えは和尚様ひとりで召しあがるのか、と言うんです」「それで？」「みなで分けて食べますよ、と言いました」「うまく返事したな」「すると和尚様に申しあげて、それを少しいただいてきてくれと言うじゃありませんか」

上座の僧は和尚の許しがおりるが早いか、仏堂へ入っていった。そして、仏前にきれいに並べてあるお供えを、全部寄せ集めて村へおりていった。

和尚はまた未亡人のことを思いながら、上座の僧の帰りを待ちこがれていた。そうしているうちに、上座の僧が戻ってきて「和尚様」と呼んでおいて寺の裏へ走っていった。和尚があわてて追いかけていくと、上座の僧は便所に入ってしまった。

ニワトリを追いかけた犬が屋根の上に逃げたニワトリを見あげるように、和尚は便所の前で立ちどまって上座の僧が出てくるのを待つばかりであった。やがて上座の僧が出てきながら「あぁあ、もう少しで漏らすところだった」と大仕事でもしたように声を張りあげた。和尚は走らされた上に待たされて、いまいましかったが、どうだったのかと尋ねると、上座の僧は顔色をうかがいながら、なぜここに来られたのかと聞いた。

「おまえが走ったので、あわてて追いかけたのだ」「私は早くお話を伝えようと思ったのですが、急にお腹が痛くてたまらなくなって走ったんですよ」「とにかく話を聞かせてくれ。いったい女はなんと言ったのだ」「ああ、あの女の話はなさいますな。私はなぐられて死ぬところでしたよ」「おい、何事だ、早く話せ」と和尚は催促した。

「お供え物を持参すると、女の親父が酒に酔って棒でなぐりかかり、『いったいどこの坊主だ。不届きなやつめ』と追い回すじゃないですか」「じゃあ、なにも話を聞くことができなかったのか」と、和尚はまた尋ねた。「親父になぐられて裏庭へ走っていったら、女が追いかけてきて『二日たったらおいで下さい』と言いましたが、私は二度と行きません。なぐられて死ぬかもしれませんからね」

和尚は後日また来いという言葉に、はっと気がついて上座の僧を自分の部屋へ連れていって、金をやってなだめすかして歓心を買おうと躍起になった。

しばらくして、上座の僧はもらった金を持って村へおり、遊んで帰ってくると和尚をそっと呼んだ。「和尚様、女が『和尚様にたいへんお世話になったので、一度静かな所でお会いしましょう』と言っていました」

それを聞くと、和尚はうれしさのあまりしばらく考えこんだが「いつ会おうと言うのかな？」「あさっての夜、和尚様が場所を決めてください、と言いましたよ」

こうして、寺のうしろの部屋と場所を決めて、上座の僧は村へおりていった。

未亡人の所へいって「私はよく胸焼けをするのですが、医者に見せたところ、女の履物を暖めてあてれば治るというので、古いのをもらいにきました」と頼んだ。女は「捨てる履物はないので、いま履いているのをあげるから早く病気を治しなさいな」と言った。

履物を持って和尚の部屋の前にはい寄ってみると、部屋の中では「女がくる。美人がくる。果物をわしが勧めれば、女もわしに勧め、その後であいさつも交わし、わしの願いも聞き入れてくれるぞ」と、ぶつぶつとひとりごとを言っていた。

そのとき、上座の僧が戸をぱっと開けて「もうだめです、何もかもだめになりました」と言った。和尚はわけがわからないでいると、上座の僧は「女がやってきて和尚様がブツブツつぶやいているのを聞いて、誰かと遊んでいると思い、たいへん怒って帰って行きました。私はそれを捕まえ損ねて、女の履物だけ拾って持ってきました」と言って、履物を見せ、「何もかもうまくいっていたのに、しくじったのはみなあなたのせいです」と、和尚を恨んでみせた。

これを聞いていた和尚は、大失敗でもしたかのように「そうだ、この口のせいだ。棒でなぐれ」と言って上座の僧の前に口を突き出した。これを見た上座の僧は「よろしゅうございます」と、横にあった木まくらでぶんなぐると上下の歯がすっかり抜け落ちてしまった。

上座の僧は、ここまでうまくだましてきたが、これからも続けてだましてやろうと工夫した。ある日、和尚の所へいって「下の村の未亡人がお伝えしてくれと言うんです。この前は、お坊様がひとりでしゃべっておられたとも知らず、そのまま帰ってしまってすみませんでした、また会えるようにしてくれませんかと言うんですよ」と言った。

すると和尚は、「どのように会おうと言うのか」と言って、上座の僧の横にぴったりと近寄って坐った。

上座の僧は得意顔で「今度は私が静かできれいな所に場所を決めたので、この薬を飲んでいらっしゃ

い。これは元気旺盛になる薬ですよ」と言った。

和尚は一刻も早くと、その場所に先にいって待っていた。すると、おかしなことに腹がぴくぴくと痛くなった。我慢できずひざまずいて、かかとで肛門を支えていると未亡人が戸を開けて入ってきて「人が入ってきたのに妙な格好をして坐ったままで立ちもしない」といって、和尚を両手で押した。ひっくり返った和尚は、大便をどっと漏らして頭を垂れたまま這い出してきた。

この下痢は、和尚が上座の僧のたくらみにはまり、薬だと思って生大豆の粉を呑んだせいだった。生大豆の粉を水とともに飲むと、たちまち下痢をおこすものだ。

そうとも知らぬ和尚は、ほうほうの体で自分の部屋にたどり着き、「この腹が、この腹が」と言いながらげんこつで自分の腹をたたいた。これを見た僧たちは、耐えがたい悪臭にもかかわらず、何も口をはさまなかった。

この和尚のように、良心にもとる欲情を無理に満たそうとすると、その行く先々で禍に会うことを教訓とするために、これを「渡水僧」と仇名したそうだ。

（任東権　一九七二）

【文献資料】

①任東権　一九七二年　二九～三四頁（京畿道楊州郡漢全面一牌里で李鶴順に聞く）（＊『韓国の民話』熊谷治訳　一七～二一頁）

【話型構成】

I．（1）なまぐさ和尚が村の娘を愛していた。（2）小僧が嘘をつき、和尚が、夜になって彼女を訪ねて、追い返される。

**【古典文献】**
成俔『慵斉叢話』「師僧をだます」（＊梅山秀幸訳　二八二～二八六頁）

**【解説】**
これは任東権が京畿道楊州郡で李鶴順に聞いた話ですが、朝鮮王朝初期の士人、成俔（一四三九～一五〇四）が著わした『慵斉叢話』に収められた「師僧をだます」をほぼ忠実に語ったものです。ただ一つ欠落しているのは「渡水僧」の由来で、『慵斉叢話』の原話では、未亡人との密会をしくじった和尚が、部屋をたたき出された後に、とぼとぼと歩いていると白いものが道を横切っているので川だと思ってパジ（ズボン）をからげて渡るとそれが麦畑だったという件です。僧はこれに懲りて、次に川が道を横切るのを見て麦畑だと勘違いしてパジを濡らします。

この「川と間違えて麦畑を渡る」という「渡水」の話は、日本でもよく聞かれる狐話「おお深い」と同工異曲です。「おお深い」の場合は、川と間違えるのは麦ではなく真っ白に咲いた蕎麦の畑で、狐に化かされて「おお深い、おお深い」といって渡るのが一般です。

楊州郡の李鶴順の語りが示すように、渡水のエピソードが欠落してもこの話を「渡水僧」と呼ぶところを見ると、成俔以来、この話が人びとの間で人気を博して定番化し、「渡水僧」といえば誰でもそれを思い出す有名な話となっていたことが分かります。　【崔・樋口】

**【話型比較】**　大成544・545　池田1360B　通観621

# 580＊先生を結婚させる

KT 648.2　師匠を結婚させる

むかし、ある少年が書堂に通っていたのだが、先生が一人暮らしをしているのが幼心にもかわいそうだと思い、先生を結婚させようと思った。それで、朝、書堂に来ると「先生は結婚しないのですか」と言った。そして、夕方、家に帰る時も「先生は結婚しないのですか」と言って帰っていった。

書堂の先生は、最初はこの子が冗談で言っているのだと聞き流していたが、毎日、朝夕、同じこと言うので、とうとう体罰をしてもう二度とそういうことを言うなと叱った。

それでも少年は、その後も「先生、結婚しないのですか」と言い続けた。それで、先生は「結婚したいが、どうしたらいいのか」と尋ねた。すると少年は「それでは、私の言う通りにしてください」と言った。

実は、少年は、いつも家から書堂に行く途中に、一人の寡婦の家の前を通っていた。そして、書堂に行く時も書堂から帰る時も、その寡婦の家に入って行っては、「うちの書堂の先生はきてないですか」と尋ねた。寡婦は幼い子が言うことなので、初めは何も考えず、きてない、とだけ答えた。ところが、

この子が書堂に行く時も書堂から帰る時も「うちの書堂の先生はきてないですか」と聞くので、「お前の先生が私の家のどこにいるというのか。もうそういうことを言うな。今度そういうことを言ったらお仕置きされると思いなさい」と叱った。

それでも、この少年は朝夕、書堂に行く時も書堂から帰る時も「うちの書堂の先生はきてないですか」と言った。

寡婦はうんざりして、とうとう「お前を殺してやる」と言って少年を追いかけた。

そうしたある日、少年は先生に「今日の昼、寡婦を外におびき出すので、その間に先生は寡婦の家に入って、服を脱いで布団をかぶって寝ていてください」と言った。そして、寡婦の家の玄関で、「おばさん、うちの書堂の先生が入っていくのを見かけましたが、先生はいますか」と大きな声で尋ねた。

寡婦はこれを聞いて、またうんざりして、「待て、こいつめ」と言いながら、火掻き棒をもって追いかけ、叩こうとした。すると、この少年は「うちの先生が部屋にいるのを知ってるくせに」と言いながら逃げまわるので、寡婦はいっそう腹が立って「こいつめ待て、待て、待て」と言って追いかけた。

少年は、しばらく走って逃げまわり、先生が寡婦の部屋に入ったころを見計らってわざと捕まった。

寡婦は「こいつめ、いったいお前の先生がうちのどこにいるか」と言って、少年を引きずっていった。そして、部屋に入って「さあ、よく見てみろ。どこにお前の書堂の先生がいるというんだ」と言った。この時、先生が布団の中から出て座って「どうしたんだい」と言った。

少年は寡婦に向かって、「ほら、私はうちの書堂の先生がこの家に入るのをしっかりと見届けたのに、おばさんは『きてない、絶対、きてない』と言う」と言ったが、寡婦は何も言い返せなかった。

事がこうなってしまったので、寡婦は少年に「このことは誰にも言うな」と口止めをした。少年は「餅をたくさんくれたら誰にもしゃべらない」と答えた。そこで寡婦は大きな蒸し器で餅をたくさん作ってやった。

すると、少年はその餅を持って、村の家々に配り歩いて、「この餅はうちの書堂の先生と近所の寡婦のおばさんが結婚したお祝いの餅です」と言って回った。もうこうなっては仕方なく、寡婦は書堂の先生と暮すようになったそうだ。

（任晳宰　一九八七）

**【文献資料】**

①任晳宰　一九八七年　第一巻　一七六～七八頁（一九三六年七月に、平安北道宣川郡宣川邑越川洞で梁命相に聞く）

②曺喜雄　一九七〇年　七六～七七頁（一九六九年に忠清北道丹陽郡で記録）

**【話型構成】**

Ⅰ．書堂に通う少年が、先生が一人暮らしをしているので、結婚を取りもとうとする。

Ⅱ．少年は、毎日、村の寡婦のところに行って、「先生は来ませんでしたか」と尋ねた。

Ⅲ．寡婦は腹を立てて少年を追いかける。その間に先生は寡婦の部屋に入りこむ。少年の策略で既成事実を作られた寡婦は、やむなく先生と結婚する。

**【解説】**

年下の者や地位の低い者が、主人や師匠にあたる目上の者を、知恵を働かせてからかう話です。日本にも「和尚と小僧」という一連の笑話や、太郎冠者が活躍する狂言などが存在します。このタイプの話は世界中に広く分布し、アルレッキーノやフィガロのようなスーパースターが健在です。

韓国の話の場合は、師僧とそれに仕える上僧、書堂の

先生と生徒、そして両班（儒学者）と常民の少年というのが定番で、KT648の二つの話は、こうしたトリックスター（狡猾な知恵者）の話の典型を示していると言えるでしょう。【樋口】

# 581 ＊嘘つき名人の小僧

KT649 嘘つき小僧と生員

嘘つき名人の小僧がチゲ（背負子）をしょって柴刈りに出かけ、途中で生員（科挙の小科に及第した人）に出会った。生員は「あの小僧めが嘘つきの名人だと。俺はだまされないぞ」と思って、小僧を呼んだ。「おい、お前が嘘の名人だって、本当かい。俺を一つだましてごらん」と言うと、小僧は、「とんでもない、僕が嘘を言うのをきいたことがありますか」と、素知らぬ振りをして、山の方へ向かってさっさと行ってしまった。

山に行ってみたら、一人の女が山菜を採っていた。彼女は、先の生員の妻だということが分かった。そこで、小僧は一つだましてみようと思った。小僧はチゲをおろして、女のところへ走って行った。女

が「なにか起こったのかしら、走ってくるようすがどうもおかしいわ」と独り言をいっているうちに、小僧がそばにきて「奥さん、大変なことになりました。旦那さんが朝ご飯を食べて、食あたりで死にそうです。急いで帰って下さい」と騒いだ。

彼女はびっくりして、山菜ザルも包丁もおいたまま、気違いのように走って行った。小僧は女より先に生員の家に着いて、生員に「大変なことになりました。ただいま山菜を採っていた奥さんが虎にさらわれました。早くきてください」と大声でどなった。

生員はびっくりし、手に棍棒を持って山の方へ走った。生員は「山へ行くなといったのに、こんなひどいめにあうなんて」と独り言をいいながら、倒れたりひっくりかえったりしながら山の頂に向かって走っていった。

そのうち、山から走り下りてくる妻と出会った生員が「虎にさらわれたというのに、どうやって逃げてきたんだ」と尋ねると、妻も「あなたこそ、食あたりで死にそうだと聞いたのにどうしたんですか」と聞きかえして、息も絶え絶えになり、地面に坐りこんでしまった。

この時、生員は初めて小僧にだまされたことに気がついた。それで、近所を見まわしてみたが、すでに小僧は姿を消していた。

それからいく日かたって、小僧は「生員の怒りもおさまっただろう」と考えて、生員の家を訪ねた。生員が「この小僧め、年寄りをだますなんて」と言うと、小僧は、「すみません、実は生員様が『俺を一つだましてごらん』とおっしゃるものですから」と答えた。生員は何も言えず、ただ煙草をふかしていた。

（崔仁鶴　一九七四）

【文献資料】

①崔仁鶴　一九七四年　二七〇～七二頁（＊徐哲圭編『韓国伝来童話全集1』一九七〇年にソウルで記録）

②金相徳　一九五九年　二七一～七四頁

③沈宜麟　一九二六年　二五二～五五頁

④李勲鍾　一九六九年　二二三～二四頁（一九五〇年にソウルで記録）

【話型構成】

Ⅰ．（1）嘘つき名人だといわれている小僧に、ある日生員が、自分に嘘をついてみろといった。（2）小僧は今忙しいからと断わり、相手にしないで山に行った。（3）山では生員の妻が山菜を採っていたので、あなたの夫が腹痛で死にかけているといった。（4）小僧は彼女より先まわりして家にきて、生員に、奥さんが虎に捕えられて行ったと告げた。（5）夫婦が途中で出会った。そして、小僧にだまされたことに気付いた。

【ヴァリアント】

小僧は、今日は政府米の配給日だから急がないとだめだといい、早く行ってしまった。大人は小僧の話を信じ、自分も政府米が欲しかったので牛を曳いて市まで行った。そして小僧にだまされたことがわかった④。

【解説】

知恵の働く少年が、学のある大人を手玉にとる話です。少年に翻弄される「生員」とは、科挙の小科に及第した儒学者を指し、一般の人が官職につかない学者を呼ぶ時に用いる敬称でもあります。

この話は、生員が少年に「おれをだましてみろ」といって、少年に知恵比べを挑んでいますから「嘘の名人」（大成494）の類話と考えても差しつかえないと思います。

両班を常民の少年がからかう典型的なトリックスター（狡猾な知恵者）話です。

【崔・樋口】

【話型比較】大成494・618　ATU1535　通観797

# 582 ＊物好きな盲者

KT 650　小僧と盲

むかし開城に一人の盲者がいました。生まれつきあまり利口でないのに無暗に珍しい物が好きで、人に会いさえすれば「なにか変わったことはないか、なにか珍しいことでも起こらないか」と耳を尖らせ、見えない目をみはって尋ねるのが癖でありました。

ある日、盲者は道で知り合いの子どもに出会いました。すると例の癖が出て、「やあ狡童か、たいへん天気が好いね」「天気が好い。好いどころですか、あの通り空が曇っているじゃないですか」「そうかい。たいてい好かろうと思って、いい加減にいってみたんだが大失敗だったね。ところで狡童」「なんです叔父さん。また『なにか珍しいことはないか』ですか」「いや実はそれが聞きたいんだ。どうだい何か一つ喫驚するような珍しい変わったことはないか」

この問いをかけられるのは毎度のことで、いくら暇な子どもでもいちいち相手になっていては限りがないから、今日は一つこの好喜漢を懲らしてやろうと思ったので、子どもながら知恵を出してこう言いました。

「ありますとも、ありますとも。大変なことが起こりましたよ」「大変なこと、そいつは面白い。一体どこに起こったんだい」「あの東林面にさ」「東林面に。東林面に何が起こったんだい」「何事って、大変ですよ」「大変なのは分かっている。ほんとうに世話をやかせる人だな。そんなに人を焦らさないで早く話しておくれよ。お願いだ」と、もう聞きたくて聞きたくて足をばたばたさせ、盲目杖で地の上を突きながら、子どもに頭を下げて頼みますので、子どもは可笑しいのをこらえて言いました。

「では話しましょうか」「ええ、どうか」「東林面でね、地面が割れたんですよ」「地面が割れた。それは大変だろう。しかし割れてどうしたね」「地面が割れて地の底まで見通せるんですよ」「それは珍しいことだな。して地の底には何が見えるかな」「地の底にもやはり世界があるものとみえて、上から見おろすと、ちょうど地下の大通りが現れているらしいんです。人が往来しているのがはっきりと見えたり、ニワトリの鳴き声や砧の音なども手に取るように聞こえるんです。実に不思議じゃありませんか」「へえ、それはいよいよ不思議だぞ。そんな話を聞くと、何だかこうやってじっとしていられなくなる。俺はどうせ目が見えないんだから、せめてその物音だけでも聞いてみたいな。狡童や、一つお願いだ。どうか俺をそこまで連れて行ってくれないか。ただ一遍だけでもその地下の音というのを聞かれたなら、俺はもう死んでも悔やむことはない」「叔父さんはそんなに聞いてみたいの。そんなに行ってみたいなら、連れていってあげるよ」「連れて行ってくれる。そいつはありがたい。では俺の手を引いて行っておくれ」

そこで子どもは、盲者の手をとって、どこでも構わずぐるぐると処々方々を引き回してから、ついに盲者の家の後ろの丘の上に出ました。子どもは盲者に向かって言うには、「叔父さんここですよ。それ

下の方にニワトリの鳴く声や砧の音が聞こえるでしょう」

盲者は一心に耳を傾けて丘の下の方の物音を聞いていましたが、やがてにっこりと笑って、「なるほど聞こえる聞こえる。これは面白い。うんあれがニワトリの声だな。それそれ砧の音も聞こえる。いま吠えたのは犬じゃないか。地下の世界だってそう大して変わったことはないな。声や物音がよく似ているよ」と大声で独り言をいっています。

その時、子どもは盲者の後ろに回って、そっとその背中を突いて丘の下へ落としました。盲者は不意に突き落とされたので大いに驚きましたが、別にそう高い所からではなし、幸いに怪我もしませんでした。しかしあまりに不意に落ちたのと、その落ちていく先が地下の別世界だと思ったものですから、少なからず肝をつぶして、盲者はしばらく気が遠くなって、ぼんやりと立っていました。

そんなこととは夢にも知らずに、そこへ盲者の家の僕童（下僕の少年）が来ました。僕童は主人のぼんやりしている様子を見て、不審に思って「どうしましたか」と尋ねました。ところが盲者の主人の方は僕童とは少しも気がつかず、恐る恐る揉み手をしながら、「はいはい、私は天上から参りました者でございまして」と丁寧にお辞儀をしました。

するとちょうどそこへ出てきたのが盲者のお上さんです。お上さんは夫が僕童に向かって丁寧な挨拶をしているのを見て、可笑しくなって思わず吹き出してしまいました。この笑い声を聞くと、今度は夫は不思議でたまらないような顔つきになって、「お前はいったい何時この世界にきたのだ」と真面目な顔で自分の妻に尋ねました。

（朝鮮総督府　一九二四）

【文献資料】

①朝鮮総督府　一九二四年　八四〜九〇頁

②山崎日城　一九二〇年　一九二〜九五頁（京畿道開城で記録）

【話型構成】

I．（1）常に珍しい話を聞きたがる盲人が、小僧に会うといつも同じ質問をした。（2）小僧は盲人を苦しめようとして、あそこの地面が割れていて地下国が見える、といった。（3）盲人がぜひ地下国の音だけでも聞きたいというので、小僧は盲人の家の裏山に連れて行った。（4）盲人は犬のほえ声、鶏の鳴き声、洗濯棒の音などを聞いて、地下国もこの世と同じではないかといった。（5）小僧は盲人を後から押して盲人の裏庭に落とした。ちょうど家の小僧（下僕）がきて、なぜここに居ますかときくと、盲人はおじぎをしながら、私は天上から降りてきた者ですと告げた。

【解説】

これもまた目上の大人を少年がからかうトリックスター話です。からかわれるのは目の不自由な人ですが、家を構え、少年を下僕に使っていることから、社会的には地位を確立した人であることが分かります。韓国の伝統社会では、目の不自由な人は判数という盲覡（目の不自由なシャーマン）の職につくことが多く見られました。この話に登場する盲人も、こうした盲覡として一家を構える人であったのではないでしょうか。【崔・樋口】

# 583 ＊少年の知恵

KT 651 韓少年の知恵

むかし、韓という賢い少年がいた。

ある日郡守が、韓少年の家の明堂（墓地）に、親族の遺骸を埋葬しようとした。

そこで、少年は、その場に行って、「あなたが墓を作ろうとする場所は、風水によると国家に対する逆賊が出るところです。それを恐れて、私は父を他のところに埋葬しました」といった。郡守はこの話を聞くと、逆賊が将来出ると知りながら今あえて埋葬すれば、これは王に対する反逆となり、このうわさがソウルまで広まれば、自分の命が危ないと考え、遺骸を別のところに移して、埋葬したということです。

この少年は、成長して立派な兵士になったそうです。


（崔仁鶴　未発表）

【文献資料】
①崔仁鶴（一九七三年九月に、全羅南道求郡で朴海斗〔七八歳・男〕から聞く）

【話型構成】

Ⅰ．⑴ 韓ビョンサという知恵者がまだ幼いころ、郡守が遺体を持ってきて自分たちの明堂に葬ろうとする。⑵ 韓少年が現場にかけつけ、大声で、ここは逆賊が生まれる地相だから私の父も他所に埋めたといった。⑶ 逆賊が生まれる事実を知りながらそこに葬ると王様に対する反逆行為になるので、郡守は他所を選ぶことにした。⑷ 郡守はそれが少年の嘘だと分かったが、多勢の人が聞いたので、噂が王様の耳にまで伝わるのを恐れたのである。

【解説】

韓国の人たちは、風水のよいところを選んで家を建てます。風水がよければ、秀才が輩出し、家が栄えると信じていたのです。

しかし、韓国の人たちが自らの家よりもいっそう重んじたのは、一族の墓の風水です。生きている自分たちよりも、祖霊がよい墓（明堂）に納まることによって、自らはおろか子々孫々に至るまで、祖霊に守られて幸せに生きることができると考えました。そして、風水のよい墓を求めるためには、金や権力の力を借りて、他人の墓を移葬させてまで、自分たちに都合の良い明堂を求める「墓争い」も辞さないこともありました。

これは、そうした権力の力を借りて他人の明堂を強引に奪おうとする郡守のたくらみを、少年が知恵の働きで阻止する話です。墓の風水は微妙で、一歩読み間違えると、吉は凶に変化し、おそろしい運命を子孫にもたらします。そして朝鮮王朝の人びとは、とくに国家に対する逆賊が輩出することを嫌い、その噂のある者を探し出して幼少のうちに殺すこともおこなわれたほどです。

少年は、こうした風水の微妙な力を利用して、風評を恐れる郡守の暴虐を打ち砕いたのです。なお、主人公の韓ビョンサについては詳しいことは分かりませんが、肥後の彦一のように地元では知られた知恵者だったのではないでしょうか。

【樋口】

# 584 ＊使臣をだました息子

KT 652 使臣をだました大臣の息子

むかし、でたらめな嘘話を披露する癖のある大臣がいた。毎年、わが国では、清国へ使臣を送るしきたりに従い、大臣たちを送っていたが、この嘘話を語る大臣が使臣として、清に行くことになった。

やがて、この大臣が清国に着くと、清では使臣がきたのを大いに喜び大歓迎会を催した。両国の大臣たちは豪華なごちそうを食べながら、にぎやかに話に花を咲かせていた。この時、嘘話が好きな大臣も、うれしくてついついいつもの癖が出て、「わが国の宮殿の光化門の天上にはとても素晴らしい広い畑があって、そこから取った野菜を使って都の人びとは、一年間も喰っていけるのです」と、でたらめな嘘をいってしまった。

「しまった、口に気をつけなければ」と気がついたときには時すでにおそく、清国の大臣たちはこの興味深い話に耳を傾けていた。「それは本当ですか。それが事実でしたら、ぜひとも見物に参りたいところですね」と話は進んでいった。嘘をいった大臣は内心ビクビクしながら国へ戻ってきた。

しばらくたって、清国からその不思議な天の畑を見にくるという通知が届いた。このことを耳にした

大臣は毎日悩んだあげく、つい病気になってしまった。清国の大臣たちが着く日はますます近づいてくる一方である。病気にかかった大臣は、死んだ方がましだと考えた。

ところで、この大臣には十三歳の息子がいた。息子は父の様子がどうも気になって、ついに父にそのわけを聞いたところ、父は「清国の使者たちが来れば、俺は困るんだ」といい、詳しく理由を聞かせてくれなかった。父は息子にとても事実を打ち明けることが出来なかったのだろう。しかし息子はねばり強く父に向かって、「ありのままを言ってくれないと、お父さんは悩み続け、苦しんだあげく、死にますよ」といった。

父はしかたなく、清国でやりすぎたことを息子に聞かせてやった。息子はしばらく考えたあと、「お父さん、そのことでしたら私にまかせてください」と答えた。

まもなく、清国の使臣がやってくることになった。大臣の息子は父に頼んで、急いで光化門の前の広場に子供三百人と、年寄り三百人を集めた。年寄りには酒を飲ませ、楽しく歌いながら踊らせた。子供たちには悲しく泣きわめくふりをするよう言いつけておいた。

さて、清国の使臣がやってきて、大臣を訪ねた。しかし大臣はおらず、息子が使臣を迎えた。息子は礼儀ただしく挨拶をすると、「申し訳ありませんが、実は父はただいま病気で、代わりに私が天の畑にご案内いたします」といった。

使臣は、やむをえず息子の後について光化門の広場まできたが、目の前に現れた異常な光景を見て、びっくりしてそのわけを聞いた。息子は真剣な顔をして、しかも落ち着き払って、「はい、実はそのわ

けをご説明するつもりでした。この子供たちが泣きわめいているのは、天の畑に行って仕事を済ませて戻るまでに、少なくとも四〇年かかるので、親や兄妹たちと別れるのが悲しくて泣いているのです。一方、年寄りたちは、すでに四〇年のあいだ無事に仕事をして戻ってきたので喜んでいるのです」といった。

息子の話を耳にした使臣は、往復四〇年もかかるということに度胆も抜かれてしまい、あわてて国へ帰って行った。でたらめな嘘をついた大臣は、息子のおかげで病気もなおり、すっかり元気になったということである。

（金相徳　一九五九）

**【文献資料】**

①金相徳　一九五九年　三四～三六頁
②崔仁鶴ほか　一九七〇年　第一巻　一二九～一三三頁
③任晳宰　一九七一年　第三巻　二五一～五三頁

**【話型構成】**

I．（1）嘘つき上手な大臣が、中国に行って、わが民族は光化門の天の畑から野菜を運んできて食べる、といった。（2）中国の使臣がそれが実際にあるか確かめにやってきた。（3）大臣は嘘がばれるのを恐れ、病気になったが、まだ幼い息子が立派に使臣をだまし、中国へ追い帰した。

**【解説】**

この話は、世界中で語り継がれる「嘘つき比べ」（ATU1920）の一つですが、父親がついた嘘を、父親に代わって息子が始末するところに特徴があります。

日本の話の場合にも「法螺吹き童子」（大成492）とよばれ青森から沖縄まで広く分布しています。唐の法螺吹きと日本の法螺吹きの法螺吹き比べになり、唐の法螺吹きが勝負にやって来ると、息子がこれを迎えうち、「父は富士山が崩れそうになったので支えに行き、母は空が

ほころびたので繕いにいった」などとスケールの大きな嘘をついてライバルを撃退する話です。【樋口】

【話型比較】大成492　ATU1920　池田921　通観793

# 585 *機転のきく子

KT 653.1 師を門外に

むかし、ある書堂で、先生が子どもたちの機転を試してみようと、子どもたちを集めて「お前たちの中で、誰でもいいから、私を門外に閉めだしたら賞金をやろう。誰か私を門外に出してみろ」といったそうだ。

それで、子どもたちは先生を門外に出そうと手を尽くしてみた。

「先生のお宅が火事だそうです」という者もいれば、「誰かが先生を訪ねてきました」という者もいた。

また、ある子はいったん外に出てまた入ってきて、「お祝いの宴が開かれている家から、酒を飲みにき

て下さいと誘いに来ました」といったりした。それでも先生は身動きしないで、じっと座っていたそうだ。

ところが、その中に何もいわずに黙っている子が一人いた。先生はこの子に、「お前はどうして何もいわないのか」と聞いた。するとその子は、「私には先生を門外に出す知恵がありません。しかし先生が部屋の外にいれば、中に入れさせることはできると思います」といった。先生はその言葉を聞いて、部屋から外に出すのも、部屋の外から中に入れるのも同じだと思い、「そうか、私が部屋の外にいれば中に入れさせるというのだな。部屋の中から門外に出すのも、部屋の外から中に入れさせるのも同じことだから、では部屋の中に私を入れてみせなさい」といって、門外に出て行った。

するとその子は、「先生、確かに門外に出ましたよね。賞金は私がもらいます」といった。先生は「しまった、あいつにまんまと騙された」と思ったが、外に出てしまったので、どうしようもなかった。

（任晳宰　一九七五）

【文献資料】

①任晳宰　一九七五年　第一巻　七〇～七二頁

②孫晋泰　一九三〇年　一九二頁（一九二三年八月に、咸鏡南道咸興郡邑何東里で金浩榮に聞く）

③鄭寅燮　一九五二年　七七頁（一九五〇年にソウルで記録）

④崔仁鶴　一九八〇B　二四二～四四頁（一九七六年六月に、江原道溟州郡で金鎮必〔六一歳・男〕に聞く）

【話型構成】

Ⅰ．（1）書堂の先生が、わしを門外に追い出せば賞金を与えるといった。（2）知恵のある少年が、それは不可能ですが、もし外にいらっしゃれば部屋に入らせる方法は

あります、といった。(3)それで先生はよしといって外に出ると、さあ内に入らせてみろといった。(4)少年は先生を外に追い出すのに成功した。

**【解説】**

この話は李舜臣将軍の少年伝記としても伝えられていますが、師匠にあたる書堂の先生を、年少の生徒が知恵を働かせてやりこめる、典型的なトリックスター話です。

日本には「殿様が饅頭を二つにわって『どちらがうまいか』と聞くと、小僧が手を鳴らし『どちらの手が鳴ったか』と聞き、殿様が『どちらとも言えない』と答え、小僧も『私もどちらとも言えない』と答える」展開の「小僧と殿様」(大成521)という話があります。

アールネとトンプソンがATU922に分類した「皇帝と僧院長」もこのタイプの話で、皇帝が僧院長に答えることのできない問題を出し、羊飼いが僧院長に代わって答えます。

明・江盈科〔撰〕『雪濤諧史』に、ある貴人が階下にいた嘘つき上手の若者に向かって、「自分をだまして階下に下ろしてみよ」と言ったところ、若者は「もし階下におられるのでしたら騙して階上にお上げ申すことができます」と言い、まんまと貴人を階下に下ろしたという話があります(松枝茂〔訳〕『歴代笑話選』)。昔話としては河北省に次のような話があります。嘘をつくのが上手い男に対し、役人が嘘をついて自分をこの椅子から下ろしてみよと言ったところ、男は「門が小さくて嘘をつくための道具が入りません」と言ったため、役人は道具を見に入こうとして椅子を降りてしまった、という話です。

【斧原・樋口】

**【話型比較】** 大成521 ATU922 通観807

# 586 ＊鳳伊・金先達とその父親

KT 653.2 鳳伊・金先達とその父親

金先達にまつわる話は多くて、たいがいは罪のない笑い話である。しかし金先達はたまには悪事も働くし、いかさまもするから、ひどい目にあう人も出る。すると、被害を受けた人たちは平壌に彼の父親を訪ねて抗議をする。父親はあんまり沢山の抗議を受けたので、業を煮やしているところへ先達がのそのそと入ってきた。

父親は、「この不届きもの、叩き殺してやる」と、長い棒を持って追いかけてきた。先達は年寄りがどこまでついて来れるかと、からかい半分でしばらく走って逃げたが、父親はけっこう体力があったのか、しつこく追いかけてきた。先達は息切れがして、これ以上走れなくなった。

そこで地面に大きな丸を書いては、「この中に入るやつは畜生だ」と言うと、父親は棒を担いで、「よし分かった。出てきたらただではおかないからな」と円の外をぐるぐる回っていた。

それからまた、こんな話もある。

先達がまた何かいかさまを働いたので、父親が意気ごんでいるところに、帰ってきた。父親は、「こ

んな恥さらしは、殺してやる」と鉄の熊手を担いで息子を追いかけた。これは大変だ。棒ならば叩かれてもなんとかなるが、今度は命がけだ。走って逃げても、追いかけてくる。家の大門を出て振り返ると、まだ追いかけてくる。川まで走って逃げると、逃げ場を失った。川岸に停めてあった船に飛びこむと、「こいつめ、俺が逃すとでも思っているのか」と、船に乗りこんできた。素早く身をかわして陸に飛び移ると、父親もやっぱり飛び移ってきた。すると先達は、待っていたかのように、手を差し出して父親の手を握って、「弟よ、やっと出てきたのか」と言った。

父親が「何だと、お前は正気か。父親を弟呼ばわりするのか」と言うと、先達は、「お前は、俺より遅れて同じ腹（船）から出てきただろう。だから弟じゃないか」と答えたという。　（李勲鐘　一九六九）

**【文献資料】**

①李勲鐘　一九六九年　二二六～二二七頁（一九四〇年に京畿道広州で記録）

**【話型構成】**

Ⅰ. ソンダルが父に追われた時、地面に円をかいて、「この中に入った奴は畜生だ」と言うと、父は入れなかった。

Ⅱ. ソンダルがまた父に追われて船に飛びこんだ。そして地上に飛び移って、後から飛び降りた父の手を握って「弟よ」と呼びかけた。そして「お前は同じ船（腹）から遅れて出てきたから、弟だ」と言った。

**【解説】**

鳳伊・金先達は、「大同江を売りわたす」（KT670）で知られたトリックスター（狡猾な知恵者）で、日本の一休宗純や吉四六、彦一などと同じく、さまざまの逸話を残しています。朝鮮王朝時代の平壌に住み、科挙の武科に合格した両班であると伝えられます。「先達」という名で知られますが、「先達」は「科挙の武科に合格した後、まだ官職についていない者の呼称」で、金仁鴻が本

名であるとも言われています。

トリックスターの話が、世界中で愛され語り継がれるのは、硬直した社会の秩序を攪乱し、笑いのめし、原初の姿に立ち返り、ふたたび秩序を再生させるためです。

金先達が父親をからかい、弟あつかいするこの話は、「孝（親孝行）」を至上の価値とする朝鮮王朝社会の基本秩序を笑いのめしながら、孝の基本を思い起こさせるトリックスター話の典型だと言えるでしょう。秩序を攪乱した金先達は、いつも棒や熊手で追い回され、決して秩序の中心におさまることはありません。中心にはいつも、孝をはじめとする社会秩序、王という為政者、父親という家族の長があるのです。

【崔・樋口】

# 587
# ＊お爺さんと柿の木

KT 654　柿の木と小僧

むかし、大臣が暮している立派な家と、貧しいお爺さんが暮している粗末な家が、庭をはさんで向きあっていました。お爺さんの家の庭には柿の木が一本ありました。樹齢が何十年も経った大きな木で、秋になれば赤く熟した柿が枝いっぱいに実りました。

お爺さんはその柿を取って、市で売って暮していました。ところが、いつの間にか、その柿の木の枝が大臣の家の庭の中まで伸びてしまいました。古い枝には実がつかず、新しい枝にたくさんの実がつきました。

大臣の家には意地悪な召使たちがいました。お爺さんの家の柿の木が自分の家の中に伸びてきたのを見て、柿がまだ熟する前にもぎ取ってしまいました。お爺さんは悔しくても、どうすることもできませんでした。大臣や召使に何かをいったら罰を受けるかと思い、恐ろしくて何もできなかったのです。お爺さんは悔しくて残念で、寝こんでしまいました。

次の年も、また次の年も、やっぱり同様でした。三年ものあいだ、柿を売ることができませんでした。そのせいで、お爺さんの家はますます貧乏になってしまいました。

これ以上我慢することができなくなったお爺さんは、柿の木を眺めては切り倒してしまおうかとため息ばかりついていました。

その時、お爺さんと仲のいい十歳くらいの男の子が遊びにやって来ました。この子はいたずらが大好きないたずらっ子で、村中でこの子の名前を知らない人はいませんでした。

お爺さんが心配そうにしているのに気づいた子どもは、「お爺さん、何がそんなに心配なのですか」と尋ねました。「別に心配事はないよ」と答えると、「さっきから、どうしてため息ばかりついているのですか」と聞きます。

「そうだね」とお爺さんはいって、頭をボリボリ掻きながら笑いました。「この柿の木が面倒になって、切り取ってしまおうかと思っていたところだ」

この子は何のことだか訳が分からなくて、それがどういうことか尋ねました。「柿の木がどうして面倒だというのですか」「うん、柿の木の世話が面倒になったんだよ。でも、もういいよ。それよりお前、まだよく熟してはないが柿の実を取っていきなさい」「いいえ、結構です。それよりも、まずお話を聞かせてください。どうして、柿の木を切り取ってしまおうと思ったのですか」お爺さんも仕方ないなという顔をして、今までのことをすべてこの子に話して聞かせました。話してしまうと、お爺さんも胸が少しすっきりしたようでした。

「とても悔しくて、柿の木を切り取ってしまおうかと思ったのですね」この子はしばらく考えこんでから、「心配しないでください。私が解決してきます」と、威勢よく言いました。

「その言葉だけでもありがたい」お爺さんは涙を流しながら、「しかし、お前にいい考えがあるといっても、相手は大臣の家なんだぞ」といって、寂しそうに笑いました。

その日の夜の出来事です。このいたずらっ子は一人で大臣の家に入って行きました。そして、お大臣の爺さんが一人で書物を読んでいる部屋のところまで行きました。大臣のお爺さんの影が障子戸に大きく写りました。いたずらっ子は突然、障子戸を叩きました。「誰だ」大臣のお爺さんはびっくりして、大声で叫んだので、この子は戸の外から自分の名前を言いました。

「私を誰だと思っているのか。お前はいったい何の用だ」大臣のお爺さんもこの子の名前をよく知っていました。

「お前はどうしてこんないたずらをするのか」「いたずらではありません。お尋ねしたいことがあって来ました」と、この子は拳を障子戸の中に突き出しました。そして、こういうふうに尋ねました。

「この拳はいったい誰のものですか」「それは、お前のものに違いないだろう。しかし、なぜそんなことを聞くのか」

「そうですか。これは間違いなく、私の拳ですか」「そうだとも、お前の拳に間違いない」「もし、この拳を自分のものだといって持って行く奴がいたら、私はどうすればいいですか。それを我慢していなければなりませんか」

「そんなことがあるものか。誰がそんなことをするものか」「ところが、いるのです。嘘ではありません」

これは何かあると思った大臣のお爺さんは、子どもに部屋に入って来るように言いました。そして「いったい、誰がそんなことをするのか」と優しく尋ねました。

この子は隣のお爺さんの柿の木の話をすべて大臣に話しました。そしてお爺さんがとても貧しく暮しているということも伝えました。

大臣のお爺さんはこの子の頭を撫でながら、「よく分かった。お前が話したように、すぐに召使どもに罰を与える」と約束をしました。この子はお辞儀をして帰って行きました。

次の日、大臣のお爺さんは召使たちを呼んで、厳しく叱りました。お爺さんに今までのことを謝って、三年間の柿の値段の二倍の代金を払いました。

そんな事があってから、大臣は人に会うたびに、窓に拳を突き出した子どもの話をしながら、「立派な大臣がもう一人増えた」と自分の事のように喜びました。その子はその三〇年の後に、本当に立派な大臣になりました。

（金相徳　一九五九）

【文献資料】
①金相徳　一九五九年　四二五～二九頁
②崔雲植　一九八〇年（一九七九年に全羅南道青陽郡で記録）
③崔仁鶴　（一九七三年に全羅南道求礼で記録　＊未発表）

【話型構成】
Ⅰ．⑴柿の木の根は貧しい老人の家にあり、枝は裏の大臣家に伸びている。⑵柿が熟するころになると、大臣家の下男たちが柿を全部とってしまうので、老人はますます貧乏になった。⑶知恵のある少年が大臣を訪ね、知恵のある質問をして大臣の口を閉ざしてしまった。それ以来、大臣家では柿の木に手を触れなくなった。

【解説】
これは「隣の柿の枝が垣根を越えたので切った男が、今度は隣で油揚げをしたので、つい垣根越しに鼻を出すと鼻を切られる」という日本の「出たものは切る」（大成614）と同じタイプの話です。

しかし、この話の韓国的な特徴は、「のびた枝の柿をとられた貧しいお爺さんを助けようと、いたずら小僧が大臣の家に乗りこみ、大臣の部屋の障子戸から拳を突き出して、その暴挙を咎められると、大臣の下男の暴挙を訴えて、お爺さんを救う」ところにあります。

年をとったとはいえ大臣には、貧しいながらも懸命に暮らす人びとを守る務めがあります。この務めが長年の間に緩みを生じ、下男のような権力を笠に着る人びとの暴挙を生み出すことになります。このような時には、知恵の働くトリックスターが小規模な暴挙によって、硬直した権力構造を揺るがし、権力者と庶民との関係を本来の姿に戻す必要が生まれます。

この話は、朝鮮王朝の「よき為政者が、分を守る庶民を庇護する」という基本理念の緩みを、いたずら小僧というトリックスター（狡猾な知恵者）が小さな暴力によって揺るがし、本来の姿に戻す話だと見ることができます。

【樋口】

【話型比較】大成614　通観665

# 588 ＊年の若い長官

KT 655 少年地方長官

むかし、ある両班の家で、十五歳になる幼い息子をある村の郡守にさせた。村の吏房（地方官庁に属した六房の一つで、主に人事の事務を取り扱った部署）や戸房（地方官庁に属した六房の一つで、主に法典に関する仕事を取り扱った部署）に就いている役人たちは、年が皆、四〇、五〇になるので、こういう幼い郡守がやってきたから、この郡守を手のひらにのせて操ろうとした。

すると、この幼い郡守はある日、吏房や戸房はもちろん、すべての下級役人を呼び寄せて、「一年で育つものの中で一番よく育つものは何か」と尋ねた。下級役人たちはキビだと答えた。

「それなら、一番大きいキビを抜いて、頭の上に載せて、この部屋に持ってこい。もし、そのキビの茎が曲がったり折れたりすれば、重い罰を与える」と命じた。

下級役人たちは急いで外に出て、キビの茎を抜いて、頭の上に載せて部屋の中に入ろうとしたが、茎を折らずに中に入ることが出来なかった。下級役人たちは皆「このままでは入れません」といった。

郡守はこれを聞いて、「うん、そうか、それでは、キビはそこに置いて、こちらに入って来い」と言

い、下級役人たちを前に跪かせて、「一年で大きくなるキビの茎一つをまともに持って入れない者たちが、十五年も育った私を手のひらにのせて操ろうとするのか。ひどい奴等だ。この者たちに罰を与えろ」と命令した。そして、下級役人たちは皆、ムチで打たれた。

その後、下級役人たちは幼い郡守に頭が上がらず、屈服した。幼い郡守も知恵を働かせて下級役人を従え、郡守の役目を立派に果たしたそうだ。

（任晳宰　一九七一）

**【文献資料】**

①任晳宰　一九七一年　『韓国民俗総合調査報告書（全北篇）』六四三頁（一九六九年八月十六日に、全羅北道鎮安郡上田面月坪里梧桐部落で高鳳錫（男・五八歳）に聞く）（＊『韓国の民俗大系（全羅北道篇）』「年の若い長官」任東権・竹田旦訳　六八二～八三頁）

②沈宜麟　一九二六年　一〇一～〇四頁

**【話型構成】**

I．（1）十五歳で地方長官になれた知恵少年がいた。
（2）部下たちが年若いので無視するから彼らに難題を与え、皆を反省させた。

**【解説】**

これもまた幼い郡守が知恵を働かせて部下を従え、立派に任務を果たす話です。朝鮮王朝の時代には、中央に吏曹（官制と人事）、戸曹（財務）、礼曹（王室と儀礼）、兵曹（軍事）、刑曹（刑事）、工曹（建設事業と商工業）という六曹があり、地方政庁にも同じく六房がおかれていました。曹も房も、本来「部屋」を意味する言葉です。

こうした複雑な行政業務を担当するベテラン吏員が経験のない上司を容易に受け入れない場面で、幼い郡守が知恵を働かせて一挙に主導権を握るという話です。

王が判断力を欠き、側近たちの権力闘争で国の乱れることの多かった朝鮮王朝にあっては、一つのあるべき姿を語る話であるとも言えます。【樋口】

# 589 ＊父を尋ねて

KT 656 少年の知恵で親が一緒になる

むかし、ある女の人が嫁に行きましたが、初夜にうっかりおならをしてしまい、そのせいで、新郎に家を追い出されてしまいました。

女の人は新郎に追い出されはしましたが、子どもを授かりました。そしてこの子が次第に大きくなり十五歳になると、母親に「どうして自分には父親がいないのか」と尋ねました。母親が「いないわけではないけれど、遠い所に行ってしまったのだ」と答えると、子どもは「遠い所とはどこですか、お父さんはどこにいるのですか」としきりに聞いた。

とうとう母親は「実は、お前にこんなことを打ち明けるのも恥ずかしいけれど、私はお前の父さんと結婚して初めての夜におならをしてしまいました。そうしたらお父さんは私を追い出してしまったのです。そしてお前を産んだから、お父さんは家にはいないけど、どこどこの村の何某がお前の父さんですよ」と真実を語りました。

すると息子は、「そうですか、では私がそちらを訪ねてみます」と言って父の村を訪れ、父の家の前

で、ウリの種を買わないかと声を上げました。父親がこれを聞いて「たわけ者め、この寒い師走にウリの種を買ってどうするんだ」と言うので、息子は「これは、植えて三日で食べられるウリの種です」と言いました。父親は「嘘をつくなよ」といってウリの種を買って、植えることにしました。

この子は、ウリの種を植木鉢に植え、その植木鉢を部屋に置いてから、「ところで、このウリの種が三日で食べられるようにするには、一つしてはいけないことがあります。このウリは屁をしない人の家では実りますが、屁をする人の家では実りません」と言いました。息子がそう言うと、父親は思わず「屁をしない人間がどこにいるのか」と言いました。すると、息子はすかさず「父さんは、母さんが初夜に屁をしたといって追い出したではないですか」と反論しました。

こうして、この子は父親と再会したそうです。

（任晳宰　一九七一）

【文献資料】

①任晳宰　一九七一年『韓国民俗総合調査報告書（全北篇）』六八二頁（一九六九年八月十一日に、全羅北道茂朱郡茂豊面県内里で河八元（男・五〇歳）に聞く）（＊『韓国の民俗大系（全羅北道篇）』「父を尋ねて」任東権・竹田旦訳　六八二頁）

②李勲鐘　一九六九年　一七七〜七八頁（一九三〇年に記録）

③任晳宰　一九七一年　第一巻　一四五〜四九頁

④任東権　一九七二年　六四〜六五頁（京畿道華城郡楊甘面松山里で馬貞淑に聞く）（＊『韓国の民話』熊谷治訳　四二〜四三頁）

⑤靑喜雄　一九七〇年　七七頁（一九六七年に忠清北道永同郡で記録）

【話型構成】

Ⅰ．（1）ある寡婦が息子と暮らしていた。（2）息子は母

が嫁にくる日、屁をひったがために父と別れたことを知って、父を探しに出る。(3)父を訪ね、このまくわうりは屁をひらない人が植えると、朝植えて夕方に食べられるといった。(4)父が屁をひらない人がいるもんかと反問するので、そこで少年は父に母のことを思い出させた。(5)父は自分のことを反省し、母を迎え入れた。

**【解説】**

日本各地で聞かれる「金の茄子」（大成522）と同じタイプの話です。

日本の話の場合には、母がおならをして追放される時に「うつろ舟」に乗せられて流されるというモチーフがよく見られます。うつろ舟というのは出口のない舟のことですから、ATU675「怠け者の若者」で「王が父親の分からない子を産んだ王女を樽に入れて海に流す」というモチーフと共通していると言えるかもしれません。「怠け者の若者」の場合は、陸に流れ着いた王女と父親である若者は立派な城を建て、王を招待し、王に非を認めさせることになります。

この「王が非を認め、我が子（王女）を受け入れる」という展開も「金の茄子」と共通していると言えないことはないと思います。

いずれにせよ、これほどよく似た話が、韓国と日本に存在することは、たいへん不思議です。

中国にもわずかながら類話があり、チベットにはこんな話があります。国王の前で屁を放った調理人が、彼を恨む大臣の讒言（ざんげん）により殺されようとします。調理人は国王にむかって、自分は真珠の種を蒔いて真珠のなる樹を育てる技をもっていると訴え、その技を見せるように言われます。調理人は国王の前で真珠の種を蒔くに当たって、生まれてから屁を放ったことのない人間が必要であると王に訴え、王の非を悟らせたという話です。なお、浙江省には屁を放って王宮を追い出された皇后の子供が、王宮に屁の出ない薬を売りに行って国王をやりこめるという話があり、こちらの方がいっそう韓国の話に近くなっています。

【斧原・樋口】

**【話型比較】** 大成522　ATU675　池田707　通観429

# 590 ＊孝行息子とイチゴ

KT 657.1 冬に苺

京畿道の果川という村に、黄さんというとてもよく働く人が暮していた。

ある年の冬、立派な良い郡守が他の村に移ってしまい、かわりに意地悪な郡守が赴任してきた。この新しい郡守は、悪いことなら何でも手を出すひどい郡守だった。農夫たちは、冬は他の季節と違って叺（かます）を織ったり、縄をなったりすること以外にはあまり仕事がないので、村の集会所に集まって、話に花を咲かせていた。

ところで、黄さんは、むかしは裸一貫で貧しかったが一生懸命働いて、今は村でも指折りの金持ちだった。これを知った郡守は、黄さんの財産をどうにかして奪ってやろうと考えた。

そしてある日、悪い郡守は黄さんを呼び寄せた。そして、二日のうちに赤いイチゴを取ってこなければ財産をすべて没収すると告げた。雪が降る冬にイチゴを取ろうと思ってもイチゴはなく、イチゴを持っていかなければすべての財産がなくなってしまうという。

そのために黄さんは病気になってしまった。それを見た黄さんの息子がどうしたのかと尋ねた。黄さ

んが息子にすべて話をすると、息子は心配はいらないと言って、郡守を訪ねていった。郡守はイチゴを持ってきたのかと聞くので、息子は父がイチゴを探している最中に蛇に噛まれたと答えた。すると、郡守はこんな寒い冬に蛇がどこにいるのかと大声で怒鳴った。黄さんの息子は、それなら、この寒い冬に赤いイチゴがどこにあるかと言うと、郡守は何も言えずに黙ってしまった。

（任東権　一九七二）

**【話型構成】**

Ⅰ．（1）ある地方に新任の悪どいウォンニムが赴任してきた。（2）冬のある日、部下に苺を採ってこいと命じたので、その部下は悩んだあげく病気になってしまった。（3）彼の息子がウォンニムを訪ね、父が青大将にかまれ横になっていると告げた。（4）ウォンニムは、冬に青大将がいるもんかと反問すると、息子は、冬に苺があるはずがないでしょうと答えた。（5）それでウォンニムは自分が誤った命令をしたことを反省した。

**【ヴァリアント】**

部下に冬にまくわうりが食べたいという⑤。

**【文献資料】**

①任東権　一九七二年　二一四〜一五頁（一九五五年七月二八日に、江原道平昌郡月精寺で韓氏〔六七歳・女〕に聞く）（＊『韓国の民話』熊谷治訳　一五五〜五六頁）

②任東権　一九七二年　九九〜一〇〇頁（一九五三年七月十五日に、忠清南道唐津郡高大面で姜元植〔十九歳・男〕に聞く）（＊『韓国の民話』熊谷治訳　六九〜七〇頁）

③中村亮平　一九二九年　一五四〜五九頁

④金相徳　一九五九年　四四二〜四五頁

⑤沈宜麟　一九二六年　二四九〜五二頁

⑥朝鮮総督府　一九二四年　二二一〜二二五頁

⑦韓相壽　一九七四年　九四〜九五頁（一九七〇年に忠清北道槐山郡で記録）

【解説】

「冬に苺を探してこい」という難題を課された父を息子が知恵で救う話です。日本でも「継子の苺拾い」（大成213）として知られた話です。

この「冬に苺を拾う」という難題は、紀元前から野生の苺を採取し、それに遅れて栽培もおこなわれていたヨーロッパであればともかく、多雨湿潤な気候で野生種の見られない韓国や日本、さらには中国の話にはふさわしいとはいえません。それにもかかわらず、口頭伝承の話として記録が少なくないのは、マルシャークの戯曲『森は生きている』（一九四三）などの影響で多くの絵本や映画や語りが生み出されたことによると推測されます。

課された難題を孝行な息子や健気な継娘が解決するというタイプの話は、韓国にも日本にもありますから、その難題が近代になって「冬に苺を拾う」に入れ替わったに違いありません。

【樋口】

【話型比較】 大成213　ATU480　池田922　通観192

# 591 ＊チャグルテの話

KT 657.2 草むしり

むかし、むかしのそのむかし、ある所に、作男をして暮らしている人がいました。この作男の妻はとてもきれいでした。

作男の主人の爺さんは、この美しい妻をどうにかして手に入れようと考え、村の座首（李朝時代に各郡に設置した郷庁の長）という自分の地位を利用して、ある日作男を呼び寄せて、「三日の期限を与えるから、昨日お前の妻が畑で取った草の数を間違いなく報告しろ。もし、できなければ、お前の妻は私のものになると思え」と、とんでもないことを言い出しました。

作男はこれを聞いて、どうすることもできず、ただため息をついて嘆くばかりでした。主人の爺さんが憎いので、今すぐにでもこの家を出て行きたいと思いましたが、お金がないので、それもできませんでした。

ところで、この作男には八歳になる息子が一人いました。とても明敏な子どもでした。

この子は父親の嘆く様子を見て、父親に、どうしてそんなに嘆くのかと聞きました。しかし、父親は

何も言いませんでした。「お前にはわからないことだ。あっちに行きなさい」と言いました。しかし、チャグルテという名前の息子は、しきりに話してほしいとせがみました。そこで、しかたなく父親も座首の爺さんが言ったことをすべて話してやりました。これを聞いて、チャグルテは怒りました。

八歳にしかならないのに、チャグルテは「父さん、父さん、心配いりません。私が座首の爺さんのところに行って、話をして来ます」と言うが早いか、座首の爺さんの家に行って、前庭をほうきで掃きはじめました。作男がいつ来るかと首を長くして待っていた座首の爺さんは、チャグルテが庭先を掃いているのを見て、「お前の父親はどうして来ないのだ。なぜ、お前が庭先を掃いているのか」と怒鳴りました。

チャグルテはほうきで掃く手を止めて、「私の父さんは、昨日ロバに乗って山に行きましたが、疲れて帰ってこられませんでした。かわりに私が庭先をほうきで掃いています。ところで、ご主人様、昨日父さんが山へ行く時、ロバは一体、何歩歩いたと思いますか。どうやったら調べられるでしょう」と言いました。

これを聞いた座首の爺さんは腹を立てました。「この生意気小僧め。びっこを引くロバの歩いた数がわかるもんか」と大きな声を張り上げました。

「それでは座首様、どうして父さんが母さんの取った草の数がわかるのでしょうか。座首様はわかりますか」と、チャグルテは言い返しました。座首の爺さんは、この言葉を聞いて、何も言えず、ただ顔を赤らめて黙ってしまいました。

（朴英晩　一九四〇）

【文献資料】
①朴英晩　一九四〇年　四七七～九四頁（一九三五年に平安南道安州で記録）

【話型構成】
Ⅰ．（1）下男の妻がとても美人であった。（2）家主が難題を与え、もし答えられなければ妻を奪うという。（3）下男の息子が、家主に知恵のある質問をして家主の口を閉ざしてしまう。それで下男は危く難を免がれた。

【解説】
これもまた父親に課された難題を息子が解いて父親を救う話です。日本では「殿様と小僧」（大成521）として各地で語られています。日本の話は、「馬にのった侍が百姓に朝から鍬を打って耕した数を尋ね、百姓が答えられないと、代わりに息子が侍の乗った馬の歩数を尋ね返す」「二つに割った饅頭のどちらがうまいかと尋ねたのに対し、両手を打ち鳴らし、どちらの手がなったかと尋ね返す」などという展開が多くみられます。

ヨーロッパを中心に語られる「皇帝と僧院長」（ATU922）も、皇帝の出した難問に僧院長が答えることができず、代わって羊飼いが答える話で、この話と同じタイプです。

中国にも難しい難題に対し農民や子供が答えるという話は、さまざまな形で広く伝わっています。韓国の例話では数え切れない物の数を問う難題に対し、同じように数え切れない物を問うことによって対抗するという趣向ですが、同じような趣向を核とした話は、たとえば新疆ウイグル自治区に住むウイグル族の智慧者エペンディの話にあります。国王に天の星の数を問われたエペンディは、陛下の髭の数ほどと答え、嘘をつけと言われます。これに対してエペンディは、「では星の数を数え、さらに髭の数を数えた上で違っていれば罪を与えて下さい」といって国王を困らせた、という話です。【斧原・樋口】

【話型比較】大成521　池田922　ATU922　丁922　金922

# 592 ＊朴文秀説話

KT 658　子どもから学んだ知恵

朴文秀説話　その一

朴文秀は英祖大王の時、暗行御史として単身朝鮮八道をめぐり、郡守・県監が正しく治められているかをしらべ、民情を視察して大いに内政の改善に尽力した。従って彼についておびただしい挿話が残されているが、いまから彼の失敗談を一つ話してみよう。

朴御史はあるさびしい山路を一人で歩いていた。その時、一人の男があわてて逃げてきて文秀に向かい、「どうか私を隠して下さい。後から私を殺しに悪漢が追って来ますから。私の隠れ場所を教えないで下さい」といいながら、蔵の下に身をかくした。しばらくすると、果たして一人の恐ろしい顔をした男が追いかけてきて、朴御史の眼の前に匕首をつきつけながら、「今ここに逃げてきた男の隠れた場所を教えろ。ぐずぐずしていると貴様の命はないぞ」とおどしたので、さすがの朴御史もこれにはなすべもなく、いたしかたなしに男の隠れ場所を指した。男はもちろん悪漢のために殺されたのである。

その日、朴御史は一日中これがために心をなやんだ。夕方になってある村に入った時、彼は大勢の子供たちが路傍で使道（今の郡守）遊びというものをしているのに出あった。二人の子供が三文の銭を使道の前にさし出して、「この三文を二人に不平のないように分けて下さい」と訴えたが、使道になっている子供にはその判決ができなかった。すると横から他の一人の子供が出てきて、「それはわけのないことだ。さあ、その銭を私に渡せ」といって三文の銭をうけとるや、二文を二人の子供に一文ずつあたえ、残りの一文は自分の巾着に納めながら「これは俺の口銭だ、これで不平はなかろう」といった。

朴文秀は大いに感心して、生まれて初めての失敗である前のできごとをその子供に訴えて、「たとえばこういうことに出あった場合は、どうしたら自分も殺されず可哀想な人も助けることができるだろうか」と訊ねた。すると子供は立ちどころに答えていった、「それは易（やす）いことだ。追われる人を藪の下に隠してやり、己れは盲人のふりをして歩いていればいいではないか」と。さすがの朴御史も、この子供の智慧には感服せざるを得なかったという。

（孫晋泰　一九三〇①）

## 朴文秀説話　その二

朴御史文秀が例の暗行をしていた時のある日のこと、ある村の一書斉（塾）に入ってみると、大勢の書童たちが正に「官員あそび」をしているところであった。

官員に選ばれた一人の子供はきびしそうな顔をして上座に坐り、他の一人の子供が官員の前に進んで

「官員さま、ただいま私は私の持っていた雉を逃がしてしまいました。どうかそれを取り返して下さい」と訴えた。これをきいた朴文秀はひそかに当惑して、「もし私がこんな訴えにあったらどう判決したものであろう」と考えながら、官員になっている子供がこれをなんと判決するかを非常な興味をもって眺めた。すると官員になった子供は「鳥をなくしたのならその鳥はきっと山へ逃げたに相違ない。しからば汝の雉をかくしているものは山である。ではその山をここへ呼び出してまいれ。そうすれば私は雉を返すようにいってやろう」といった。

　これをきいた朴御史は膝を打ってよろこび、官員になった子供の前に進みよりながら彼の奇特（きとく）なることをほめた。するとその子供は色を正し声をはげまして、「何物の無礼者がみだりに官庁に入って官長を侮辱するのだ。この者を捕縛して獄に下ろしてしまえ」と部下に呼令した。官卒なる子供たちはただちに朴御史を捕縛して、これを獄に入れた。その獄というのは塾の片隅にある便所だったのである。

　朴文秀は子供たちのまじめさにつくづく感心して、何らの抵抗もせず、彼らのするがままにされていた。しばらくたつと、官員になっていた子供が獄までたずねてきて、ていねいに礼をしながら「先ほどはとんだ無礼をいたしました。実は、たとえ我々の遊びが子供のたわむれであるにせよ、態度をまじめにし、法を厳守しなければならなかったので、つい尊長（身分の高い人）をしてかかる目にあわさなければならなかった次第でございます」とわびた。

　朴御史はますます感心して彼を京城につれ帰り、わが子同様に学問をさせた。その子供は後、政丞にまでなったという話である。

（孫晋泰　一九三〇②）

【文献資料】

①孫晋泰　一九三〇年　一八八〜九〇頁（一九二三年七月に、慶北安東郡河回里で柳氏から聞く）
②孫晋泰　一九三〇年　一九〇〜九二頁（一九二七年七月二九日に、ソウルで鄭淳哲から聞く）
③鄭寅燮　一九五二年　五四〜五六頁（一九三〇年にソウルで記録）
④任晳宰　一九七一年『韓国民俗総合調査報告書（全北篇）』六四三〜四四頁（一九六九年八月二三日に、全羅北道益山郡金馬面龍脣里で金永益（六六歳・男）に聞く）（＊『韓国の民俗大系（全羅北道篇）』任東権・竹田旦訳　六八四〜八六頁）
⑤李勲鍾　一九六九年　二二一〜二二三頁（一九三〇年に京畿道広州で記録）
⑥李勲鍾　一九六九年　一六〜一八頁（一九五〇年に京畿道広州で記録）
⑦李勲鍾　一九六九年　二二六〜二七頁（一九四〇年に京畿道広州で記録）
⑧李勲鍾　一九六九年　二二四〜二五頁（一九四〇年に京畿道広州で記録）
⑨Eckardt　1928　pp.48-50
⑩金光淳　一九七八年　一二三〜二四頁（一九七六年に慶尚北道大邱で記録）

【話型構成】

Ⅰ．（1）暗行御使の朴が、地方行政を探るため旅に出た。（2）一人の逃亡者が森の中に隠れていたが、絶対居場所を教えるな、と朴にいった。（3）追いかけてきた人は朴を、教えないと殺すと脅したので、やむえず教えた。（4）村の子どもにその話をすると、もしあなたが盲人のふりをしていれば、あなたも助かり隠れた人も生かせたはずですと答えたので、朴は大変感心した。

【ヴァリアント】

鍛冶屋で集めた鉄の破片が将来の事業の基金になった⑤。七歳の子が知恵で牛泥棒を捕える④。家族たちが子どもの話に耳を傾けて暮らしが良くなる⑤。父から追いつめられた子どもが地面に線をひいて、この内側に入った者は犬の子だというと、父はそれ以上追って来なかった⑥。宿に勤めている少年を無視して、逆に少年からいじめられる⑦。母が屁をしたのに、子どもがしたと嘘をつく。

しかし、母の屁だということを知らせる④。父と一緒に市にきたが、父が殺害される。子どもは宿で知恵を働かせ、犯人を捕らえる⑨。

**【古典文献】**

『罷睡録』孔子与七歳児黄鐸問答条
明趙瑜『兒世説』（續説郛巻二三）司馬光條　文彦博條

**【解説】**

朴文秀（一六九一～一七五六）は、英祖（一六九四～一七七六）の時代に判書を務め、右参賛（正二品の高官）として王政の中枢で力をふるった実在の人物ですが、なによりも王の密命をおびて朝鮮王朝の全土をまわり、地方官吏の不正を正した暗行御使として知られています。

しかし実際の朴文秀は、飢饉に苦しむ人びとを救ったり、地方官の不正を正したことは事実ですが、暗行御使に任命されたことはありません。日本の水戸光圀の場合と同じように、伝説が実像を超えて語られる人物で、現在でもドラマやアニメの世界で人気を博しています。

これは、知恵者として知られた朴文秀が幼い子どもに教えられる話で、優れた歌人である西行が歌の問答で子どもや女に負けるという日本の「西行と小僧」（大成527）や「西行と女」（大成528）とよく似た構造をもっています。　【樋口】

**【話型比較】**大成521　池田920A・922

# 593 ＊悪戯息子の知恵

KT 659 悪戯息子の機知

むかし、ある大臣が、自分は家柄といい官職といい、なに一つ不足はなかったが、ただ後継息子を持たぬことが常に苦になっていた。だんだん年を取るので、なんとかしてよい後継息子を得たいものだといろいろ手をつくしたが、なかなか思うような者がいない。そこで、やむをえず、自ら各道を遍歴して、養子となるべきものを捜すことにした。さて、そうなると、大臣の息子捜しの評判は広く伝えられるようになった。大臣は京畿道はもとより、忠清道を経て、今の全羅北道に入ることになった。全羅北道では大臣のお出ましとあって、役人どもはもちろん、子を持つ親は皆、我が子を大臣の養子にと心待ちに待っていた。そして明日はいよいよ大臣の御到着と決まった。

大臣は全羅北道に入ったある日、監司（今の道知事）に命じて附近の子供たちをたくさん集めさせた。見ると、大部分の子供らは大臣の威光におそれ入って、みんな小さくなって、ものを言う者もない。その中にたった一人、こんな晴れの場所にも憚(はばか)る風もなく、隣の子供の頭髪をひっぱったり、足でけった

り、悪戯ばかりしている子がいた。大臣はこれに目を留めて、つくづくとその子供の風貌を見ると、なかなかもって普通の面相ではない。これこそ自分の後を継がすべきものだろうと思い、その子の親に相談して養子にもらうことに決め、京城に連れて帰って良師につけ、まず学問をさせることにした。ところが、一向に勉強をせずに、毎日悪戯ばかりしているので、大臣も困ってしまった。なんとかして外へ遊びに出ないような工夫はないものかと考えたあげく、彼を困らせてやろうと、ある日「一斗の米が幾粒あるか数えてみよ」と命じて、自分はいつもの通り出勤した。いくらいたずら者でも、これなら一日中外へ出るひまはあるまいと考えたのだが、子供は大臣の出勤した後、小使いに命じて、小さな箱を一つと衡（はかり）を用意させておいて、いつものように遊びに出てしまった。

それから夕方、父の大臣の帰るちょっと前ごろを見はからって帰ってきて、小箱いっぱいのお米の数を小使いに数えさせ、また衡にもかけて見て、一斗の米の数を計算し、それを紙に書いて帰ってきた父の前にさしだした。父である大臣はびっくりして、でたらめな数だろうと問いかえしたが、子供は「正しい数です」と答えるばかりであった。あとで大臣は、小使いにこの話を聞いて大いに感心した。

またあるときのこと、ある郡に殺人事件が起こったが、郡守にはその取調べが容易でなく、ついに政府に持ち出した。政府で事件を調べてみると、ある民家で三人の男が死んでいて、一人は胸に傷があり、他の二人はお金を持っている。そしてそのまん中に酒樽が据えてあるというのであるが、他に下手人がいるか、この三人が争ったすえに共死したのか、さっぱり判断がつかない。裁判官も頭をひねるばかりであった。そこで大臣は、このときこそあの子を試してみようと、我が子にこの事件を判断させてみた。すると子供は、なんの造作もなく、「ああ、その人たちは三人とも泥棒です。胸に傷を持ってい

る人は酒を買いにいった者で、その酒に毒を入れて、これをあとの二人に飲ませて殺し、自分一人でお金を取ろうとしたのです。他の二人は酒を買ってきた者を殺して自分ら二人でお金を山分けにしようと、その者を殺した後で、二人で毒が入っているとは知らずに、お酒を飲んだのです」と答えた。それを聞いていた人びとも「なるほどそれはその通りだ」と感心し、それで事件はかたづいた。それからというものは、大臣は我が子を愛することひとかたならず、その子は後には立派な官職につき、その大臣の後継者となったという。

（森川清人　一九四四）

**【文献資料】**

①森川清人　一九四四年　二八〇～八三頁（＊崔仁鶴　一九七四年　二六三～六六頁）

②孫晋泰　一九三〇年　一七一～七二頁（一九二三年八月三日に、慶尚北道漆谷郡倭館で金英奭に聞く）

③任晳宰　一九七一年『韓国民俗総合調査報告書（全北篇）』六四二頁（一九六九年八月一七日に、全羅北道鎮安郡上田面月坪里で朴海充（五九歳・女）に聞く）（＊『韓国の民俗大系（全羅北道篇）』任東権・竹田旦訳　六八二頁）

④鄭寅燮　一九五二年　一八六頁（一九二〇年に慶尚北道軍威で記録）

⑤三輪環　一九一九年　二四六～四八頁

⑥沈宜麟　一九二六年　四二～四八頁

⑦任晳宰　一九七一年　第五巻　四三～五四頁

**【話型構成】**

Ⅰ．大臣が養子を求める（1）ある子どものない大臣が養子を探すために旅をする。（2）悪戯な子どもをみつけて養子に迎え、家庭教師をつけて教育するが、勉強をやらず遊んでばかりいる。

Ⅱ．息子の機知（1）大臣は養子の根性を直すために、難題として一日かかっても果たせない仕事をやらせた。（2）息子は一日中遊んでいて大臣の帰ってくる時分になって難題をやりはじめ、あっという間にかたづけた。

（3）殺人事件が起きて、その処理をめぐって朝廷でも困っていたが、息子がその真相を解いた。

**【解説】**

始末におえない悪戯小僧が、悪戯をくり返しながら難題を解決し、ついには政府の高官に出世する話です。常識にとらわれた普通の人には解決できない問題を、悪戯者（トリックスター）が難なく解決する、典型的なトリックスター話です。

森川清人が記録したこの話では、前半部で悪戯小僧が大臣の目にとまり、悪戯をくり返しながら「一斗の米の米粒の数を数えろ」という難題を解き、後半部では「三人の男の怪死事件」を解決する話が、一つの話にまとめられていますが、二つのエピソードは独立した話として語られることもあり、しかも後半の謎解き話の主人公は、必ずしも悪戯小僧とは限らないようです。たとえば、任晳宰は全羅北道鎮安郡で前半部のみの話を聞き、孫晋泰は慶尚北道漆谷郡で後半のみの話を記録しています。

二つの話は、韓国の各地でよく知られた謎解き話で、それが一つのトリックスターの出世話にまとめられることがあったと考える方がよさそうです。【樋口】

**【話型比較】** 大成206・521・626B　ATU921・922・879・922A

# 594 *誰の息子

KT 660 誰の息子

むかし、ある男が結婚して何年にもなるのに、子どもができなかった。しかし、妻に変ったことはないので、どうやら男に問題があるようだ。しかし、男はこのまま一生を送るわけにもいかないと考えて、ある時、妻に打ち明けた。

「私に罪が多くて、こんなことになったが、私には覚悟はできている。お前さえよければ、どこかで種を借りよう」。妻は反対したが、男は粘り強く説得して、最後には妻も納得した。

男は、親しい友人の中で、たくましくて、元気があって、子どもがたくさんいる人を選び、酒でもてなして事情を訴えた。友人も始めは難色を示していたが、やはり最後には承諾した。もちろん、一生、いや永遠に秘密を守らなければならないと堅く念を押した。

そして子どもができて、十ヵ月たって生まれたのは息子だった。夫婦は喜んで、息子を大切に育て、その年も十九になった。

ところで、種を貸してくれた友人はというと、自分の子どもがどうも気に入らない。自分の幼いころ

のことはちっとも考えず、子どもたちに不満を募らせていた。そしてたまたま友人の家の前を通ったり立ち寄ったりすると、その家の息子がとても賢くみえた。

そして友人は、あの子はおれの子を全部合わせたよりも優れていると思いはじめた。

それから、この友人は密かに企みを抱くようになり、結局訴訟になって官庁の判断を待つ事になった。

「私の息子だから返してくれ」という男の言い分を聞いて、郡守はあきれてものが言えなかった。二人は、いかにも親しい間柄であるようだし、もし訴訟の内容が事実だとしても、どう判決を下せばいいのだろうか。

どうせ互いに恥をかいたあげくの話だから、こうなった以上はと、当事者の子どもを呼び寄せた。

「お前も物の判断のつく年頃だから、物事の道理は分かるだろう。今、お前の父親たちの間で、こういうことになって、郡守の私もとても困っている。お前の言い分を一度、聞いてみたいと思い、呼び寄せたのだ」

少年はしばらく考えてから、「恐縮ですが、他の話を一ついたしますので、話が逸れても、あまり咎めないでください」とゆっくり口を開いた。

むかし二人の農夫がいました。一人は苗が残っていたのに、あとの一人は田に肥やしをやり耕したのに苗がありませんでした。それで、友達のところに行って苗を分けてほしいと言ったところ、快く残った苗を分けてくれました。田の持ち主は喜んで、その苗を持ち帰って植え手厚く育てました。土壌もよく、精魂こめて育てたのですぐに刈り入れができるようになりました。ところが、苗を分けてやった農

夫は農事を怠けたので、友人の田の方がはるかに出来がいいのを見て、あれはうちの苗だから、その稲は私のものだ。だから返しなさい、と言ったのです」

郡守はその話を聞くと満面に笑みを浮かべ、不当な願いを抱いた被告をよく諭して返し、少年を自分の娘の聟にして、学ぶ機会を十分に与え、高い地位にまで出世させたそうです。

（李勲鐘　一九六九）

**【文献資料】**

①李勲鐘　一九六九年　一七五～七七頁（一九六〇年に京畿道広州で記録）

**【話型構成】**

Ⅰ．子を得るため。(1) 子どものない男が妻の諒解を得て、隣の男を呼んで妻と同衾させた。(2) 相当な報酬を与えて、世には絶対に秘密にした。(3) やがて子がうまれ、成長するにつれ立派な少年になった。

Ⅱ．隣りの男の野心。(1) ところが、隣りの男は自分の子どもたちには利口な者が一人もいないので、その子が欲しくなった。(2) それで約束を破り、自分の子だから返してほしいと迫った。

Ⅲ．少年の判断。(1) ついに裁判にかけられ、両方の言い分を聞いた裁判官も判決に迷って、少年を呼んで意見をきくことにした。(2) 少年は、たとえ話を用い、隣りの男の不当を指摘した。(3) 裁判官はその子がとても利口なので自分の聟に迎え、勉強させた。

**【解説】**

父系家族制度に縛られた朝鮮王朝時代の一面を示す昔話の一つです。韓国の社会では、つい一世代前まで、子を産めない女性は「石女（うまずめ）」と呼ばれ、女としての資格がなく、離婚の対象にもなりました。族譜という男子相続の系譜を絶対とする伝統社会では、女性は嫁に行けば男子を出産し、婚家の父系の家系を継承させる責任を課せられていたのです。

この話は、父が自らの逆境を母の協力で克服し、なお

ふりかかる難題を息子が知恵で解決し、その知恵を為政者である郡守に認められて出世するという、きわめて韓国的な物語です。【樋口】

## 595
## ＊不貞な兄嫁を殺した少年

KT 661　不貞な兄嫁を殺した少年

むかし、金先達が暗行御使になって、各地方に旅をした。

ある日、日が暮れ、大きな瓦ぶきの家に泊めてもらうつもりで訪ねたら、きれいな女の人が出てきて、金先達を親切に迎え、舎廊房に案内してくれた。ちょうどそのとき、七歳ぐらいの少年が書堂から帰ってきて、家の中にいる奉公人たちを皆庭に寄せ集めると、まるで大人のするように一人一人の仕事を指図した。金先達が見たところ、少年はとても知恵と機知があるようであった。そこで、金先達はその少年に気がひかれ、もっと様子をみるつもりでさらに数日、その家に泊まることにした。

　すると少年は、深夜になるとそっと外に出て行った。毎日同じ時間に出て行った。金先達が、そっと気づかれぬよう後からついて行くと、少年は寡婦となった兄嫁が寺の僧と密会するのを秘かにうかがい、見届けてから家に戻った。彼は毎晩、兄の嫁の行動を監視していたのだ。

　そしてある日、少年が金先達の部屋に入ってきて、「すみませんが、わが家に泊まっているご縁で一つお願いがあります」といった。

「なんのお願いですか。私にできることなら協力いたしましょう」

　少年は紙と筆をとり出して、「この紙にわたしの兄の嫁が烈女であると書いてください」という。金先達は断わるわけにもいかないので、すぐいうとおりに書いてあげた。すると少年は、「ありがとうございます。ではここに先生の印を押してください」と追いかけるようにいった。金先達は内心、これは困ったと思った。

「先生、なにをぐずぐずなさいますか。先生の身分はすでに存じております。早く印を押してください」とせき立てるので、金先達は、「しかし、理由も知らずに印を押すわけにはいきません。これをどうするつもりですか」と問うと、少年は、「心配ありません。先生には迷惑はおかけしません。すぐ決着がつきますから、わけはじきに知れます」

　金先達はやむをえず印を押してやった。それから少年は夜になって、また姪僧と兄の嫁が悪行する現場にかけつけた。そして、鋭い剣で兄嫁を殺した。

　家人も村の人たちも、彼女が悪人に殺されたものと思った。少年は急いで葬式をおこない、墓の前には、金先達の印が押された烈女の高札が立てられた。

葬式を終え、宴会が催されたが、少年はわざと奉公人たちに、乞食たちにはなにがあっても絶対飲食を与えないように厳命した。葬式や宴会があれば、噂を聞いて乞食たちが方々から駆けつけて来るのがあたりまえで、この家にも数多くの乞食たちが集まってきた。しかし、家人が飲食を与えないと乞食たちはさんざん怒りちらし、ついに彼らはこの家に火をつけた。あっという間に大きな家が灰になり、少年はそのすきに必要な道具だけを持って、金先達と一緒に旅に出た。乞食たちは家を焼いても怒りがおさまらず、墓地に駆けつけると、少年の兄嫁の墓をこわし、さらに烈女の高札を火中に投じてしまった。

少年は金先達と旅をつづけ、やがて都に出て出世をした。

（崔仁鶴　一九八〇）

**【文献資料】**

①崔仁鶴　一九八〇年B　一八五～八七頁（一九七三年十月に、慶尚南道統営で金牲支〔男・五十七歳〕に聞く）

②金光淳　一九七八年　三四～三五頁（一九七六年に慶尚北道大邱で記録）

**【話型構成】**

Ⅰ．金先達と少年。（1）金先達が暗行御使になって旅をしているとき、ある大きな家に泊まった。（2）七歳になった少年が書堂から帰ってくると、下男下女を集め大人のように一人一人仕事をやらせた。（3）ある日少年は金先達に、紙に烈女と書いて印を押してくれと頼んだので、訳も知らずに要求通りにしてあげた。

Ⅱ．兄嫁の不貞。（1）やもめになった兄嫁が姪僧と毎夜悪行をした。（2）ある日少年は、兄嫁を殺して葬式を済ませ、墓前に烈女と書いた紙を貼っておいた。（3）村の人たちはやもめが夫のあとを追って自殺したのだから烈女だと噂した。

Ⅲ．少年の計画。（1）葬式がすみ、宴会を開いた。多勢の乞食がやってきたが、少年は乞食たちに飲食を与えな

かった。（2）乞食たちは腹を立て、墓に行って烈女碑を引き抜いて焼き捨てた。（3）少年は金先達について旅に出た。

【解説】

「鳳伊・金先達とその父親」（KT653・1）や「大同江を売りわたす」（KT670）で知られた金先達が暗行御使として登場する話です。暗行御使は、韓国の昔話や伝説の定番のヒーローですから、狡猾な知恵者である金先達が、庶民の語りの世界で、実在の朴文秀とならんでいかに人気を博していたかが分かります。

若くして寡婦となった女性が、逼塞させられて禁忌を破り僧と通じるという「淫婦と淫僧」、それを処罰し、家門の恥を隠すために「烈女」に仕立てあげた少年の知恵を称揚する朝鮮王朝の倫理の裏と表・光と闇をみごとに暴く話です。

この話で最も注目に値するのは、陰惨な殺人劇を一挙に無に帰す乞食の存在です。おそらくは盛大におこなわれたであろう葬儀の後には、施餓鬼のように、路頭に迷い苦しむ衆生に、死者の供養と魂の救済のために食べ物や飲み物をふるまうことが慣わしとされていたのでしょう。施餓鬼を受ける乞食の側も、それを当然の権利として、施主の非道を訴え、暴力によって全てを跡形もなく葬ってしまうのです。

【樋口】

# 596＊親を捨てた男

KT 662　親を山に捨てる

むかし、あるところに親不孝な男が住んでいた。この男は年が行ってから結婚をした。そして一人の息子が生まれた。いよいよ父親が六〇歳になって、体が衰え働けなくなった。むかし、人が六〇歳になると、山の中に捨ててくるという悪いしきたりがあった。親不孝な男は、仕事を手伝うこともできない父親を山の中に捨てようと思った。

それである日、男は自分の息子を呼んできて、「牛小舎にある古いチゲ(背負子)を持ってこい」と言いつけた。息子は新しいチゲがあるのに、父がわざと古いチゲを持ってくるようにと言うのが変だと思った。男は老いた父親を古いチゲで背負って行き、山の中で父と一緒にチゲも捨ててくるつもりだった。

息子が古いチゲを持ってくると、男は病気にかかっている父親をチゲへ乗せ、わきを縛りつけた。息子は「かわいそうなお爺さん」と思ったが、どうしようもなかった。

男は父親を乗せたチゲを背負って深い山の中に入った。息子も後について行った。息子は山へ登りながら、なんとかお爺さんを助ける方法はないものかと考えた。いよいよ目的地についた男は、たくさん

の食物を父に与え、チゲとともに父を捨てて帰ろうとした。
ところがその時、息子が捨てられたチゲを拾って背負ったので、男は怒って、「そんなものは持って帰るのではない」と言った。すると息子は、「お父さん、お父さんが年を取ったら、私もまたこのチゲを担いでお父さんを捨てようと思います」と言った。
父は、「息子の言うとおり、いつかわしも山に捨てられる身になるんだな」と考えると、身につまされた。男は息子の言葉に心を動かされて、捨てた父を再びチゲに乗せ、家に連れて帰った。

（崔仁鶴　一九七四）

**【文献資料】**

①崔仁鶴　一九七四年　二六六～六七頁（一九六八年に、慶尚北道金泉市で、林鳳順〔五八歳〕に聞く）
②崔仁鶴ほか　一九七〇年　第一巻　二〇七～一一頁
③鄭寅燮　一九五二年　一八六頁（一九一六年に忠清南道温陽で記録）
④孫晋泰　一九三〇年　三九～四〇頁（一九二一年十一月、全羅北道全州郡完山町で柳春燮に聞く）
⑤沈宜麟　一九二六年　一四七～五〇頁
⑥中村亮平　一九二九年　一〇六～一一頁
⑦金相徳　一九五九年　一六二～六六頁
⑧三輪環　一九一九年　二三〇～三二頁
⑨崔来沃　一九七九年　二六〇～六一頁（一九七八年に全羅北道全州で記録）
⑩任晳宰　一九七一年『韓国民俗総合調査報告書（全北篇）』六〇九頁（一九六九年八月十六日に、全羅北道鎮安郡上田面月坪里梧桐部落で張師玉〔三六歳〕に聞く）（＊『韓国の民俗大系（全羅北道篇）』任東権・竹田旦訳　六四三～四四頁）
⑪朝鮮総督府　一一〇～一六頁

**【話型構成】**

Ⅰ．（1）ある男が年が六〇になった父を背負子に乗せ、

山に運んで行って捨てた。(2)一緒について行った息子が背負子を拾って持ってこようとした。(3)男がその背負子は爺さんと一緒に捨ててゆくのだというと、子どもは、父さんも老けたらこれに乗せて捨てようと思うので持って帰りますといった。(4)男は子どもの話で反省し、父を家に連れてきてよく孝行した。

**【ヴァリアント】**

父が病気になった。親不孝な息子が自分の息子に爺を捨ててこいという。息子は父のいう通り爺を川の岸に置いて、背負子だけを持ち帰った⑤。八十歳の婆を背負子に乗せ、山に行って捨てたが、息子の機転で連れ帰り、以後、高麗葬はなくなった⑩。

**【古典文献】**

『雑宝蔵経』巻一（高麗版大蔵経）棄老国縁条、巻二　波羅奈国有一長者共天神感王行孝縁条

**【解説】**

韓国には古くから高麗葬といわれる葬制がありました。これは、働く力のなくなった親を山に運んで、ある程度の食料とともに遺棄する習慣です。財力がある場合には、墓を大きく建て、その中で命が絶えるまで生活ができるように生活必需品を入れておくこともあったようです。任晳宰が全羅北道の鎮安で記録した話は、老母を捨てようとした父母が息子の言葉で思いなおし、老母を連れ帰り、この時から高麗葬がなくなったという起源譚になっています。

また崔仁鶴が幼いころに同じ話者から聞かされた話には、その後、郡守から難題が出され困っていると、老母が難題を解き一家を救うという後半があったそうです。これは、日本によく見られる話で、日本の話でも、その時から為政者が老人の知恵の大切さに気づき「親捨て」の習慣がなくなったと語るのが一般です。

この話は日本でいう「姥棄て山・畚（モッコ）型」（大成523C）に該当しますが、中国では『敦煌変文』の孫元覚、『孝子伝』（『太平御覧』所引）の原谷の物語として古くから知られており、昔話としても全国に広く伝わっています。また姥棄ての話ではなく、義母がその母のために汚い食器を用いていることを知った息子の嫁が、その椀を故意

に割り、お義母さんに使うはずのものを割ってしまったとつぶやいて、義母を改心させるという話（丁980A、金980B）も広く伝わっています。【斧原・樋口】

【話型比較】大成523A・523C　ATU981　池田981　Eberhard 201　金980

# 597 ＊大臣の息子と書堂先生

KT 663　大臣の息子と家庭教師

むかし、独り子を持った偉い大臣が住んでいた。この大臣はだいじな独り子の教育のために書堂の先生を一人雇うことにした。ところが、雇われた書堂の先生というのは、知識と学問はあるけれども、顔から受ける印象がとても悪く、初日から大臣の屋敷に勤める家来や手伝いの人びとから皮肉られる的となった。その顔というのは、目は片目、鼻は一方にかたむいているというありさまであった。しかし息子だけは、自分の先生として尊敬していたので、皮肉を言う家来や手伝いの人びとを、なんとかしてや

めさせなければいけないと思った。それで、彼らを一度ひどい目にあわせようとたくらんだ。

ある日、息子はこっそりと台所に忍びこんで大臣の銀の匙を持ち出し、ある所に隠しておいてから、先生だけにこっそり教えてあげた。しばらくすると台所は大騒ぎになった。大臣様の銀の匙をなくしたので、ひどい目にあわされるのはいうまでもないが、不思議なことにいくら捜してもみつからない。家来や手伝いの人達が総動員で、何時間もなくなった銀の匙を捜していた。そこへ息子が現れ、そしらぬ顔をして、「なにを騒いでいるの」と聞いた。すると厨房長が、「大変なことになりました。実は、大臣様の銀の匙をなくしてしまいまして、今捜しています」と答えた。息子は、「ほう、それはとても大変なことだ。死刑にされるぞ。しかし、うちの先生はなにもかもよく知っているから、一度行って占ってもらったらどうか」といった。実は少し前まで、先生を人間扱いしていなかった彼らではあったが、事情がここまでくると心が変わった。やがて、彼らは先生の前に現れ、深くおじぎをして、事件の内容を報告しながら占ってくれるよう申し出た。先生は、しばらく考えるふりをして、「あまり遠くではない。東南方向だから、井戸の近所だな。井戸の近所に石が置いてあるか」と聞いた。すると厨房長以下皆は、「はい大きい石が一つあります」と答えた。「ではその石の隅を捜してごらん」と占いをしてあげた。皆が言われた場所に行ってみると、果たして、大臣の銀の匙があった。それからは、大臣の屋敷にいる人はいかなる人でも、先生を尊敬するようになった。

それればかりか、先生の占いは間違いなく当たるといううわさが広がった。ある日、中国では王様の玉璽(ぎょくじ)が消え大騒ぎになった。その玉璽がなければ王様はその位を退かなければならないのである。そういうわけで中国の有名な占い師を呼び寄せ占わせてみたが、一つも当たったものがなかった。こうなると

隣国である我が国まで影響が及んで、一流の占い師をよこして欲しいとの通知がきた。朝廷では国の名誉にもかかわることなので、慎重に人選をしなければならない中で、選ばれたのが大臣の独り子の先生であった。書堂の先生は、とんでもないことだと断った。先日の大臣の銀の匙を捜したのも、大臣の息子がたくらんだことで、実際は占いをしたわけではないと、正直に申し出ようとした。しかし、息子は先生に耳打ちで何かをしゃべった。すると先生も納得がいったのか、うってかわったように中国へ国の代表として行くことを承知した。

やがて書堂の先生は中国に着き、国賓としてのもてなしを受けた。中国の王様も、「ようこそいらっしゃいました。なにとぞ玉璽をお捜し下さいませ」と頼むありさまであった。先生は自信満々に、「ご心配無用でございます。三ヵ月のひまさえ下さればきっと捜してあげましょう」と答えた。それからは、毎日立派な料理にお酒と充分なもてなしを受けた。ところである日、王様と大臣たちの前で占いをするふりをした先生は、突然声をおとして「困ったことになった」と独り言をいった。そばにいた大臣が「なにごとですか」と聞くので、「実は昨夜、我が家に火災があって皆灰になりました」と答えた。すると皆はびっくりして、「そんなに遠いあなたの国のことまでご存知なのですか」と言うので、先生は、「なにをおっしゃいますか。そのぐらいも分からなければ、いかにして中国まで来られたでしょう」と答えた。しかし、慎重な王様は疑わしい点もないことはないと思って朝鮮に使臣を遣わし、事実を確かめさせた。そしてその使臣が帰ってきて王様に報告するには、「全くその通りでございます。この目で焼かれた場所を確認して参りました」といった。こうなると書堂先生の名声は中国の至るところまでうわさになり、広まった。天下一の占い師となった書堂先生は、心配ごと一つなく毎日飲んで食べて暮ら

した。三ヵ月という約束の期間は、もういくらも残っていなかった。一方、先生の有名な占いについては、うわさにうわさが広がるうち、なにもかも、たとえば過去のことはもちろん、一千年先のことも予言できるとさえ伝えられた。このくらいうわさが広がると、実際その玉璽を盗んだ泥棒もだまってはいられなかった。

明日がちょうど約束の三ヵ月になる日であった。泥棒は、「あしたはあの有名な占い師が俺を指名するに間違いない」と考えた。それで夜中、ひそかに書堂先生のところへ忍びこんできた。そしてひざまずいて、「先生、なにとぞ命だけは助けて下さいませ」と罪を告白した。このとき、先生は「計画通りうまくいったな」と思って、「わしはな、すでにお前だということを知っていた。しかしお前が自ら白状するまで待っていたのだ。そして、あしたお前の名を王様に報告するつもりだったが、自白したんだから命だけは救ってあげよう」と言った。泥棒はうれしくなって、「どうもありがとうございます。玉璽は宮廷の池の中にございます」と言うと、書堂先生は、「お前が言わなくともちゃんと知っている。今後は絶対そんなことをやったらいかんぞ」と念を押して帰らせた。

さてあくる日、王様の前に立った書堂先生は、王様から「いかがでしたか、玉璽は捜せましたか」と問われると、「ご心配は無用でございます。しかし一つお願いがありますが」と答えた。「盗んだ者の名は絶対に聞いてはいけません」と言って、宮廷の池の水をみんな汲み出すよう命じた。王様と大臣たちが眺めているところで作業が進んだ。やがて、玉璽が池の底から現れた。

中国の王様の玉璽を捜してあげて国に帰ってきた占い先生は、ごほうびもたくさんもらい、大金持ちになって幸せに暮らすことができた。しかしあまりにも有名になったので、国からも民間からも訪ねて

くる人が多くなるに相違ないと思って、心配をしていたら、また例の大臣の息子が一つの知恵を貸してくれた。それで一ヵ月ぐらい書堂先生は重病のふりをして、誰の面会も断わった。その後は、重病のため精神が傷められたのでもう占いはできないと断わった。これがまたうわさになって、本当に訪ねてくる人もなくなり、あとは幸せに暮らすことができた。

（崔仁鶴　一九七四）

【文献資料】

①崔仁鶴　一九七四年　二五八～六三頁（一九六〇年に、慶尚北道金泉市で林鳳順〔五〇歳〕に聞く）
②崔仁鶴ほか　『韓国伝来童話全集三』　一九七〇年　第三巻　六二～七三頁
③金素雲　一九五五年　二一五～二九頁
④張徳順ほか　一九七〇年　二七〇～七四頁
⑤高橋亨　一九一〇年　四九～五六頁
⑥朴英晩　一九四〇年　一四九～五七頁（一九三五年に平安南道平原で記録）
⑦李相魯　一九六二年　一三三～四二頁
⑧任東権　一九七二年　一一三～一五頁（忠清北道報恩郡三升面元南面で兪享植に聞く）（＊『韓国の民話』熊谷治訳七九～八一頁）
⑨沈宜鱗　一九二六年　一二三～二九頁
⑩朝鮮総督府　一九二四年　六一～六八頁
⑪山崎日城　一九二〇年　八一～八六頁

【話型構成】

Ⅰ．いじめられる教師を助ける。（1）大臣の息子の家庭教師があまりにもみにくい顔なので、家の下僕たちにまでも無視されていた。（2）大臣の息子は、自分の師の権威を回復させるため、師と組んで貴重な大臣の銀匙と箸を隠しておいた。（3）屋敷内は大騒ぎになった。困っていると、大臣の息子は、先生にうかがってごらんといった。（4）彼らは先生に頭を下げた。先生は占うふりをして隠し場所を教えてあげた。それ以来先生を尊敬するようになった。

Ⅱ．先生が中国に派遣される。⑴中国皇帝の玉璽が盗まれたので、占いの名人にしたてられた家庭教師が派遣された。⑵大臣の息子は、家庭教師とまたなにかをたくらんでおいた。⑶約束した日に大臣の息子は、火災を起こした。同じ時間に中国にいた先生は、火災のことを皇帝に知らせた。⑷皇帝は使いをよこして確かめたところ事実だとわかった。⑸こうして先生は一躍有名になったので、ある晩、犯人が現れ、玉璽は返すから命だけは助けてくれと頼んできた。⑹無事使命を果たして国に帰ってきた先生は、また大臣の息子の指図で、病気で占うことができなくなったという噂を広げ、以来安心して暮らすようになった。

【ヴァリアント】

貧しい少年と金持ちの少年がいた。金持ちの少年が銀匙と箸を隠しておいて、貧しい少年が探し出すように仕組んで助ける。その後ある大臣が彼の占いを確かめようとして、箱の中にあるものをあててみろというのであてる。多くのほうびをもらう⑤。

家庭教師が下女を愛する。ある日、教師が主人の息子をむちで打とうとすると、下女との関係を自分が責任をもってうまく処理するからといってむちを免れる。銀匙と箸を忘れた下女が先生の妻になることを条件に先生が占うふりをし、探し出してあげる⑪。

【解説】

大臣の息子が、家庭教師の先生を助ける話ですが、「物知り博士」（ATU1641）として世界中に広く分布する笑い話が核になっています。「物知り博士」は、たとえばグリム兄弟が一八一三年六月十三日にヘッセン州のバウナタールで記録した話の場合は、「貧しい百姓が博士の服を買って『物知り博士』と名乗り、金持ちの盗まれた金を取り戻して礼金をもらい、金を盗んだ泥棒からも礼金をせしめて豊かな生活をおくる」という展開ですが、盗人を探し出す手口は同じです。

日本の「嘘八卦」（626A）や「遠国の火事」（626C）などの類話も、全国各地に広く知られ、広島県安芸郡の話では、貧乏な爺が「昼ごろ、家に火をつけるように」と言い残して大阪に行き、遠国の大阪で家が焼けた臭いがするといって千両を賭けて金を儲けた後、呉服屋で金

の簪がなくなったのを見つけると約束をして、犯人の女中の自白を引き出して褒美を得るなど、嘘の占いをくり返します。

中国にも全土にわたって類話は広がっています。湖北省の類話では、主人公は金蛙という男になっています。彼は兄嫁の服を隠しておき、自分が占いで探し出したように見せかけます。占いの力があると思われた金蛙は、盗まれた大金のありかを占うために、県官に呼び出されます。金蛙は少したってから家に火をつけるよう兄嫁に頼み、旅の途中で家が火事だといって帰ります。これを見た二人の使いは驚いて自分たちが金を盗んだと自白し、金蛙の手柄になります。今度は皇帝の玉璽が盗まれ、金蛙が占うことになります。金蛙の独り言を聞いていた犯人が、自分の名前を言い当てられたと思い自首します。皇帝は金蛙を聟にしますが、彼の力を試そうとした公主は、盆の中の物を当てさせます。困った金蛙は自分の名前を呼んで嘆きますが、盆の中に入っていたのは金の蛙でした。類話はチベットの『屍鬼物語』に「豚の頭をもった占い師」があり、モンゴルの『シッディ・クール』にも同様の話があります。

【斧原・樋口】

【話型比較】大成626A・626C・ATU1641
Eberhard 190　丁1641　金1641

# 598＊花嫁候補の顔を見るのに成功

KT 664　花嫁候補の顔を見ることに成功

鰲城（オソン）大監は十二歳で結婚することになったのだが、結婚前に、一度、花嫁の顔が見たくて、蟹を買って、花嫁の家に行った。娘たちは皆その場を避けた。鰲城は娘の母親の部屋へ行き、挨拶をしてから、蟹を進上した。母親は、それを受け取ろうとして、蟹の爪にはさまれて悲鳴をあげた。するとその場に娘が駆けつけてきた。

おかげで、鰲城は花嫁の顔を見ることができた。

（崔仁鶴　未発表）

**【文献資料】**

①崔仁鶴（一九七三年九月に、全羅南道求礼郡で朴海斗〔七八歳・男〕に聞く）

**【話型構成】**

Ⅰ．（1）鰲城大監が十二のときに結婚するが、花嫁の顔がぜひ見たくて蟹を買って花嫁の家を訪ねた。（2）鰲城は花嫁の母に挨拶をして密かに蟹を逃がしてやった。（3）母は蟹をつかもうとしてかまれ、大声を出した。（4）すると娘がとんできたので、鰲城は花嫁の顔を事前

に見ることができた。

**【解説】**

これも、鰲城大監の名で知られる朝鮮王朝の名宰相・李恒福（一五五六〜一六一八）の逸話です。伝統社会における婚姻の仕来りでは、新郎と新婦は結婚の当日までお互いの顔を合わせることはありませんでした。年若い鰲城が知恵を働かせてその仕来りを破り、みごとに将来の伴侶の姿を事前に知ることに成功したというのです。

わずか十二歳の鰲城が結婚するというのも奇妙に思われますが、これもやはり当時の婚姻の慣習で、名家であればあるほど継子の必要を優先し、男子の早婚を奨励したことの帰結です。　【樋口】

# 599 ＊これでも見て行ってください

鰲城（オソン）大監が、まだ十二歳の時のことである。その当時の少年たちは、前を開いて中の見えるパジ（ズボン）をはき、その上に外套を羽織っていた。鰲城は挨拶にきた花嫁の親の前で、丁寧なお辞儀をしてから、外套を脱いでパジをかき分けて、両足を伸ばし、「さあ、これでも見て行ってください」といった。

（崔仁鶴　未発表）

**【文献資料】**

①崔仁鶴（一九七三年九月に、全羅南道求礼郡で朴海斗〔七八歳・男〕に聞く）

**【話型構成】**

Ⅰ．（1）鰲城大監がまだ十二の時である。当時の少年たちは前を開くと中が見えるズボンをはいて、その上に胴衣を着た。（2）花嫁の実家の親が鰲城をみにきた。鰲城は挨拶をした後に胴衣をあけ、両脚の間を開いてみせながら「これでも見て行きなさい」といった。

**【解説】**

KT 665　これでも見て行きなさい

これもまた才気あふれ、また豪快（ごうかい）であったと伝えられる鰲城・李桓福（一五五六〜一六一八）の少年時代のエピソードです。現在であれば、ただの露出癖として忌避されるところですが、近年までの韓国・朝鮮社会では、男子には「男らしさ」や「気っぷのよさ」が求められてきました。

従って、この話もまたわずか十二歳の少年でありながら、男子としての豪儀な性格を示した大器鰲城の逸話として歓迎されたものと思われます。韓国流の「栴檀は双葉より芳し」という話です。　【樋口】

## 600 ＊悪戯三番目息子

KT 666　悪戯な三番目の息子

むかし、三兄弟がいたが、上の二人は性格もおとなしいうえに勉強にも励み、やがて科挙試験を受ける準備をしていた。ところが三番目の末子は悪戯好きで、勉強そっちのけで毎日遊んでばかり、親に心配をかけていた。そのために父親は上の二人をかわいがり、末子はきらっていた。

ある日、父は二人の息子を連れて都にのぼり科挙試験を受けさせることにした。しかし、悪戯な三番目の息子がついてくると具合が悪いと思って、なんとか末子に気づかれず秘かに行く方法を考えていた。そこで上の二人の子に秘かに旅の仕度をさせ、夜明けに三人は家を出た。ところがしばらく歩いて後を振りむくと、末子が向こうの方から追ってくる。三人は急いで歩いたが、末子はしつこく追ってきた。末子はつかず離れず、こちらが速度を落とすとゆっくりと、こちらが急げば自分も急ぎ足で歩くといった調子で追ってきた。

父はしようがない奴だと諦め、末子のことは忘れ、ただ足を運んだ。そして、とある木蔭でひと休みしようと足を止め腰をおろした。すると末子もそばまできて腰をかけた。このとき父がふと一つの問題を思い出して上の子に聞いた。それは、「日なたの松の木は萎びているのに、日かげの松の木はなぜおい繁っているのか」という問題であった。上の子二人は、「父上、それはもちろん、日なたは陽が当たるので水分が乾いて干上がってしまい、日かげは水分がたっぷりあるからおい繁るのでありましょう」と答えた。

父は、「なるほど」と、その答えが正しいことに満足していた。ところが、これまで口を閉じていた末子が兄たちの答えを耳にしたのか横槍を入れた。「とんでもない。そんなでたらめな答えがあるもんか。ではなぜ、日なたにある髪の毛はまっすぐ伸びているのに、日かげにある陰毛はちぢれているのですか」と反問した。父は末子の言い分にも、なるほど、と考えた。しかし、今になって末子が正しいというわけにもいかないので、知らんぷりをして旅をつづけた。

やがて都に着いた。あるところまで来ると立て札が立っていて、大勢の人がとり囲んで読んでいた。

三父子もそばに行って立て札に書いてある文を読んだ。

「今回、科挙に応じようとする者は、いかなる者でもどこそこにあるなんという宿に泊まるがよい。その宿の主との間で三つの謎を互いに出し合い正しい答えをした者に限り、科挙に応じる資格を与える」と書かれていた。三父子はやむをえず明示された場所を訪ねた。末子も後について行った。しかし、末子は旅費がなかったので、宿の中には入れず、門外に坐りこんだ。

しばらくたつと宿の主が現れ、「おまえさんはなに者だ」と聞いた。末子は即座に、「私は、今、この門を通って中に入りますか、入りませんか」と宿の主に問うた。あわてた宿の主は、〈これは並大抵の子ではない。入るといえば入らない。入らないといえば入るだろう。いずれに答えても間違いとなるのは明らかだ〉と考えて、「それでは入ってこい」といった。そのおかげで末子は銭もなく部屋に入ることができた。そして喉が乾いたので水を一杯頼んだ。末子は水の器を手にすると、また宿の主に向かって「私はこの水を飲みますか、あるいは飲みませんか」と問うた。それも前と同じ質問で、いずれに答えても相手の出方によって間違いになった。宿の主はあきれて、それには答えず、「よし、おれの負けだ、だが今度はおれが質問を出す。この家の後に石の仏像が立っている。ところがその石仏の耳からうみが出てきてこまっているんだ。なにをつけたら治るだろうか」と、宿の主は先の二度にわたって負けたので、難題を出して困らせようとした。これまでにこの難題を解いた者はいなかった。

末子はしばらく考えるふりをしていたが、ふと思いついたような様子で、「それは問題ありません。五、六月に藁の先に凍りついたツララ（氷柱）を取ってきて、その耳につけたら治ります」と、落ちつきはらった様子で答えた。

びっくりした宿の主は、「とんでもない。五、六月に凍るツララがあるもんか」と反論すると、末子はその答えを待ちかまえたかのように「そのとおり、石仏の耳からうみがでるというそんなでたらめな話があるもんですか」と、逆手にとって、結局宿の主の負けとなり、ついに科挙に応じる資格を与えた。

しかし、兄たちの方も盛んに討論をしているさなかであった。末子は隣りの部屋に泊まっている兄たちの問題に聴き耳をたてた。兄たちは宿の主に問題を出した。

「われわれの家には十代前の先祖からの遺物が伝えられています。それは鉄の敷き物ですが、ちょうどそのまわりの縁がはずれてしまいました。なにをもってそれをつなげばよいでしょう」

宿の主はまたもや負けそうになった。どうしても宿の主が答えられそうもないことが分かった末子は、突然その部屋に入った。

「あなたはこの宿の主になる資格がない。私にその全権を任せてください。私があなたにかわってあげましょう」といって、末子が宿の主の立場に立って兄たちの難題に答えた。「それは、大きな砂でつなげばいいさ」と答えた。すると兄たちは、「とんでもない、そんな大きな砂があるはずもないし、あっても鉄の敷き物につなげるわけがない」と反問した。すると末子はその答えを待っていたかのように、「そのとおり、この世に鉄の敷き物があるはずがない、そんなでたらめな質問は問題になりません」と答え、兄たちの口を閉ざしてしまった。

こうして、科挙試験には末子だけが参加することになって、科挙にも合格し、末永く幸せに暮らしたそうだ。

（崔仁鶴　一九八〇）

【文献資料】
①崔仁鶴　一九八〇年B（一九七三年九月に、全羅南道莞島邑で崔釆心〔五十五歳・女〕に聞く）
②崔來沃　一九七九年　一四一～四二頁（一九六五年に全羅北道南原で記録）

【話型構成】
I．(1)上の二人の子はおとなしくて勉強もよくやるが、三番目の息子は悪戯ばかりやる問題児であった。(2)父が上の二人に科挙試験を受けさせようと連れて旅に出たが、三番目の子も密かについて行った。(3)謎解きで三番目の子が当て、科挙に合格した。

【解説】
三人兄弟の末の息子が成功する三人兄弟譚の一つです。答えることのできないはずの謎を出されて、臨機応変に謎を解く話は、「師を門外に」（KT653・1）、「冬に苺」（KT657・1）など韓国の昔話に多く見られる知恵話のパターンです。

この話のテーマである科挙は、朝鮮王朝時代の両班たちの最大の関心事の一つであり、科挙に合格することは男子の最大の名誉でした。しかし実際の科挙は漢詩文についての深い素養が問われ、この話のように機知を用いて合格することは不可能でした。こうした不可能を、才覚一つで可能にすることは、多くの庶民の夢であったに違いありません。【樋口】

【話型比較】　大成521　ATU922　池田922

# 601 ＊カボチャにお金を差しこんで、持ってきた少年

KT 667 悪夫婦を捕えた少年

あるところに年老いた両親と息子の三人が住んでいましたが、暮らしは貧しいものでした。

ある日、幼い息子が遠い所にお嫁に行った姉の家にお金を借りに行く途中、一晩、宿に泊りました。その時、宿の主人が「何しに行くのか」と聞くので、姉の家にお金を借りに行くと言いました。

この子は姉の家に行き、二晩泊まって、姉がカボチャに隠してくれたお金を持って、先日泊まった宿場でまた一晩寝ることにしました。「寝る時は用心のためにカボチャを枕にして寝なさい」と姉が言ったので、カボチャを枕にして寝ていました。すると夜中に、台所から何か物音が聞こえました。この子が変に思い、耳を傾けてよく聞いてみると、それは包丁を研ぐ音でした。「こんな夜中に、なぜ包丁を研いでいるのか」と思いながら、この子は寝ないで、耳を傾けていました。すると、「あんな小僧は切り刻んで筵(むしろ)に巻いて、川に投げればいちころだ。誰がやったか分かる奴はいまい」。こんなひどいことを言っていました。

この子は宿の主人が自分を殺して、金を奪おうとするのだと思いました。そこですぐ下の部屋で寝て

いた宿の息子を自分が寝ていた布団に寝かせ、自分は宿の息子が寝ていた布団をかぶって、息を殺していました。すると主人夫婦が入ってきて、妻が筵を持ち、主人は自分の息子の首を包丁で切ってずたずたにして、筵で縛ってから、持って出ていきました。

この子はその隙に、すぐ裏の戸を蹴って逃げていきました。この子がずいぶん走ると、道端に家が一軒あったので、その家に飛びこんで、「事情は後から話しますが、私の後を包丁を持って走って来る人がいたら、事の是非を問わず綱で縛ってください」と、ぜいぜいと息を切らしながら言いました。するとやはり、宿の主人が包丁を持って息を切らしながら追い掛けてくるのが見えました。家の人はこの子の言う通り、事の是非を問わず、宿場の主人を捕まえて綱で堅く縛りました。そこで、やっとこの子は事情をすべて話すことができました。

家の人は、「こんな悪い奴はすぐに殺さなければならない、生かしておいてはならない」と言って、棒で宿場の主人を叩き殺しました。

（朴英晩　一九四〇）

【文献資料】

①朴英晩　一九四〇年　二二三〜二二五頁（一九三五年に平安南道龍岡で記録）

【話型構成】

Ⅰ．（1）ある少年が姉の家にお金を借りに行く途中、酒屋に寄った。（2）お金を借りて帰ってくるとき、またその酒屋で泊った。（3）夜、酒屋の夫婦は少年を殺してお金を奪おうとたくらんだ。（4）盗み聴きした少年は、主人の息子と場所を替え、自分が息子の場所に寝た。（5）悪人夫婦は自分の子を少年と勘違いして殺し、外に運んで葬った。（6）そのすきに少年は逃げたが、すぐばれ、悪人夫婦が追ってきた。(7) 少年はある家に入って助けを求め、ついに悪人夫婦を捕らえた。

【解説】

「一夜の宿を借りた子どもが、夜中に殺人者(魔物)に殺されることを察知し、身代わりを立て、あやうく難を逃れ、殺人者を倒す話」は、ペローの「親指小僧」をはじめヨーロッパに広く分布し、グリムの「ヘンゼルとグレーテル」やジェイコブズの「ジャックと豆の蔓」もその類話と考えられるほど、人気の高い話です。日本の「三枚のお札」(大成240)や「天道さん金の鎖」(大成245)にも共通のモチーフが見られます。

一九三五年に、朴英晩が平安南道龍岡で記録したこの話も、二〇世紀に入って韓国・朝鮮に多くのヨーロッパの話が紹介され、語られたことの影響が見られると思います。

【樋口】

【話型比較】大成240　ATU327B

# 十七　狡猾者譚

# A　奸邪者

## 602　＊チャグルテの話

KT 668　両班と召し使い

ある時、座首（李朝時代に各郡に設置した郷庁の長）の爺さんは用事で都のソウルに行くことになったので、途中で邪魔なチャグルテを始末してしまおうと考えました。そしてチャグルテにロバをひいて供をするように言いました。主人の言葉には逆らえないので、チャグルテはロバの手綱をひいて歩きました。

日が暮れるころ、座首の爺さんは、右手で向こう村を指さして、「あの村に行くとククス（温麺）の店があるから、一杯買って来い」と、一杯分のお金を渡しました。チャグルテはお腹がすいてたまりませんでしたが、座首の爺さんはククスを一人で食べるつもりです。これを見た爺さんをやっつけようと、ククスを買うと指をどんぶりの中に入れて、ぐるぐるかき混ぜました。チャグルテは座首の爺さんは驚いて、「お前はどうして私が食べるククスをかき混ぜるのか。汚い」と怒鳴るので、「ご主人様のククスの中に虫が入ったので、指で虫をとろうとしたのです」とすました顔で答えました。

すると爺さんは、「それはお前の汚い手が入ったものだから、お前が食べろ」とチャグルテにそのククスをやりました。そしてまた、もう一杯買って来いと言って、お金を渡しました。チャグルテはお腹がすいていて一気に食べたので、どこに入ったのか食べた気がしませんでした。今度もまた、買ってきたククスを食べようと思い、どんぶりを持って来る時、どんぶりの上に鼻を当てて、鼻水をズルズルと流しました。これを見た座首の爺さんはまたこれを食べるわけにいきません。チャグルテはまたそのククスを食べました。

ククスを食べ損ねた座首の爺さんは、ククスは食べたいし、かといってチャグルテに買って来させると、またどんな仕業をするかわからないので、仕方なく、今度は自分が買いに行くことにしました。

座首の爺さんはチャグルテに、「おい、ここは生き馬の目を抜く鬼神のいる所だ。だから、ロバの手綱をぎゅっと握っていろ。そうすれば鬼神に捕まることはない。帰ってくるまで、しっかり持って待っていろ」と言って麺の店に行きました。

チャグルテがロバの手綱を持って立っていると、道行く旅人が「おい、そこの若いの、お前のロバは

売りものか」と尋ねました。チャグルテはすぐ、「はい、その通りです」と答えました。すると旅人は懐から金を出して、チャグルテに払うと、ロバに乗って行ってしまいました。チャグルテは、残されたロバの手綱だけを握りしめて、じっと地面にうずくまっていました。

座首の爺さんはククスを食べて帰ってくると、チャグルテが地面にうずくまっているではありませんか。そこにはロバの姿が見えません。

「どうしたんだ。ロバはどこに行ったんだ」と座首の爺さんはチャグルテを怒鳴りつけました。するとチャグルテはやっと顔をあげて、座首の爺さんを見ながら、「ご主人様がここは生き馬の目を抜く鬼神が出る所だとおっしゃったので、二つしかない目を一つでも抜かれたら大変だと思い、顔を伏せていたのです。ロバは鬼神が手綱を切って持っていってしまったに違いありません。これを見てください」といって、切られた手綱を見せました。

座首の爺さんは呆気に取られて返す言葉もなく、舌を鳴らしているだけでした。そして「もうロバもないから、お前には用がない。さっさと家に帰れ」といって、「お前が帰ったら、家の連中が心配するだろう。だからお前の背中に手紙を書いてやる」といって、チャグルテの着物を脱がして背中に「こいつが帰ってきたら、すぐに叩き殺せ」と書きました。

字が読めないチャグルテにはこれは分かりません。たとえ読めても、背中に書かれた字をどうやって読んだらいいのでしょう。

なにも知らないチャグルテは、ただ父や母がいる家に帰れるのが嬉しくて、着物を脱いだまま口笛を吹きながら道を急ぎました。そして途中で、一人の僧侶と出会いました。僧は、チャグルテがうれしそ

うに口笛を吹いて歩いているので、ふと振り返ると、チャグルテの背中に何か書いてあります。「こいつが帰ってきたら、すぐに叩き殺せ」という文字です。僧侶は驚きました。チャグルテに「おい、そこの少年。背中に『こいつが帰ってきたら、すぐに叩き殺せ』と書いてあるが、どうしたのだ」と聞きました。

チャグルテはびっくりしまして、僧侶にお礼を言うと、川に飛びこみ、文字をきれいに洗い流しました。そして、チャグルテはケヤキの木陰で休んでいる書堂の子どもに、「チャグルテが帰ってきたら、一番上の娘を妻にして、家を建てて分家させなさい」と書いてほしいと言いました。

チャグルテは家に帰ると、座首の爺さんの長男のところに行って、「ご主人様が、何の手紙かわかりませんが、私の背中に字を書いてくださって、家に帰ってから見せろといっていました」と、着物を脱いで見せました。長男が見ると、「チャグルテが帰ってきたら、一番上の娘を妻にして、家を建てて分家させてやりなさい」と書いてあるではないですか。

作男の息子に妹を嫁がせるのは恥ずかしいことだと思いましたが、父親の命令なので、仕方なく豚を絞めて餅をついて宴を開いてやりました。そして自分の家の隣りに新しい家を建てて、分家させてやりました。

それから三年が経ち、ソウルから座首の爺さんが帰って来ました。

家に着いた座首の爺さんはびっくりしました。「帰ってきたら、すぐに叩き殺せ」と書いたはずのチャグルテが自分の娘と家の隣りで暮しているではないですか。座首の爺さんは長男を呼び寄せて叱りつけました。息子は何のことだか訳がわからず、ただ文句を聞かされるばかりでした。

座首の爺さんと長男は、こうなったらチャグルテを始末してしまおうと、チャグルテを縄できつく縛って、皮袋に入れて川に投げこむことにしました。そして村人に金をたくさん与えて背負わせたのです。ところが、この皮袋を担いだ村人は酒好きだったので、酒幕の前を通り過ぎる時、マッコリを一杯飲みたくなって、皮袋を柳の木の下に置いて、酒幕に入りました。皮袋を地面に下ろした時に、チャグルテはお尻を石にぶつけて痛くてたまりませんでした。尻をなでながら、「この機会に逃げなくては、溺れ死んでしまう」と思ったチャグルテは大きな声で、「私の目は霞んでいたが、もうすぐよく見える」と何度も言いました。ちょうどこの時、片目が不自由な甕売りが柳の木のそばを通りかかって、この声を聞きました。甕売りは荷物を積んだ背負子を下ろして、不思議そうに皮袋を見ながら、「皮袋の中で何を言っているのですか」と聞きました。

チャグルテは、「静かにしてください。私は両目が不自由だったのですが、いまは片目が見えるようになり、もうすぐもう一方の目も見えるようになりそうです。静かにしてください」と答えました。この言葉を聞いた甕売りは皮袋に向かって、「皮袋の中に入って『私の目は霞んでいるが、もうすぐよく見える』と唱えると目が見えるようになるんですか」と尋ねました。チャグルテは、「もちろん、見えるようになりますとも。だから、私はこう唱えているんじゃないですか」そして「私の目は霞んでいるが、もうすぐよく見える」と何度も何度も唱えました。

それを聞いた甕売りは、「ちょっと、ちょっと。私も中に入って、言わせてください」とお願いするように言いました。「静かにしてください、静かにしてください。もう少しでよく見えるようになります。私の目は霞んでいるが、もうすぐよく見える」

何度も大きい声でこんなふうに唱えてから、「やっとよく見えるようになりました。皮袋を縛ってある縄を解いてください」とチャグルテが言いました。甕売りは喜んで縄を解いて、チャグルテが出てくると今度は自分が皮袋に入りました。そして、目がよく見えるようになるという呪文を何度も何度も唱えました。その間にチャグルテは袋の口をしっかり縛ると、どこかに走って行ってしまいました。

そこへ、酒幕でマッコリをたっぷり飲んで酔っぱらった男が出てきました。そして、「私の目は霞んでいるが、もうすぐよく見える」という声が皮袋から聞こえてくると、「こいつ、極楽へ行こうと念仏をとなえているのか。心配するな。もうすぐ、極楽へ送ってやるから」と言いながら袋を担ぎました。皮袋の中で呪文をとなえていた甕売りはびっくりして、「ちょっと、私は甕売りです。どこに行くんですか。早く、縄を解いてください」とお願いしました。しかし、皮袋を背負った男は甕売りの言うことを聞いてくれませんでした。そのまま皮袋を担いで川まで行くと、川の中に皮袋を投げ入れてしまいました。

その後、あちこち旅して歩いたチャグルテは、一年後に座首の爺さんの家を訪れました。座首の爺さんの家族たちは、みな驚きました。川の中に投げ入れたはずのチャグルテが生きて帰ってきたのですから、さぞ驚いたことでしょう。

「一体どういう事か」と座首の爺さんが尋ねると、チャグルテは「私は竜宮へ行ってきたのです。竜宮は、住みやすくて、楽しかったです。寝起きする時には美しい音楽が流れ、きれいな花園で踊り、山海の珍味を食べて暮らし、月日が経つのも忘れてしまいました。竜宮にないのは、石臼と釜の蓋、この二つだけです。私はこれを取りに帰ってきたのです。お義父さんもお義母さんも連れて、お兄さんも妻も

連れて行こうと帰ってきました」と答えました。この言葉を聞いて、座首の爺さんと婆さんだけでなく家族みんなが喜んで、チャグルテを誉めそやしました。

そうして竜宮に行く日になりました。座首の爺さんと婆さんは石臼を一つずつ背負い、長男は釜の蓋を持って、川に行きました。あの日、チャグルテの代わりに甕売りが投げこまれた川です。

座首の爺さんがまず一番に入ることになりました。石臼を担いで、川の中に入っていきました。そして、しばらくするとブクブクと泡が立って座首の爺さんは両手だけを水から出して、おぼれてしまいましたが、チャグルテは、「あそこを見てください。父さんが早く入ってこいと、おっしゃっているではないですか」と、座首の爺さんの妻に言ったので、妻もまた石臼を背負って、ざぶざぶと川の中に入っていきました。長男と次男と次女も皆、中に入り、チャグルテとチャグルテの妻の二人だけが残りました。

そして、チャグルテの妻もまた川に入っていこうとするので、チャグルテが「お前はどこに行くつもりか」と聞きました。妻が「竜宮です」と答えました。チャグルテは、「なにが竜宮だ、バカなことを言うな」と、妻を引っ張って家に帰りました。

座首の家族はチャグルテの妻だけ残ったので、チャグルテがこの家の主人になりました。それからは、チャグルテは両親と一緒に楽しく暮したそうです。

（朴英晩　一九四〇）

**【文献資料】**

①朴英晩　一九四〇年　四七七~九四頁（一九三五年に平安南道安州で記録）　②鄭寅燮　一九五二年　一〇三~一〇六頁（一九一六年に、

忠清南道温陽で記録）
③高橋亨　一九一〇年　六七～七五頁
④金相徳　一九五九年　三九七～四〇四頁
⑤沈宜麟　一九二六年　五七～六五頁
⑥金光淳　一九七八年　一三〇～一三三頁（慶尚北道安東一九七三年）（慶尚北道尚州　一九七〇年）

【話型構成】

Ⅰ．両班が科挙試験を受けに行く。（1）両班は科挙試験に落ちたが、せっかくの旅だから都でも見て行こうと思い、召し使いを先に帰らせた。（2）両班は、この召し使いは非常に厄介者だから適当に処置しろ、という手紙を書いて持たせた。（3）帰途、召し使いはある老人の協力を得て、手紙の内容を「この召し使いは忠実であり、おかげで科挙にも合格した。その代価として末娘を嫁にやれ」というふうに書き換えた。

Ⅱ．召し使いのたくらみ。（1）数週間後、主人が帰ってきてみると、すべてが反対になっているので、召し使いを袋に入れ海に流すよう命じた。（2）途中、運搬する下男たちが酒屋による間に、通りかかった盲人の助けで自分は外に出て、代わりに盲人を中に入れて死なせた。（3）一ヵ月後、主人の家に現れた召し使いは、自分が龍宮に行ってきたと嘘をつき、家族をすべて溺死させる。

【ヴァリアント】

主人は召し使いの背中に文を書いた。帰ってくる途中、書堂の少年たちに会い、背中の文を読んでくれと頼み、内容を反対に書きかえてもらった。主人が帰ってきてみると、彼がまだ生きているので袋に入れ高い木に吊した。通りかかった婆が助けたが、逆に婆が袋に入れられた。召し使いは嘘をついて末娘だけ残して皆溺死させた⑤。

【解説】

知恵の働く下男が、意地の悪い主人を欺きつづけ、ついには主人一家を滅ぼして美しい娘を手に入れるというこの話は、韓国・朝鮮の各地で記録されています。さらに、朴英晩が一九三五年に平安南道安州で記録した話では、主人公はＫＴ６５７・２と同じく「チャグルテ」、鄭寅燮が一九一五年に慶尚南道の彦陽で記録した話の主人公は「チボン」という独特の名前をもっているので、

日本の「彦一」や「吉四六」のような特別知恵のある主人公が活躍する話が各地に存在したのではないかと推測されます。

この話の後半の「悪戯が過ぎた主人公が袋に詰められて水に投げられそうになるが、知恵を使って身代わりを立て、水底の国の宝を得たと偽って主人一家を水に沈め、残された家産を手にれる」という話は「金持ちの百姓と貧乏な百姓」（ATU1535）としてヨーロッパを中心に世界各地で聞かれる残酷なトリックスター（おどけ者）話で、日本でも「俵薬師」（大成618）で、全国各地に広く分布しています。

中国では、前半の「手紙の書き換え」の話は散発的に伝わっていて、上海には次のような話があります。皇帝が皇位に就くと噂された神童を川に流します。子供は漁師に拾われて育てられますが、やがて子供が生きていることを知った皇帝は、子供に「その子を殺せ」と書いた手紙を持たせて宮廷に遣ります。途中で不審に思った子供は手紙を見て、「姫と結婚させるように」と書き換え、まんまと聟になった、という話です。

背中に文字を書くことになっている話は、黒竜江省に住む少数民族のエベンキ族に類話があり、七人兄弟に虐められている召使いの話になっています。召使いは狩猟に行った先で七兄弟が水浴びをしている隙に、兄弟の馬を殺して強盗に襲われたふりをします。召使いのせいだとした兄弟は、字の読めない召使いの背中に「殺せ」と書いた紙を貼り付けて家に帰しますが、途中で山神が「歓待せよ」と書き換えてくれたので、家に帰った召使いは兄弟の妻たちから歓待された、という話です。

後半の狡智譚は中国でも南北にわたって広く知られていますが、韓国のように手紙の書き換えと結びついた話はあまり知られていないようです。【斧原・樋口】

【話型比較】大成225・618　ATU1535　池田428・1535　丁930＋1535　金930＋1535

# 603＊月を買った大監

KT 669　月を買った地方長官

むかし、ある田舎に、とても無知な大監様がいました。

十五夜の月が出た、ある日の夜でした。大監様は高い空に浮かんだ丸い月を眺めながら、「いい月だ。あの月を見ると、心の底まで穏やかになる。どうにかして、あの月を買うことができないだろうか」と一人でつぶやいていました。

大監の家には性格は悪いが、とても利口で知恵の働く下男がいました。その下男が大監の話を聞いていて、「大監様、あの月の値段はとても高いですが、買うことはできます。買ってはどうですか」と言いました。「買えるというのだな。では、いくら払えばいいのか」「一千両だけ払えばいいと思います」「千両だと、千両は高すぎるから、百両で買ってこい」と、百両の金を取り出して、下男にやりました。

下男は丁寧にお辞儀をして百両を受け取ると、「大監様、このお月さまはとても遠い所にあります。だから、このお月さまを買ってこようと思えば、一ヵ月はかかります」「では、さっそく買ってこい」「はい、はい、行って参ります」といって、下男は自分の故郷に帰って、田畑をたくさん買い、遊んで過

ごしました。大監様は指折り数えて、下男が帰って来るのを待ちました。

およそ十三日ほど経つと、空に三日月がかかっていました。大監様は手を打ちながら喜びました。「下男の奴は一ヵ月かかるといっていたが、少しずつ月が欠けているではないか。半月で買って来るかもしれないな。今は帰って来る最中にちがいない」と感嘆までしました。

下男は一ヵ月も遊んで、百両にもなる大金で自分のしたいことは全部して、一ヵ月過ぎるのを待ちました。そして再び、丸い月が出た日の夜に戻って来ると、大監に「大監様、お待たせいたしました。とても恐ろしくて、遠い所だったので、できるだけ早く帰ってこようと思いましたが、このように一ヵ月もかかってしまいました。そして、百両で買ってこようと思ったら、とても大変でした」「そうか、ご苦労だった。ところで、あの明るい月が私のものになったのだから、百両でもとても安い」「さようでございます」

そしてまた、「ところで、大監様、島見物でもなされませんか。島にはいろいろと不思議なものがとてもたくさんあります。私がお供いたします」といった。大監が、「それでは、一度、見物してみようか。では、明日出かけよう。馬を準備するように」と答えたので、「はい、はい、かしこまりました」ということになりました。

こうして次の日、島見物に出かけましたが、その時、大監が聞きました。「ところで、月を持って行くのはどうか」「それを持って行ったら、大変な事になります。島に持って行くと、すぐ盗まれてしまいます。その島は恐ろしい所です。生きた馬も肝を抜かれたり、少しでもうっかりすると、人の鼻もとられてしまいます」「それなら、残念だが、置いていこう」

さて、家を出てから月を見ると、月は次第に小さくなっていくので、大監様はとても感嘆して、「月が小さく見えるところを見ると、これは家が遠くなった証拠だ。もう見えなくなったぞ」「はい、その通りでございます」と、下男はやっと安心しました。

しばらくしてから島に到着しました。そして、島のある身分の高い人の家に行って、「私は主人に会ってくるから、お前は馬を見張っていろ。島には、生きた馬の肝を抜いていくものがいるというから、十分注意しろ」「はい、心配しないで行ってきてください」

そして大監が家の主人に会って帰ってくると、門の前にいた馬はどこに行ったのかおらず、下男が手綱だけしっかり握って、地に伏しているではないですか。大監はそれを見て、「おい、どうしたのだ。馬はどこにやったのか」と聞きました。

大監の言葉に、下男はやっと顔をあげて「はい、馬はおりません。島は本当に恐ろしい所です。肝だけでなく馬ごと連れ去られました。私は馬に逃げられないように手綱をしっかり握って、鼻をとられないように隠して伏せていたのです。大監様、こんな所に長く居たら、また何か起るかも知れません。早く家に帰りましょう」

大監は、「お前のいうことももっともだ。半月もかかってきて、見物もできずに早々と帰らなくていけないとは、少し残念な気がするが仕方がない。それでは帰ろう」

下男は馬を売り払い、手綱だけを握って地に伏せて、また大監をだましたのです。

そうとも知らない大監は、村に帰る途中に月が少しずつ大きく見えはじめると、「家が近くなったから、月が少しずつ大きく見える」といって喜びました。

大監は一ヵ月ぶりに家に帰って来ました。日にちを合わせようと、わざわざ下男が遠回りしたのでした。すると、空には丸い月が明るく浮んで、庭先は昼間のように明るく光っていました。「本当にいい月だ。あんなに明るいから、私はもうどこにも行かない。あの月さえあればいい。家が一番だ」

その次の日、下男は大監に、「大監様、故郷の家で父が死んだという知らせが届いたので、何日かお暇をください」と願い出ました。「そうか、大変だったな。そうしなさい」という大監の許しをもらい、支度金までもらいました。下男は月を買おうとしたお金の百両、馬を売ったお金の五両、そして支度金の五両というように、お金が入ってきたので、とても嬉しくて、にこにこしながら故郷の家に帰りました。

田舎に帰った下男は買った田畑と大監からもらった金で金持ちになり、裕福に暮らしました。無知な大監は、今ごろ月が消えていくのを見て、どれほど嘆いているかと思うと、かわいそうな気もしましたが、これから先は一生、大監に会うことはあるまいと思いました。

（金相徳　一九五九）

【文献資料】

①金相徳　一九五九年　五三〇～三四頁

【話型構成】

Ⅰ．（1）愚かな地方長官が月をながめ、あの月を買うことはできないかというと、邪悪なしもべが、買う方法があると答えた。（2）彼は主人から百両の金をもらって自分の故郷に行き、田んぼや畑を買っておいて一ヵ月後に主人のもとに戻ってきた。（3）月を買っておいたから見に行こうといい、彼は主人をある島に連れて行って、あっちこっちさまよったあと、満月のとき家にもどってきた。（4）愚かな主人は、自分が月を買ったから円く見

えるのだと知った。しもべは里の親が死んだからといってその家を出てしまった。

【話型比較】大成618　池田1535

## KT 670　大同江を売りわたす

# 604 ＊鳳伊・金先達

皆さんは平壌の大同江を売った人が、誰だか知っていますか。それは、鳳伊・金先達という人です。

むかし金先達は、冬のとても寒い日に、川に行って、カチンカチンに凍った大同江の上に、稲俵をたくさん敷いて、氷を隠しました。そして、お金を持っている人を連れて行って、これが私の田だ、安く売るから買えといって売りました。

この鳳伊・金先達がよく行く寺がありました。その寺の僧侶たちの中で、餅がとても好きな坊さんが一人いました。知恵者の金先達が来ると、食べようと取っておいた餅が食べられないので、この坊さん

は金先達を警戒していました。そして、餅の中に糞をいっぱい詰めて置いておきました。

さすがの金先達もそうとは知らず、寺にやってきては、「おい大師、元気だったか」と言うと、その餅にかぶりつきました。坊さんはとてもおかしくてたまりませんでしたが、我慢していました。金先達は餅が妙にふにゃふにゃして、糞のにおいが鼻を突くので、吐いてみると、何ということでしょう。金先達は顔をしかめて、吐き出すと家に帰って行きました。

金先達はその坊さんのことが憎くてたまりませんでした。仕返しをしようと思い、妻に豆のお粥を作るように言いつけました。豆のお粥を食べると、ひどい下痢をします。

金先達はお粥を食べて、肛門に膏薬をぴったり付けて、寺に行きました。金先達は坊さんに会うと、最近、肛門にできものができて、苦労しているのだが、ちょっと見てほしいと言いました。もとは言えば気のやさしい坊さんは、「これは、これは、大変ですね」と言いながら、見せてごらんと言いました。そして坊さんが膏薬をはがすと、糞が飛び出して、坊主の頭を直撃しました。坊さんは、体中糞だらけになりました。

金先達は喜んで手をたたきながら、寺を出て行ったということです。

（朴英晩　一九四〇）

**【文献資料】**

①朴英晩　一九四〇年　三三〜三四頁（一九三五年に平安南道平壌で記録）

**【話型構成】**

Ⅰ．（1）鳳伊・金先達は、冬に大同江が凍ると稲の束を氷の上に積み上げ、「これがわしの田んぼだ。安く売るから買え」と勧めた。（2）大勢の人が田を買ったが、氷

が解けるとそれは大同江だった。

**【解説】**

ＫＴ６５３・２（「鳳伊・金先達とその父親」）とＫＴ６６１（「不貞な兄嫁を殺した少年」）に続く、一連の「知恵者・金先達」話の一つですが、なかで最もよく知られたエピソードです。

日本の彦一や吉四六、あるいは一休などと同じく、金先達はすでに朝鮮王朝時代の口伝えの世界でよく知られた主人公であったと思われますが、とくに朝鮮王朝末期に発行されたハングル・漢文まじりの「皇城新聞」に連載された古典小説（一九〇六年）がきっかけで全国に知られるようになりました。光復後にも一九五七年には「鳳伊・金先達」として映画化されて人気を集め、二〇一六年にも「鳳伊・金先達　大同江を売った男」が上映されました。

金先達は、才談と臨機応変の知恵の働きで、全国を徒手空拳で渡り歩き、硬直した両班社会の秩序を笑いのめし、攪乱し、活性化する役割を果たした、典型的なトリックスターであったといえます。【崔・樋口】

## KT 671　知恵のある召し使い

# 605＊衙前の金儲け

むかし、平壌の地に、貧しいけれどもとても図太い一人の衙前(がぜん)（官庁の下級官吏）が住んでいた。ある日、平壌監司が衙前を呼び寄せ、忠清道にある実家に使いに行って来るよう命じた。

平壌監司は衙前に自らこしらえた立派な龍の姿が刻まれている硯を与えながら、「これを、実家にいらっしゃる父上に渡して来るように」といった。衙前は、「はい、承知いたしました」と答え、龍の硯を預かって家に戻ってきた。

家に帰ると、彼はすぐ女房に斧を持って来させた。だしぬけに斧を要求する夫の様子に奇妙な思いをしながらも、彼女は斧を持ってきて夫に渡した。すると彼は斧を手にすると、その硯を地面において、力いっぱい叩きつけた。硯は真っ二つに割れた。このありさまをみていた女房はびっくりして、夫に、「これはなにごとですか。監司様が自らこしらえた龍の硯をこわすなんて、あなたはひどい目にあわされますよ」と身を震わせていさめた。すると、彼はなんともないような表情で、「心配するな。おまえはただ黙っていればそれでよい」といって、その二つに割れた硯を持って旅に出た。

ところが、彼は平壌監司が行けと命じた忠清道には行かず、足を江原道に向けて行った。数日かかってやっと江原道の府使（地方官吏）が住んでいる村にたどりついた。衙前はその村でも一番大きな府使の屋敷に入るつもりで門をのぞいた。奥まで入るためにはいくつかの門をくぐりぬけねばならなかった。けれども図太い衙前は知らん顔をして、はじめの門を通りぬけようとした。

門番は、彼の姿を見るとまるで乞食のような疲れ果てた顔をして服装もよごれているので、彼に向かって大声で注意した。

「おい、なに者だ。ここは府使様の屋敷だぞ」すると彼は、「さようでございますか。実は私は旅の者ですが、日が暮れましたので一晩泊めていただきたいと思いまして」と答えた。そして門を通りぬけようとした。

門番たちは、彼を気違いあつかいして力いっぱい押し倒した。彼は地面に倒れるとすぐに腰にかけておいた硯をとり出した。そして風呂敷を解き、立派な龍の硯が真っ二つに割れているのを門番たちに見せながら、泣かんばかりの表情で、「これは、これは大変なことをしてくれました。実はこれは平壌監司殿が実家の父親に渡して来いと申しつけられた硯で、私は監司殿の使いとして行くところでしたのに、あなたたちが私に乱暴を働いたので、このように硯がこわれてしまいました。一体これはどうしたものでしょう」と言いながら、さめざめと泣いた。

この声を耳にした府使が、なにごとが起こったのか確かめるために出てきた。

「どういうわけで騒いでいるのか」

「はい、こいつが無理に中へ入ろうとするので、外に押しかえしましたら転んでしまいました」と門

番が答えた。衙前はそこで服を改め、府使に向かってていねいに挨拶した後で、「実を申しますとわたしは平壌監司殿の衙前でございますが、平壌監司殿の使いで、この龍の硯を監司殿の父君に渡しに行くところでした。ところが府使殿の御家来がこのように硯をこわしてしまいました。これをどうしたものでございましょう。これと全く同じものをこしらえるためには三千両はかかります」と言いながら、衙前はまたしくしく泣くふりをした。

府使はすっかり動転した。平壌監司といえば、自分よりも上位の官職であり、たとえ自分の家来のことでもそのような無礼なことをしたと平壌監司に知れれば、ただでは済まないと考えた。それで府使は思いきって、「うむ、分かった。では、おまえに三千両を与えるから、これと全く同じものをこしらえなさい」と言い、三千両をその場で彼に渡した。その晩、彼は府使のもてなしを受け、あくる日、また旅にたった。

それから衙前は今度は全羅道に向かった。全羅道に着いた彼は、江原道であったときと全く同じ方法でまたも三千両を受けとった。さらにもう一ヵ所に寄って、三度目も三千両をもうけ、全部で九千両を受けとった彼は、最後に平壌監司の父親が住んでいる忠清道へ向かった。

やっと監司の実家にたどりついてみると、大きな屋敷にやはり門番がいた。そこでも衙前は身分を隠し、無礼に行動をとったために門番と争いとなり、門番が力いっぱい押しやると衙前は後ろに倒れ、腰につけておいた風呂敷を解いて見せた。硯は真っ二つに割れていて、そこで衙前はまた大声で泣きながら訴えた。

「おまえのおかげで、平壌監司殿が自らこしらえて父親殿に渡してこいといわれた龍の硯をこわした

のだ。一体、これをどうすればよいか」

これを耳にした父親が外に出てきた。そしてわけを聞いた。衙前は同じことを告げた。父親は思案にふけった。自分の息子がせっかく作ってよこした硯を、家の奉公人のせいで壊したのだからなんとか対策を考えなければならないと考えた。そして二つに割れた龍の硯を合わせてよく見ると、これはまことに逸物であった。父親は衙前を中に入らせゆっくり休むよう言いつけた。

父親は立派な龍の硯がこわれたのは大変くやしいが、自分の奉公人たちのせいで壊れたのだと信じこみ、衙前が帰って行くときに、平壌監司宛に一枚の手紙を渡した。その手紙には、「おまえが寄こしてくれた龍の硯はたしかに受けとった」と書いてあった。

衙前は使いを果たし、九千両を持って家に帰り、幸福に暮らしたという。

（崔仁鶴　一九八〇）

【文献資料】

①崔仁鶴　一九八〇年B　二一七～二一一頁（一九七五年十一月に、江原道溟州郡で崔燉九〔六十四歳・男に聞く〕）

②沈宜麟　一九二六年　一七四～七八頁

【話型構成】

I．(1) 田舎のウォンニムが都の大臣におみやげを贈った。(2) 召し使いの不注意で、おみやげが途中で壊れてしまった。(3) 彼は大臣家に着くと、生意気に門番を呼んだ。門番は生意気な彼を殴った。召し使いはわざと倒れながらおみやげを落とした。(4) 大臣が出てきておみやげが壊れているので訳を問うと、門番のために壊れたと答えた。

【解説】

知恵のある衙前が主人から預かった大切な硯をわざと壊し、それをタネに次々と金儲けを重ねる話です。『朝鮮の物語集附俚諺』（一九一〇）の解説で高橋亨は、

衙前について「郡の官属は、これを『衙前』という。多く地方の土豪これを世々にす（世襲する）。されば郡守は傀儡にして実は郡治の一切は彼らの方寸（胸の内）より出づ。誅求も彼がなすところにして、収税も彼らのなすところなり。衙前は別に彼らのみの秘密反別帳を有し、郡守にはこれを示さず。郡守には更により少なき反別帳のみを示す。されば衙前は収税には己の帳簿に照らして収め、上納には郡守の帳簿に照らして上納し、差額は私腹を肥やす。李朝数百年の悪政の過半は彼らの罪なり」と記述しています。

日本には、この話と同じ展開の知恵話は見当たりませんが、主人の大切なものを壊して、欲しいものを首尾よく手に入れるというモチーフは狂言「附子」と共通しています。

「附子」は、周知のとおり「主人から猛毒であると近づくことを禁じられた『附子』が砂糖であると気づいた太郎冠者が、主人の大切な茶碗をわざと壊し、『死のうと思った』と偽って附子（実は砂糖）を舐めてしまう」という話です。

朝鮮王朝の衙前と日本の室町時代の太郎冠者。いずれも悪知恵の働くトリックスターですが、衙前の方が一枚上かもしれません。　【樋口】

# 606 ＊日傘持ちの知恵

## KT 672 悲運の地方ウォンニム

むかし一人の男がいたが、彼は作男として他人の家で十年も働いた金を増やして大金持ちになった。むかしは官職を金で買うことができたので、彼はその大金を持ってソウルに上り、ある政丞（大臣）を訪問し、官職を買いに参りましたといった。政丞はどの官職を買うつもりかと尋ねた。

「私はえらい位は願いません。地方の小さな郡の郡守にさせて下さい」と言うと、「金はどれくらい持ってきたか」と聞かれた。「はい、これくらい持っています」と言うと、「アイゴ、それでは半分にも足りない。それでは、その金をこちらにあずけて、不足分は三ヵ月の期限を与えるから、こしらえてくることが出来るかな」と尋ねる。

彼は、仰せの通りにいたしますと約束した。政丞は地方のある小さな郡の郡守に任命した。

彼は任命された地に赴任して吏房（下役人）を呼び出して、おれは三ヵ月の間にこれくらいの金をこしらえなければならんから、そのつもりできっと準備しておけといった。これを聞いた吏房たちは、首を横にふりながら、先の郡守がきゅうきゅう搾り取ってしまったから、一文も搾り出すことができないと

答えた。

郡守は、夜となく昼となく心配でたまらなかった。ある日、吏房がやってきて、日傘持ちと相談すれば何か妙案があるかもしれませんといった。日傘持ちとは、郡守が外出の時、日傘を差しかける者のことだ。

郡守はさっそく日傘持ちを呼び出し、金を三ヵ月の間に準備するよう命じた。日傘持ちもまた、先の郡守が搾れるだけ搾り取ってしまったので一文も出せないと答えた。

案に相違して日傘持ちまでこう言うので、郡守は参ってしまった。数日間心配し通しだったが、ある晩、日傘持ちを呼んで、三ヵ月のうちに金を用意できないと免職されてしまうから、どうぞ宜しく頼むと懇願した。日傘持ちは、郡守が懇願するので考えてみましょうと答えた。

数日後の夜、日傘持ちは郡守を訪ねて、「ただ一つだけ計画がありますから、やってみましょう。ただし、郡守様は私の指図に従わなければいけません」と言った。郡守は喜んで、お前の言う通りにするからと言った。

郡守は、日傘持ちが言う通り、草鞋をはいて、真っ暗な夜道を日傘持ちの案内に従って出かけた。何里も歩いたところ、村が現れた。日傘持ちは、ある大きな瓦ぶきの家の前に着くと「この家に忍びこみましょう」といった。そして高い垣根をよじのぼると、「手を貸して郡守を上らせた。それから蔵に入り、米を取り出した。こんな米など、いくら取っても大した金にはなりそうもないので、郡守が「これは大した金にもならないからよそう」と言うと、日傘持ちは「黙りなさい」と注意しながら、大きな声でしゃべりはじめた。

郡守は「米泥棒をやめよう」と言い、日傘持ちは「黙って早く持ってこい」と言うので、喧嘩になった。屋敷の主人は、これを聞きつけて、戸を蹴破って飛び出し「泥棒だ」と叫んだ。日傘持ちは、さっさと逃げ出し、もたもたしていた郡守は主人につかまった。けれども、自分は郡守だと言うことも出来ず、泥棒扱いされるままだ。

郡守は、日傘持ちの奴め、自分をこんな目に合わせるなんてと悔しがったが、主人にさんざん打たれ、ひどい目に合わされて、ついに袋詰めにされて軒に吊るされてしまった。

夜が更けて、家人が深い眠りに落ち、あたりがしんと静まり返ったころ、誰かがそっと近づいて、郡守が入った革袋を下ろし、口を開けて早く出なさいと言う。よく見ると、それは日傘持ちであった。この家には年老いた母親がいたが、それは物の言えない唖だった。日傘持ちは老婆をつかまえて、郡守の代わりに袋に入れて、もと通り軒に吊るし、自分たちは悠々と帰った。

幾日かが過ぎた。郡守は金持ちを呼び出して、ひどく責め立てた。

「この親不孝者、口のきけない母親を革の袋に詰めて軒に吊るすとは、けしからん奴だ。年老いた母が飯を食べるとしても、そうたくさん食べるはずもない。老い先短い老人をなぜそんな酷い目にあわせるのか」と毎日、責め立てた。監獄に入れて、詰問したり、鞭で打ったりした。

金持ちの家族は金を出して、よいように取り計らって欲しいと懇願した。

ある日、日傘持ちが郡守を訪れ、「お金がこれほど貯まりましたから、もうよろしいでしょうか」と尋ねた。郡守は「よろしい」と答えた。

「では、あいつを放してやりましょう」「よかろう、ここに呼び出せ」

金持ちを解き放ちながら、郡守は「お前のような不孝者は殺してしまいたいところだが、二度とそのようなことをするな」と諭した。母と子は「はい、悪うございました」と無実の罪を謝った。

こうしてこしらえた金を持って、郡守はソウルに上り、政丞に献上した。政丞は、郡守が期限内に金を差し出したので「お前は郡守を務める力がある」と言って、その後十年も務められるようにしてやった。

（任晳宰　一九七一）

【文献資料】

①任晳宰　一九七一年『韓国民俗総合調査報告書（全北篇）』六六〇～六一頁（一九六九年八月六日に、全羅北道茂朱郡茂豊面県内里で河八元〔男・五〇歳〕に聞く）（＊『韓国の民俗大系（全羅北道篇）』任東権・竹田旦訳　七〇二～〇四頁）

②高橋亨　一九一〇年　一〇～一六頁

【話型構成】

Ⅰ．（1）賄賂を使ってウォンニムになれた官吏が、借金を返すため金を儲ける工夫をした。（2）金を工面する算段がなく困っていたとき、一人の官吏が名案を進言した。（3）二人は金持ちの倉に忍び入って、米を盗み、ウォンニムはわざと主人に捕えられた。ウォンニムは袋に入れられ木の枝に吊されたが、夜中になって官吏が現れ、ウォンニムを出してかわりに金持ちの老母を入れた。（4）金持ちは当局に訴え、犯人を出してみると老母だったので、不敬罪で罰を与えると脅された。（5）金持ちはたくさんの賄賂を納め、事件を穏便にすませた。ウォンニムはそのお金で借金を返した。

【ヴァリアント】

運の悪い地方のウォンニムが赴任して、祝宴までしながら翌日解任されて都に戻ることになった。部下の計略によってウォンニムは、酒屋の倉に入って酒を飲み、捕えられる②。

【解説】

賄賂を使って郡守になり、金を儲けようと考えた農夫が、思惑が外れ窮地に陥ったところを、悪知恵に長けた部下の日傘持ちの計略で金を手に入れ、これを上納して郡守の地位を盤石なものにします。

一九一〇年に『朝鮮の物語集附俚諺』にこの話を収めた高橋亨は、その解説で「郡守の人民に対するや広大無限の権柄あり。行政司法ことごとくその専擅に委し、さながら我が昔の小大名の如し。されば人民は之に対しては猫前鼠の如く。あえて仰ぎ見ることあたわず。ひとり郡守を三年すれば、一族一生豊かなりとは、この国の俗諺なり。（中略）近代に至りて郡守の交迭走馬燈の如く速やかなり。一部にして一年中六回の郡守を送迎すること珍しからず。されば人民その都度惜別歓迎に、これ日も足らず。財を塵すること言外なり」と記しています。

この話は、こうした悪弊を逆手に取ってのし上がる、典型的なトリックスター譚です。なお、ここで知恵を働かせる「日傘持ち」とは、郡守の外出時に郡守に日傘を差しかける役目の下級役人をさします。

【樋口】

# 607 ＊両班の災難

KT 673 偽の両班

ある両班が、科挙の小科に及第し進士になった。もともと金持ちのうえに運の巡り合わせもよかったので、いつも書物を読んだり、書いたりして暮していた。その家の下男も耳学問で字を少し覚えるようになり、熱心に学んだ。この主人の家には二人の息子がいて、彼らも学問ができた。

下男は数年の間で、かなり文が書けるようになったので、ある日、両班の家系図さえ持っていれば、自分も両班になりすますことができると思いつき、こっそり家系図を盗んで、遠い田舎に行った。

田舎で両班になりすまして、毎日、無学な村の初老の年寄りたちを客間に座らせて、文を作りながら、ソウルの金進士が自分の兄だといって、すっかり両班になりきって暮していた。

このうわさが広まって、主人の家にまで耳に入ってきた。主人の家の二人の兄弟は、互いに自分が行くと言い張っていたのだが、結局、兄が行くことになった。

兄が訪ねて行くと、その下男は自分の兄が訪ねてきたと、遊びに来ていた人を追い払った。そして兄にお辞儀をしてから、客間に通し、豪華なごちそうでもてなしながら「悪いことをしました。許して下

さい」とお願いした。しかし兄の怒りはおさまらず、「家系図を出せ」と言い続けるので、下男はしかたなく取りに行くふりをして戸を締めると、逆に兄を怒鳴りつけた。

「さっさとソウルに帰れ。さもなければ、ここで死ぬことになるぞ」と下男が脅すと、主人の長男も、ここで酷い目に合ったら大変だと心配して、ついに「家に帰る」と言った。すると、下男は村の人を呼び寄せて、「兄さんと一緒に酒でも飲もう」と言い、詩文を作ったりして遊んでから、ロバの背にいっぱい金を積んで、送り返した。

「兄が行ったからそうなったのだ」と、今度は弟が下男の家に出向いた。主人の下の息子の性格をよく知る下男は、村の人に「下の兄さんは時々てんかんをおこすことがある」といって、みんなを送り帰してから、ひざまづいて、前のようにお願いした。しかし弟は暴れ狂って、怒りはじめた。下男は自分の家の下男に、下の息子を縛り上げさせ、鍼灸師を呼んで、この人はてんかんがあるので、口を開くたびに針をうてと命じた。弟は、少しでも口を開くと鍼灸師が針を打つので手も足も出ず、とうとうおとなしくなった。

下男が弟に、「私がここでこう暮らしているからといって、家門のどこに傷がつくのか。もし、何度も無駄口をたたけば、命の保証はないぞ」と言うので、弟も仕方なく、兄のように、金だけ持って帰った。

そして、下男は一生、両班として裕福に暮らしたという。

（任東権　一九七二）

【文献資料】

①任東権　一九七二年　二四二～四三頁（一九五五年八月十九日に、京畿道坡州郡交河面多栗里で李俊求に聞く）（＊『韓国の民話』熊谷治訳　一七五～七六頁）

【話型構成】

I.（1）高位の両班家に頭の良い下男がいた。彼は正式に勉強はしていないが、耳学問で知識を身につけた。（2）彼は自分も両班になりたくて両班家の族譜を盗み出し、田舎に行って無学な者たちを教えながら両班のふりをした。（3）本当の両班家の息子が田舎に行き、かつて下男だった彼の正体を暴露しようとしたが、偽両班のたくらみにまきこまれ、失敗してしまう。

【解説】

この話で下男が主人の家から盗みだすのは「族譜」といわれる家系図です。朝鮮王朝の両班たちは、自らの出自を示す「族譜」を持ち、一族の祖先が果たした偉業を誇りとしてきました。族譜のない者は両班とは言えず、両班でなければ科挙を受験し、社会的な地位を築くことはできません。

朝鮮王朝の初期にはじまった硬直した「族譜」の制度は、時代が下るとともに弛緩し、両班と族譜の数はしだいに増加し、ついには誰もが族譜を持ち、両班を名乗るようになります。

この話は、その族譜の威光を笠にきて「偽両班」を演じる知恵者の下男と、血筋は立派でも知恵の足りない主人をめぐる笑い話です。いかに名族の出身であっても、知恵と財力のある庶民には勝てないという、朝鮮王朝後期以降の現実を映し出す話と言えます。【樋口】

# 608 ＊無法者

KT 674 奸邪者

むかし、都に頓才のある貧しい男がいた。ある日、都の大路を歩いているうちに、果物店にドングリの剥き身が積まれているのを見て、食べたいが金がない。そこで田舎訛りで店の主人に「これはなにか」と尋ねた。主人は「チャシヨ（食べなさい）」と答えた。韓国語ではドングリは「チャシ」である。男は「そうか」と答えてムシャムシャと腹いっぱい食べて、「ありがとう」と一礼して立ち去ろうとすると、主人は驚いて「無法者、店の品物をただ食いして、ありがとうですむと思うのか。金を払え」と言う。

男は、あくまで田舎者のふりをして、「これは不思議だ。『食べなさい』と言ったではないか。いくら都でも『食べなさい』と言って金をとる法があるか」と、あっけに取られた主人を後目に立ち去った。

ドングリは油が多いので生豆と同じで下痢症なので、いくらも行かぬうちに腹が痛くなった。今とちがって公衆便所があるわけではない。そこで一計を案じ、立派な構えの雑貨屋に青い顔をして飛びこみ、「いま乱暴者に追いかけられているので、しばらくかくまってくれ」と言い、ムシロ一枚をかぶっ

て、その陰で心行くまで用を足した。紙がないので、主人に「追手は、もう去ったか」と聞くと、主人は長煙管をくわえながら笑って「お前が誰だか知らないのに、追手が誰だか分かるはずがないだろう」と答えた。男は「それなら、細い棒を貸してくれ。その棒でムシロに穴をあけて様子を見よう」と、棒を借りて、その棒で尻を拭いてから、「追手も行き過ぎた。おかげさまで命が助かった」と礼を述べて、姿を消した。

こういう無法者なので、誰も仕事をくれず、貧しさも極まって冬に薪を買うこともできない。そこで、また一計を案じて町に出て、田舎の松葉商人が牛につけて売り歩く松葉の中から、よく乾いて大きな荷を選んで値段を決めて、家に運ばせた。「ここだよ」と言って門の中に入れさせるのだが、門が低くて狭いので荷物が入らない。商人が松葉をたわめて押しこむと、松の小枝がはらはら落ちる。商人は、もう売ったつもりなので、松葉を地面に投げ降ろすと、そこにも少なからぬ松葉が落ちた。ようやく三把の荷を家に入れ終わると、男は煙草をふかしながら、「さっきは大きな荷だと思って値段を決めたが、よく見ると小さい。その値段では高すぎる」と言って、とんでもない安値をつけるので、田舎者の商人は「いまさら値切るとは何事か。一文安くても売らない。買わないなら持ち帰る」と怒りに怒った。男は落ち着き払って「持ち帰るというなら仕方ない。みすみす損をするようなことは都の人はしない」とうそぶいた。田舎者は仕方なく松葉を担ぎ上げて、怒りにまかせて門に打ち付けて、松の枝を雨のように降らせて引き揚げていった。男は、うまくいったと舌を出し、落ちた松葉を拾い集めると、ゆうに三日は間に合う松葉を手に入れた。

男はとにかく貧しいので、魚など口にしたこともない。しかし青葉の季節になると鯛商人が、鯛を売

り歩く。自分も鯛を食べたいものだと家中の金をかき集めたが十文にも足りない。そこでまた一計を案じて、通りがかりの魚屋を呼びこんで、押し問答のすえに一番小さい四寸あまりの小鯛一尾を買い取った。そして、これを台所にしまった。そして、また魚売りが通ると値段の交渉をして、先ほどのよりやや大きめの鯛を買うことにして、これを下げて台所に引っこむ。そして、それを先ほどの鯛とすりかえて、それを下げて持ち帰り、「買おうと思ったが妻が要らないというので、返す」と言って少し大きめの鯛を手に入れる。そしてまた魚屋が通ると、同じ手口でやや大きな鯛とすり替え、こういうことを五、六回くり返すうちに、一尺あまりの大鯛を手に入れて、家中みんなで腹いっぱい食べた。

こんな悪事をくり返すうちに、ついに止むなく盗みに手を出し、運悪く捕手につかまって、捕盗大将（盗賊改めの長官）のもとに引かれていった。引かれて行く道すがら、都の乞食たちに「お前たちに後で金をやるから、俺のあとから『お父さん、お父さん』と泣きながらついてこい」と言い含めた。やがて捕盗大将の前に引き出され「なぜ天下の法を破って盗みを働いたのか」と吟味を受けると、男は哀れな声で「盗みはご法度と知っていますが、このような子だくさんで、とうてい貧乏人の痩せ腕では養いきれません。『お父さん、お腹が空いた。お父さん、寒いよ』と取りすがられるので、思わず目に入るものに手を出してしまいました」とまことしやかに言上した。門の外には無数の乞食がいっそう声を張り上げて「お父さん、お父さん」と呼ぶので、捕盗大将もこの光景を目にして惻隠（あわれみ）の情を起こし、「実に気の毒な身の上だ。お前の盗みは悪心によるものではあるまい。このたびは赦してやろう。早々に立ち去れ」と放免したという。

（高橋亨　一九一〇）

【文献資料】
①高橋亨　一九一〇年　七五～八一頁
②Eckardt　1928　pp.99-100
③李勲鍾　一九六九年　二〇四～〇五頁（一九五〇年に京畿道広州で記録）
④山崎日城　一九二〇年　一七六～七九頁

【話型構成】

Ⅰ．ある奸邪者がお金を持たずに店に行き、松の実があったので、「これなに」と問うと、「ザシオ」（おあがりなさいという意にも取れるし松の実ですという意にもなる）というので、ありったけ食べ、お金も払わず帰った。

Ⅱ．冬に薪がない。薪売りを家まで呼んできてわざと細い門をくぐらせると、切れ端がたくさん落ちた。彼はなにかと文句をつけて薪は買わないといって追い帰した。後で切れ端を拾った。

Ⅲ．魚を十銭で買った。また戻ってきて大きい魚はいくらと聞くと、二〇銭だという。彼は小さいのを置いて大きい魚を持って帰ると、店の人がお金を払えというので、「さきに十銭あげたでしょう。この小さな魚が十銭だから合わせて二〇銭払ったじゃないの」といって持ってきた。

Ⅳ．彼は盗みをした。捕らえられて行く途中、乞食たちにお金をあげるからわしを「父さん」と呼べといった。結局、彼は多くの乞食たちに食べさせるために盗みをしたのだと認められ、釈放と同時に多くの食糧も授かった。


【ヴァリアント】

ある奸邪者が木靴を五両で買った。まもなく戻ってきて、五両の木靴を置いて十両の木靴を持って行った。主人が文句をいうと、先に五両はあげたし、五両の木靴をおいたから合わせて十両じゃないか、といった③。

鯉を買っておいて、他の魚商人がやってくると、大きいのを買うふりをして小さいので返す。何度もくり返すうちに大きな鯉になってしまう⑤。


【解説】

悪知恵の働くトリックスターが商人や役人をだまして、したたかに生きる話です。

日本でも吉四六や吉五が、田舎から出てきた薪売り

から松葉をだまし取る「薪を買う」（大成553）、三〇銭で小さな水瓶を買い、その水瓶を返して「前に三〇銭払って、いま三〇銭の瓶を返すから合計六〇銭」といって六〇銭の大きな水瓶を手に入れる「水瓶買い」（大成555）、サザエを買って、なかのワタはいらないといって殻を持ち帰り、つぎに魚屋が殻だけかと思って安く売ると中身も持ち帰る「サザエを買う」（大成556）など同工異曲の話があります。

中国でもこのような狡猾者の話は発達しており、代表的な話としては明代の奇矯な文人、徐渭（文長）にまつわる話が江南を中心に流布しているほか、各地にそれぞれの狡猾な男の話が伝わっています。食べ物に汚いものを付けておいて自分が独り占めするといった他愛のないものから、瀬戸物売りを跪（ひざまず）かせて商品の甕を壊すといった悪戯、あるいは女性に接吻するという賭をして、狡猾な手段で成功するなど、内容は多岐に及びます。

少数民族にもそれぞれに智慧のある、狡猾な男の話は知られており、チベット族のアグ・トンパやモンゴル族のバラガンサンを主人公とする話は有名です。すでに民国時代に、林蘭によって徐文長話（ばなし）やその他の狡猾者の話が集成されており（林蘭『徐文長的故事』・『徐文長故事外集』）、中華人民共和国成立後は、地主を様々な方法で翻弄する智慧者の物語が大量に報告されています。

【斧原・樋口】

**【話型比較】**大成553・555・556　Eberhard 笑話11～13　丁1530A　金1530A

# 609 ＊悪徳、絹売り商人

KT 675 悪徳な織物売り

むかし、妻がやっと稼いできたお金で暮し、自分は何もしないで遊んでばかりいる男がいた。ある日、妻が「隣の家はお金もよく稼いで、豊かに暮している。あなたはご飯ばかりたべて、昼も夜も遊んでばかりで、どうやって暮していくつもりなの」と泣きそうな顔でいうので、この男は「それじゃあ、自分も金を稼いでくる。ソウルに錦を売りに行くから、誰かが私を訪ねてきたら、ソウルに錦を売りに行ったといいなさい」というと、家を出てソウルに行った。

あちこち歩き回ってから、ある反物屋をのぞいてみると錦がたくさんあったので、その男は「錦、買います」と、そこにあった錦を担いでそのまま出てきた。

主人がその後を追い、「錦の代金を払っていきなさい」というと、この男は、「何だって。私の錦を私が持って行くのに、一体、何の代金を払えというのか」といって、そのまま出て行った。

こうなると、主人も黙ってはいない。「錦の代金を払え」「払わない」と押し問答になり、喧嘩になった。そして、二人はこのままでは何も解決しないと役所に訴えた。長官は二人のいうことを聞いてみたが、どちらの言い分が正しいのか分からない。そこで、使令（下役人）に錦売りの調査をさせた。使令がこの男の村に行って聞いてみると、村の人は、その男はソウルに錦を売りに行ったといった。長官は使令のいうことを聞いて、その錦はこの男のものだと判決を下した。

この男は錦をいっぱい担いで家に帰ると、それを売ってしばらくの間は裕福に暮した。そのうち、食べる物が尽きたので、ソウルにまた錦を売りに行くといって上京し、その錦を売っていた反物屋の前に行って、ぶらついていた。反物屋の主人がそれを見て、怒って「お前はいつかの錦を持っていった男ではないか」と聞いた。「はい、そうです」「錦の代金をどうするんだ」「私についてくれば払いましょう。ついてきてください」。そこで反物屋の主人は錦の代金をもらおうと、この男について田舎にやってきた。

この男は反物屋の主人を連れてきてから、釣り竿を用意して、「ソウルみたいな所ではこんな遊びはできないでしょうから、田舎にきたついでに、釣りでもして一日を過ごしましょう」といった。反物屋の主人は釣りをして帰るのも悪くないと思い、そうしようといった。こうして、二人は大きな川に釣りに出かけた。田舎者は釣りをするといっていたのに、水に飛びこんだまま、沈んで出てこなかった。

反物屋の主人はどうしていいか分からず、しばらく呆然としていたのだが、男の家に行って、妻に「あなたのご主人が水に沈んで出てこないが、どうしよう」といった。すると男の妻は、「この人でなし。主人を水に投げ入れておきながら、とんでもないことをいいだす」と怒鳴りつけた。そこに村人が数十人やってきて、「こいつをたたき殺してしまえ」と怒りはじめた。中から一人の老人が仲裁に入って、「死んだ人も気の毒だが、残された者はこれからも生きていかなければならない。だから、残され

た妻が暮らしていけるほどの金をやるようにしなさい」といった。「それはいい考えだ。そうすればいい」と村人たちもいうので、反物屋の主人はそうするしかない。主人は妻にお金をたくさん渡してソウルに帰っていった。

錦売りは、実は泳ぎがとてもうまかったので、三〇里（日本の三里）も水中を泳いで、家に帰ってきた。帰ってみると、儲けた金はちょっとやそっとの額ではなかった。

男はその金で、食べたいものも思う存分食べ、金がなくなると、またソウルに出かけて、また反物屋の前をブラブラと歩いた。反物屋の主人が出てみると、釣りをして水におぼれたはずの男がいるではないか。そこで主人は「お前さんは、いつか釣りをしている最中におぼれた男ではないか」と聞いた。すると男は、「水におぼれた男と私とは双子なのだ。お前は、私の弟を釣りに誘って溺れ死にさせて、一人でのうのうと暮そうと思っているのか。貴様を探すのに何ヵ月もかかった。よくぞ会えた」と言いながら、主人の胸ぐらをつかんで「この野郎、殺してやる」と飛びかかった。反物屋の主人は「命だけは助けてください。助けてください。うちにあるものをすべて差し上げますから、命だけは助けてください」と懇願した。男はそれを聞くと　主人の胸ぐらを放してやり、反物の店を自分のものにしてしまった。

（任晳宰　一九七一）

【文献資料】

①任晳宰　一九七一年『韓国民俗総合調査報告書（全北篇）』六六八～六九頁（一九六九年八月十六日に、全羅北道鎮安郡上田面月坪里梧桐村落で姜太熙（男・五九歳）に聞く）（＊『韓国の民俗大系（全羅北道篇）』任東権・竹田旦訳　七一二～一三頁）

【話型構成】

I．（1）奸智にたけた者が織物商人になると言いだし、村の人たちに織物売りに出かけたという噂を広げるよう頼んでおいた。（2）都の店で織物をいっぱいかついで出ようとすると主人がお金を払えというので、これは俺のものだと主張した。（3）そこで裁判にかけられたが、裁判官が男の村を調べさせた結果、本当に織物商人だとわかり、彼の所有になった。（4）まもなく彼は都の店に現れた。主人がお金を払えというので、やるからといって田舎に連れてきた。釣りでもやろうと誘い、彼は水に落ちて浮きあがらずにいた。主人は殺人犯に問われ、大金を払ってやっと事件をおさめた。（5）まもなくして彼が都の店に現れると、溺死した者がどうして来られたかと問うので、わしは死んだ者の弟だ、兄の仇討ちにきたと脅し、また財産を譲ってもらった。

【話型比較】　大成618　ATU1535

【解説】

悪知恵にたけた男が、田舎の商人をよそおい、都の商人をくり返しだまし続ける話です。

KT649「嘘つき小僧と生員」、KT668「両班と召使い」、KT669「月を買った地方長官」と同じタイプで、日本の「俵薬師」（大成618）とおなじく世界中に分布します。

子どもが大人を出し抜いたり、召使が主人を欺いたり、貧しい田舎者が都の金持ち商人をだましたり脅したりと、社会的な立場の劣る者が地位も力も上の者を圧倒し、社会的な秩序をかき乱す、典型的なトリックスター話です。　【樋口】

# 610 ＊盲人をだます

KT 676 盲人をだます

むかしこの国の都に暇人の無法者が一人いた。盲人たちの集う都屋という集会所に出入りして、盲人のふりをして会食のたびごとにまぎれこみ、腹いっぱい食べるのを常としていた。

ある日、盲人たちが協議して「今日から一人ずつ代わる代わるにお互いを招いて、ご馳走することにしよう」と決めた。籤を引いて順序を定め、当たった者から順番に毎日饗応をした。そのうちに順番は目の見える男に回ってきて、明日はいよいよ我が家に皆を招待しなければならないという羽目になった。

無法者の常で、家にはなにもない。一家四人が食べていくこともままならない。盲人たちを欺いて食いつないでいるありさまだから、大勢の客にはマッカリ一杯ふるまうこともままならない。

どうしようかと相談して窮余の一策を思いつき、はたと手を打って、これで大丈夫ということで、都屋に赴いて「明日は皆々を招待して、粗酒を一献差し上げたい」と、丁寧に招待した。

そして当日、朝早く女房を走らせて、あちこちの店から捨てた牛骨をもらい受けてくると、盲人たち

の来る時刻に、この牛骨を炙った。

やがて盲人たちがやってきた。盲人たちは目こそ見えないが、嗅覚は鋭いので「実に今日は素晴らしいご馳走にありつけるにちがいない」と、大喜びで語り合った。

主人は、客たちが席に着いたのを見計らって、棒の先に糞をなすりつけて、一人の盲人の鼻先に差し出した。たちまちその盲人は鼻息荒く「いや臭い屁だ。だれだれが屁をしたな」と言う。主人が、また次の盲人の鼻先に棒をつきつけると、その盲人も顔色を変えて「まったく耐えがたい屁だ。だれだれが屁をしたな」と嘲った。こうして次々に鼻先に棒をつきつけると、中の気の短い一人が、相手に向かって「自分で屁をしておきながら、私が目が見えないからと言って、言いがかりをつけるのはけしからん。このままではおかない」と息巻く。すると屁の張本人と言われた盲人が、「言いがかりも甚だしい」と肘をはって見得を切る。あちらでもこちらでも大騒ぎになったところで、主人は女房に合図して壊れた瀬戸物の皿を盲人の前に並べると、言い争いではおさまらず、殴り合いになって、前に置かれた皿は手や足ではね飛ばされて、カラリ、チリン、ザクリと音を立てて、たった今壊れたように欠けて飛び散った。

そのうち盲人たちは、乱闘に力尽きて、主人夫婦が止めに入ったのを機会に、みなへたりこんで、馬鹿をみたと息をついた。

主人夫婦は、しきりに欠けた皿を集めるふりをして、アイゴー、アイゴーと泣き出し、「せっかく皆さんがおいでになるというのでご馳走を用意したのに、思わぬ乱闘となり、お聞きの通り皿小鉢にいたるまで全て壊れてしまいました。どうしたらいいでしょう」と、ため息をついてみせた。

盲人たちは、大人げなく子どものような喧嘩をしたことを恥じて、器まで壊したことを恥じて一言もない。挨拶もそこそこに、しおしおと引き揚げて行った。
その翌日に盲人たちは都屋に集まり、昨日は実に申し訳ないことをしたので、金を出し合って、せめて壊れた器の代金にでもしなければ人の道に外れるということで、少なからざる金を無法者に差し出したということだ。

（高橋亨　一九一〇）

【文献資料】
①高橋亨　一九一〇年　八二～八五頁

【話型構成】
（1）ある奸智にたけた者がいつも盲人の集いに行って嘘をつき、腹いっぱいごちそうになった。（2）盲人たちは順番に仲間を招待することになって、ついに彼の番になった。（3）彼は女房と組んで捨ててある肉付の骨を拾ってきて、それを焼いて匂いを出した。盲人たちは大変なごちそうになると期待していた。（4）彼は棒の先に糞をつけ、盲人たちの鼻先につけた。すると盲人たちは、そばの者が屁をひったのだと思い、やがて大騒ぎになった。（5）そのせいで食器がみな壊れるような音を出した。すると盲人たちはごちそうも食べず、ついに食器の弁償をしてくれた。

【解説】
朝鮮王朝時代の野談集には目の不自由な人をからかう話が多く見られます。たとえば成俔の『傭斎叢話』（15世紀末）の「明通寺の盲人たち」は、「ソウルの盲人たちが集う明通寺に、目の見える書生が入りこみ、鐘に悪戯をして盲人を迷わせる」話です。また「信じやすい盲人」という話では、少年が好奇心の強い盲人を「地の底を覗かせてやる」といって引きずり回した挙句に崖から突き落とします。
いずれも残酷な笑い話ですが、話の中に、互いに助け

合うために集会を持ったり、妻や使用人を使って豊かに暮らしたりするなど、町に暮らす目の不自由な人たちの当時の暮らしぶりがうかがえます。

中国にも、ＫＴ６７４の【解説】で紹介した徐文長の故事群のなかに、盲人をだます話があります。徐文長が盲人を助けて川で水浴びをさせ、水浴びを終えたら自分の名前を呼んでくれといって名前を「杜莱勘」（＝都来看〔みんな見においで〕）だと名乗ります。水浴びを終えた盲人は、大声で「都来看」と叫び続けて笑いものになった、という話です。

【斧原・樋口】

【話型比較】大成５７７　Eberhard 笑話11–V・13–IX

## 611 ＊虎のしっぽ

KT 677 虎の尾

むかし、ある士人が科挙試験を受けるためにソウルに向かった。それから何日かして、深い山奥に入って行った。森は生い茂り、道は険しかった。士人は足が痛かったので、しばらく休んでから行くことにした。士人は芝生の上にある大きい岩で脚絆を解いてから、座ってタバコを一本吸った。しばらく休んだ士人はまた歩こうと杖を探したのだが、その時、なにか柔らかいものが手に当たった。よく見てみると、虎のしっぽだった。大きい岩の後ろに虎が横たわっており、二つの岩の間から虎のしっぽがこちらの方まで伸びていたのだった。

士人は驚いた。虎も昼寝をしていたのだが、しっぽを触られたせいで、眠りから覚め、あくびをしていた。士人はとっさに虎のしっぽを両手でぎゅっと握った。虎は驚いて、飛びかかろうとしたのだが、しっぽが抜けず、吠えるだけで、飛びかかりはしなかった。士人はありとあらゆる力をつくして、しっぽを握った。放したら、虎に殺されてしまう。全身、汗でびっしょりになった。士人は助けを求めたくても、人は誰一人おらず、どうすることもできなかった。しばらく、時間が経った。

丘の向こう側から、帽子をかぶった坊さんがこちらにやってきた。士人は大声を出して、早くきて助けてほしいと懇請した。横にある杖で虎を殴り殺してほしいと言ったのだが、坊さんは殺生はできないと言って、虎を捕まえようとしなかった。

士人はやきもきした。士人は坊さんに、あなたがしっぽを握っていれば、私が杖で虎を捕まえると言った。

坊さんはそれも初めは断ったが、殺生は免れると思ったのか、士人と交代して虎のしっぽを握った。士人は胸をなでおろした。そして手のほこりをはらってから、脚絆を探して、旅立とうとした。

今度やきもきしはじめたのは坊さんの方だ。士人に早く杖で虎を殴り殺してほしいと頼んだが、士人は「小生も殺生は願いません」と言い、坊さんにしっぽをしっかり握っているようにと言って、旅立とうとする。坊さんは初めの約束と違うではないかと哀願したのだが、士人は耳にも留めずに、行ってしまった。

坊さんは困ってしまった。しっぽを放せば、今度は自分が何もできず死んでしまう。だから、しっぽを放すこともできない。死に物狂いでしっぽを握っていなければならなかった。夜になって、また夜が明けた。しかし、険しい山道だから、誰ひとり通り過ぎる人もいなかった。坊さんは虎のしっぽを死に物狂いで握っていた。きっと坊さんは、今もそこで虎のしっぽを握っているにちがいない。

（任東権　一九七二）

【文献資料】

①任東権　一九七二年　一三七～三九頁（*『韓国の民話』熊谷治訳　九六～九八頁）

【話型構成】

I．（1）ある士人が科挙試験に赴く途中、山中で昼寝をして目が覚めて杖だと思って握ったのが、なんと虎の尾であった。（2）虎もびっくりしてあわてたが、もし手を放すと虎の餌になると思い、士人も必死になって摑んでいた。（3）ちょうど僧が通りかかったので、士人は虎を叩き殺してくれと頼むと、僧は殺生は禁じられているからといって断わった。では尾をかわりに摑んでくれれば俺が殺すというので、僧は尾を摑んだ。（4）士人はそのまま逃げ帰った。僧はなぜ虎を殺さないのかと問うと、士人は俺だって殺生はいやだよと答えた。（5）おそらく僧は今も尾を摑んでいるはずだ。

# 612 ＊ゴマの作柄が悪かった

KT 678　毛帽子

防寒帽は防寒具として実用的な上に見かけもいいのだから、むかしはよくかぶったものだ。

ある山里にある爺さんが暮していた。ある時、ふだんから可愛がっていた若者が訪ねてきては、相談を持ちかけた。

「お爺さん、防寒帽を一つ買いませんか」「買いたいのだが、お金が足りない」「では、こうしましょう。私が半分払いますから、お爺さんが半分払ってください。極上品を一つ買って、お爺さんが用事があって出かける時にはお爺さんがかぶって、私が用事があって出かける時には私がかぶることにしませんか」

爺さんが乗り気になってお金を渡すと、若者は防寒帽を買ってきた。表の絹も、中の毛も、すべて上等だったので、爺さんは喜んだ。幼い子どものように、触ってみたりかぶってみたりして寝たのだが、明くる日の明け方、青年が訪ねてきた。用事ができたので帽子をかぶりたいという。

爺さんが渡してやると、一日中使って、暗くなってから持ってきた。あくる日も、またそのあくる日

も、青年は朝になると訪ねてきて、帽子を持っていって夕方まで戻ってこない。爺さんは二人で買った帽子だから、いつも一人が使うのが悔しかったのか、元をとろうとして、夕方になると明かりをつけて、かぶったまま座っていた。

こうしてその年は過ぎたが、次の年の冬もまた同じことで、とうとう防寒帽はすり減って使えなくなってしまった。

また夏が過ぎ、秋が過ぎて、初冬になったころ、若者が訪ねてきて、「防寒帽をまた一つ一緒に買いませんか」といった。爺さんはしばらく考えてから、「今年は、ゴマの作が悪かったから無理だよ」と断った。

（李勳鐘　一九六九）

**【文献資料】**

①李勳鐘　一九六九年　五〇頁（一九六五年に京畿道広州で記録）

**【話型構成】**

Ⅰ．（1）ある若者が貧乏老人に二人でお金を出し合って毛帽子を買って交代で使おうと提案した。（2）そして、若者は毎日用事があるからといって、早朝、毛帽子を持って出かけては夕方返した。（3）老人は自分はかぶるチャンスもなく古くなってしまうと思い、夜もかぶっていた。（4）冬が過ぎると、帽子はもう使えないほど古くなった。また冬が来ると、若者は再び老人に同じ提案をしたが、今度は断られた。

**【解説】**

若者が人の好い爺さんをだまして帽子を手に入れる話です。一度はだまされた爺さんも、二度目には「今年は、ゴマの作が悪かったから無理だよ」と体よく断ります。

ゴマは、育てるのに大変手間のかかる作物ですが、韓

国人の生活にとっては欠くことできません。とくにゴマの油は貴重で、一昔前までは油を絞る職人が季節ごとに村の家々を訪れたものでした。
「ゴマの作が悪かったから無理だ」という言葉には、特別の意味はありませんが、現金収入のない農夫にとっては、おそらくゴマが唯一の換金作物であったのでしょう。この爺さんは、ゴマを作って現金を得て、暮らしを立てていたのでしょう。かつての農村の暮らしの一端をうかがうことのできる話です。【樋口】

## 613 ＊天罰

## KT 679 婿に迎えてみると

ある爺さんに娘が一人いたのだが、爺さんはとてもよく働く人で、他人がモタモタしたり怠けているのを見ると、じっとしていられない性格だった。だから娘の婿は、誰でもいいが、せっせと手際よく働く者でなければ困るといっていた。

ある日、庭の前を一人の若者が牛に乗って通りすぎた。その若者は牛の鞍の上で草履を編んでいた。爺さんは「こいつはよく働くやつだ」と思って、「おい、そこの若いの、お前さんはどこの村に住んでいるんだい、今からどこに行くんだい」と聞くと、若者は牛から降りて、近くにあった箒で庭を掃きながら、「江原道の襄陽郡のヤンジマルに住んでおり、これから市場まで食糧を積みに行くところです」と答えた。

それから、あたりを見回して、白菜の芯を一握り摘んでちり紙を作っては便所を探していたが、腰紐が解けないので、紐を鎌で切って駆けこんだ。「こいつは、よっぽどのせっかちだ」と爺さんは思った。若者はすぐ便所から出てくると、牛に乗って草履を編みながら、「行くぞ」といって牛をせき立てて行ってしまった。

爺さんはすっかり気に入って、うわさを頼りに若者の家を探して、親に頼みこんで婿養子にした。ところが結婚すると、こいつはたちまち本性をあらわした。昼寝ばかりしていて、三日も四日も家族と顔を会わせないこともあった。顔も洗わない、歯も磨かない、汚くてたまらないので、爺さんは腹が立って仕方がなかった。

ある日、秋にとれた米で餅をついて祭祀の準備をしていると、こいつが顔も洗わず、食べ物のにおいを嗅ぎつけてノソノソと出てきた。そして、妻が甑（こしき）から餅を取り出すと隣りに座りこんで、その汚い手で餡をつまみ食いしたり、餅を指で押したりした。

嫁が見るに見かねて、長いままの餅を手の上に置いてやり、部屋を指さして脇をつついて合図をした。「はやく部屋に入って、食べなさい」という意味だが、このできそこないは、「あつっ、あつっ」と

騒ぎながら、あっちの手で持ったかと思えば、こっちの手で持って、そうしているうちに、床に落としてしまい、その落ちたものを拾って口に入れて、また「あつっ、あつっ」と、一人で大騒ぎをした。

ちょうど畑から帰ってきた爺さんは、その様子を見て、「こいつは何を食っているんだ」と怒りだした。

婿は黙っていればいいものを、「餅を切るのを見ていたら、長いまま一切れくれたから、そいつを食べているんです」と答えた。

その晩、嫁が寝ようと部屋に入ってきて、婿をたしなめた。「私のことも考えてください。家族がみんな嫌がっているのに、長い餅まであげた私の立場はどうなりますか。『少し餡をくれたから、それを食べました』と言えばいいじゃないの」

「そうか、それでは待っていろ。ちょっと話をしてくる」「夜中にどこに行くの」「おとなしく待っていろ。俺はちょっと行ってくる」

「お父さん、お父さん」「この野郎、こんな夜中に何の用だ」「お父さん、さっき、私が食べた餅は長い餅ではなく、妻が餡を少しくれたので、それを食べていたのです」「この野郎、それしきのことを言おうと、こんな夜中に人を起こすのか。早く行って、さっさと寝ろ」「餡を少し食べただけです」「この野郎、ぶつぶつ言わないで、さっさと寝ろ」

婿はまっ暗なところを手探りで帰ろうとしたので、中庭の熊手を踏んでしまった。熊手の柄が跳ね上がり、額にぶつかって目から火が出た。

婿は「きっと嘘をついたので、罰が当たったのだ」と考えて、痛い額を触りながら、舎廊房の爺さん

のところにもどって「お父さん、お父さん。今は嘘をついて、すみません」「この野郎、うるさい。早く行って、寝ろ」「長い餅をもらって、食べました。餡を少し食べたのではありません」といって帰ると、今度はもう誰も自分を殴る奴はいなかった。

「なるほど。人というものは、正直でなければいけない」と婿は得心した。

（李勲鐘　一九六九）

**【解説】**

朝鮮王朝の両班階級の間では、直系の男子が家を継ぐことが必須であり、娘に婿を取るなどということは考えられませんが、昔話の世界にはKT541「天気予報ができる婿」やKT607「仲人のユーモア」など婿取りの失敗譚が多く見られます。いずれも、父親が可愛い娘のために働き者の良い婿を求めて、とんでもない婿を迎えてしまう話です。

これは、家系の維持を最優先にする両班階級とは違って、農業を営む庶民階級の間では、父母を養い家計を支える婿や、娘の子どもたちの貴重な労働力が切実に必要とされたためであろうと思われます。

いずれにせよ同姓同士の結婚は禁じられていますから、遠くの村から見知らぬ婿を迎えることが庶民の間でもよく見られたものと思われます。

【樋口】

**【文献資料】**

①李勲鐘　一九六九年　二一一～二一三頁（一九四〇年に京畿道開城で記録）

**【話型構成】**

Ⅰ．（1）ある爺が、性急でまめまめしい若者がいれば婿にしようと思った。（2）ある日、一人の若者が牛に乗って行きながら、草鞋を編んでいた。名前を聞くと、飛び降りてくるなりほうきを手にして庭を掃きながら、ヤンジマルに住んでいます、と答えた。（3）爺は若者が手早くまめまめしくみえ、気にいった。そこで婿に迎えた。（4）若者は婿になった翌日から本性をあらわし、仕事には指一本触れようとしないし、顔も洗わず食べて寝るばかりだった。爺はだまされたことをくやしく思った。

# 614＊悪賢い郡守

KT 680 奸邪なウォンニム

この国には、むかし良い王様がいたし、良い大臣もいた。そういう良い大臣が、ある時、従弟の沈氏を郡守にした。

この大臣は真面目な良い大臣だったが賢くはなかった。ところが沈氏は利口だった。それも飛び抜けて利口だった。大臣が真っ白な馬を持っているのに、もう一頭、黒い馬を欲しくてたまらないのを知ると、沈氏は、大臣に黒い馬を献上することにした。彼は灰色の馬を見つけて馬の全身を黒く塗った。全身の毛に黒く光る漆を塗ってからブラシをかけた。そのために馬の体の毛は黒漆のように輝いた。この輝くような黒い馬を贈られた褒美に、大臣は沈氏を郡守にした。

沈氏は郡守になると、「いろいろな税を考え出して、その上前をはねて金持ちになってやろう」と考えた。

上前をはねればはねるほど、沈氏は裕福になっていった。すばらしい家を手に入れたし、目をみはるような輿も手に入れた。下男が四人で介添えする輿に座って、街の大通りを流して回るのも好きだっ

た。高い台座の上に座った沈氏は、たいそう立派に見えた。誰もが沈氏に道を譲った。沈氏が通れば、旅人も馬から降りてお辞儀をした。輿に乗るくらいだから、さぞかし偉い役人だろうと、みんな察しがついたのだ。

大いに上前をはねてどんどん裕福になったので、その噂は王の耳にも届いた。王様は「この沈という郡守について調べよ」と配下に命じた。「暗行御使の尹を派遣して、沈が貧しい者たちの上前をはねているという噂の真相を探らせろ」

ところで、沈氏は王宮に友人がいて、王が最初の暗行御使として尹を送ることを知らせてきた。沈氏の派遣を知らせた友人は「尹は正直な男だ」といった。「お前が上前をはねた中からいくらか渡したところで、尹を追い返すことはできん。けれども、あいつは臆病だから牝馬に乗って来るだろう。その牝馬にはまだ乳離れのすまない子馬がいる」

利口な沈氏は、王が暗行御使の尹の頭がおかしくなったと思わせる手を、たちどころに考えついた。沈氏の家来に子馬を盗ませて、その子馬に虎の皮をかぶせた。そうして尹が通る道の脇に子馬を隠した。そして尹を乗せた牝馬がやって来ると、虎皮をかぶせた子馬を放した。子馬には虎の頭をかぶせ、尻尾に竹の芯を入れて、ぴんと反り返るようにしてあった。

尹の牝馬は、子馬が向かってくるのに気づいても、虎の匂いがするので尻尾を巻いてソウルに向かって駆け出した。尹を乗せた牝馬は、小さな道や大きな通りを駆け抜けて王宮に逃げ帰った。

尹は怖がる牝馬の背中にしがみつき、子馬は母馬を追いかけ、子馬が牝馬の乳を飲みはじめるまで、人びとはこの奇妙な獣から逃げ惑った。そして牝馬が虎に乳をやっているのを見て、みんな大笑いし

た。王様は、尹がこの悪戯を仕組んだと思いこんで、済州島に島流しにした。

王様は、「今度は舜を派遣しろ、あいつは尹のような馬鹿ではない」と次の命令を出した。すぐに沈氏は、二人目の御使がきて「上前をはねる」悪行を王様に報告されるという知らせを受けた。

今度の御使の舜は臆病ではなかったし、白い牝馬に乗っていたが子馬はいなかった。しかし舜は、酒を飲んで妓生の歌を聴くのが大好きだった。

そこで、沈氏はその地方で最高の妓生を宿という宿に用意した。妓生は御使の盃に酒を何度も何度も注ぎ、楽しい歌と優雅な踊りで楽しませ、できるかぎり御使の旅を遅らせようとした。そして御使が一番良い宿に着いた時、沈氏は今までで一番手のこんだ罠を舜に仕掛けた。

その宿では豪華な食事が用意され、宿の主人の美しい妻が自ら酒を注いで舜を楽しませた。「お客様、あなた様のただ一つの危険は」と、宿の主人の美しい妻は舜にいった。「私の主人が帰ってくることです。私の主人は嫉妬深い人ですから、あの人が帰ってきたら、うまくお隠れになってください」

そして、いよいよ宿の主人の足音が聞こえて来ると、御使の舜は大きな箪笥の中にもぐりこんだ。宿の主人の妻は箪笥に大きな門を渡し、大きな鍵をかけた。

宿の主も自分の役をうまく演じて激怒したふりをしたので、箱の中からその声を聞いた舜は震えあがった。

「旅のやつはどこだ」と主人は妻を叱りつけた。「あいつの白い牝馬が外にいるじゃないか。隠しているのは分かっているぞ。もうお前はこの家の嫁ではない」

「それなら、二人の物は二つに分けましょう」と、妻もまた怒ったふりをして、そう言った。二人は、

言い合いを続けながら、家の財産を二つに分けていった。そして最後に、舜の隠れた箪笥を、お互いに自分のものだと言い張った。そして夫は、よし、それなら箪笥をノコギリで二つに切ってしまおう」と言い出した。

「それでは箪笥がだめになってしまう」と妻は反対して、「郡守に裁いてもらいましょう」ということになった。御使の舜はノコギリで引かれて死ぬのをまぬがれてほっとしたが、もしも裁判の場で箪笥が開けられれば、自分は罰せられて、叩かれるにちがいないと覚悟した。

そして、郡守の沈氏は裁判の場で「この訴えを公正に裁くことはできない。お前たちには箪笥の代わりに二百両やるから、それはここに置いていけ」と言い渡した。

宿の主と妻は上手に芝居を演じたので、褒美をたくさんもらって家に帰った。

沈氏はその箪笥を王様のところに運ぶことにして、大きな声でこういった。「中で鬼神が騒ぐような音がしたら、この箪笥は川に落としてしまえ」これを聞いた舜は箪笥の中で縮みあがって、箪笥が王様と家臣の前に降ろされるまで音をたてずにいた。

そして金櫃が開かれて、中から舜が転がり出てくると、大臣たちは大笑いした。長いあいだ箪笥に入ったままだったので、舜の両脚はすっかり痺れてしまい、亀のように這うことしかできなかった。

「また罠にかかったのか」と怒った王様は、舜も済州島に送ってしまった。

それからしばらくして、また沈氏のもとに「三人目の御使の金が行くぞ」と宮廷の友人が手紙を寄こした。友人は「金は酒は一滴も飲まないし、妓生の歌よりも寺の鐘のほうを好む。臆病でもない。頭を丸めた僧侶だけを畏れ敬っている男だ」と知らせた。

利口な沈氏がこの男に仕掛ける悪戯を思いつくには、それほど時間はかからなかった。沈氏は、三人目の御使の金を追い払うために、「山の神が将棋をさすのを見ているうちに三〇年が過ぎてしまった木こりの話」を使うことにした。

そして御使の金が途中のある宿に泊まった時、山の上の寺から聴き慣れない音楽が聴こえてきた。「あれは聖なる山に神様が集まっているのです」。郡守の沈氏の命令通りに宿の主がそう言った。「千年に一度だけ、ああやって山の神様があそこに集まるのです。心の清い人だけが、そこで神様に会えるのです」

敬虔な信仰をもつ金は興奮で身が震えた。「私はその寺に参詣に行く。私は偉大な仏陀の信者だから、神々は私を受け入れてくれるだろう」

そして沈氏の思惑通り、金は山にのぼっていった。すると木立の中の小さな谷間に、まるで舎廊房の掛け軸の山神の絵のように長い衣をつけた四人の老人がいた。そばにはやはり見慣れない恰好の侍童が四人いて、老人たちに給仕して、酒を注いでいた。

金は山の神にすすめられて四人の椀の酒を飲んだ。高価な酒は強く、金はぐっすりと眠ってしまった。待ちかまえていた沈氏の配下は、金が目を覚ます前に、金をぼろぼろの服に着替えさせた。杖を朽ちかけた棒と取り替えて、高い山の上まで運んだ。

次の朝になって我に返った金は、最初は神に連れられて天国にきているのかと思ったが、すぐにそうではないと気づいて山を下りはじめた。するとまるで偶然のように、一人の男が柴を背負って山道を上ってきた。あわれな金は、「お教えください、親切なお方」とその男にたずねた。「王様の使いで、昨

日は宿にいた金のことを何かお聞きではありませんか？」

するとその男は、「確かそういう人がいましたね、聞いたことがありますよ」と答えた。「けれど、その人は二百年前に神様にさらわれて姿を消したという話ですよ」

信じやすい金は、「あの天の酒のせいで、私はすっかり眠りこんでしまったにちがいない」と独り言をいった。「二百年も眠ってしまったのか。道理で服がぼろぼろのはずだし、杖も朽ちているはずだ。王家の紋章もこんなに錆びてしまっている」

落胆して首を振りながら宿に帰った金は、そこでも同じ話を聞いた。宿の主は穴の開いていない真新しい服を出してきてくれて、金を家まで乗せて帰る輿と担ぎ手を手配してくれた。

こうして金がソウルに帰ってみると、驚いたことには、自分の家族は旅に出た時と何も変わらない姿だった。王様も大臣たちも、同じように何も変わっていなかった。

驚いた金は、「二百年経っても、まったくお変わりありませんね」と王様に大きな声でいった。金が「神様たちと酒を酌み交わして、すっかり酔ってしまった」と話すと、大臣たちは金が気が狂ったのだと決めつけた。こうして金もまた、先の二人の御使と同じように、はるか南の済州島に送られた。

こうして、王は沈氏が上前をはねるのをやめさせるのを諦めた。王は、「あいつは利口すぎて捕まえられん」と大臣にいった。「あいつは王宮に呼び戻したほうがよさそうだ。王宮の門前で恩恵を求めて騒ぐ厄介な国民をなだめる役目をさせることにしよう」

それからの沈氏は、得意の計略を使ってそういう厄介者がお互いに争うように仕向けた。厄介者たち

は、王様に不平をいうことも忘れて互いに喧嘩をはじめたので、王様は厄介払いをすることができた。ある人は、沈氏がその後、王の財産管理を引き受けて働く官職になり、悪知恵をうまく働かせて、貧しい人びとを苦しめず、巧みに思う存分搾取したといっている。

（Carpenter　1947）

【文献資料】

①Carpenter　1947　pp.243-52

【話型構成】

Ⅰ．（1）奸邪な沈は、彼の親類の大臣に灰色の馬を黒く染めて差し出し、田舎のウォンニムになった。（2）彼は民から賄賂をとり、富をふやそうとはかった。王は噂を聞いて部下を偵察に行かせた。（3）沈はそれを知って三度も偵察員をだまし、目的を果たさせず返した。（4）王はしかたなく沈を宮廷に寄びよせ、他の仕事をまかせた。

【解説】

悪知恵を働かせて両班社会を上手に渡り歩いたトリックスターの話です。世渡り上手で知恵の働く沈氏は、三度にわたって王の送った暗行御使を欺き、都に送り返しますが、その二つめのエピソードにはKT５７１の「恥をかいた監司」、三つ目のエピソードにはKT３００の「神仙の遊びにも斧の柄」が挟みこまれています。

朝鮮王朝の社会では、中央から地方に派遣される守令（地方官吏）は、①農業の振興、②人口の増加、③学校の振興、④軍務と政務の遂行、⑤税を公平に課す、⑥裁判を迅速に処理する、⑦悪人を出さないようにするという「守令七事」を任務としていましたが、実際には「短い任期の中で蓄財すること」が急務であったので、過酷な為政者が多く、この七事が守られることは稀でした。

その悪弊を糾すために、王は秘密裏に暗行御使という特使を送ったことはよく知られています。暗行御使は、『春香伝』の李夢龍や昔話の朴文秀（KT６５８「子どもから学んだ知恵」）のようなヒーローを生みましたが、実際の暗行御使は下級官吏の職で、潜行行動の悲哀がかさ

み、この話のように悪知恵の働く地方官に翻弄されて割を食うことも多かったと推測されます。【樋口】

【話型比較】ATU1358

## 615 ＊見栄を張る役人

KT681 虚勢者

辛という役人がいた。軽薄な男で、やたらに虚勢をはり、富裕らしく思われようとした。

ある時、米を一つかみ門の外に撒き散らしておいて、客がやって来ると、地面の米を見ている下僕を叱り飛ばした。

「どうして、そんなもったいないことをするんだ。困った奴らだ。一昨日は忠清道から米三百斗持ってきたんで、こんなにこぼしたんですよ。もったいない」

また姫妾（美しい妓生）に恵まれていることを見せびらかそうと、常づね脂粉を部屋の壁に塗り付けておいて、客が来ると下僕を叱った。

「どうしてこう壁を汚すのだ。昨夜泊まっていった某妓が今朝帰るとき化粧したから、あいつが汚したに違いない」

またある時は、あらかじめ奴僕に絹片を与えておき、客がきた時に庭下に跪いてそれを示し、「某姫の絹靴の文様は花にいたしましょうか、それとも雲にいたしましょうか」と尋ねさせて、「うん雲がいいな」と答えるのであった。その女たちの名前は皆、当時の名妓ばかりである。

また友人が高貴の者ばかりだと思わせるために、これもあらかじめ権勢のある宰相の名を書いた手紙を下僕に渡しておき、客と向かい合って話している時に、うやうやしく持って来させた。彼はそれを前に置いて、わざわざ長いあいだ見ないふりをして、打ち捨てておいた。客が封筒の名前を見ると宰相の名である。びっくりして帰ろうとすると、これを押しとどめ、「なあに、ごく親しい友人ですから構いませんよ、どうぞそのまま」と言うのである。と、間もなく奴僕がもう一度現れて、「もうお帰りなされました」と言った。

彼はにっこりと笑って言った。「だいぶ久しく会わんので、ちょっと会いたかったんだが」

だが、人びとはこのトリックを間もなく見破り、その卑しさを笑った。

（森川清人　一九四四）

**【文献資料】**

①森川清人　一九四四年　一六一～六三頁

**【話型構成】**

I．（1）辛という官吏が金持ちのようにみせかけるため門外に米を少しまきちらしておいて、客が来るとわざと

下男を叱った。すると下男は前もって約束した通り、昨日は忠清道から小作米二百斗、一昨日は全羅道から小作米三百斗運んできたので、まだ整理できませんでしたと答えた。(2)また、妓生遊びをしたようにみせかけるため、壁に赤色を塗り、客が来ると下男を叱った。下男は昨夜遊んで行った妓生が染めたらしいといった。(3)また、有名な大臣の名前を大きく書いた封筒を事前に下男に渡し、客がきて主人と話をしている最中にそれを持ってこさせ、客が見るようにしむけた。(4)しかし、まもなくこれが嘘だと暴露され、皆の笑い者になった。

【解説】

見栄っぱりの貧しい両班をからかう笑話です。

ソウルに住む両班たちには、現在の大統領府に近い清渓川(チョゲチョン)北の北村地域に住み、家柄も良く、官職に就き、豊かな層と、清渓川南岸の南山麓一帯に住む職もなく毎日の生活が厳しい層という、二つの階層がありました。いずれの両班も、両班である以上、故郷には農地を有し奴婢に耕作させて作物を上納させるのが常でしたが、収納される小作米には貧富の差が歴然であったはずです。

この話の主人公は、おそらくは南山の麓近くに住み、つつましい暮らしを強いられていたにもかかわらず、妓生遊びをしたり、多くの小作米を受けたり、名士と交友したりするふりをして、見栄と痩せ我慢をくり返していたのでしょう。

日本の落語でいえば、番茶を酒に、沢庵を卵焼き、大根漬を蒲鉾に見立てて花見をする「長屋の花見」のようなもので、「すべて～のつもり」の貧しい両班暮らしの現実を語る、身につまされる話です。【樋口】

# 616 ＊父と息子の共同謀議

KT 682 父子共謀

ある村に寡婦(やもめ)が一人、ほそぼそと暮していた。みんながこの寡婦のことを気にかけていたのだが、誰もそんな気配も見せず、あえて、口にすることもなかった。

同じ村の男やもめが息子一人と暮していたが、財産もなく、息子というのも愚かな子だった。

この男やもめは、自分は年もとって若くないから仕方がないが、息子を結婚させなければならないと思っていた。しかし、親の目から見ても、息子に娘をやろうという人がいるとは思えなかった。

そこで、あることを考えた。日が短くなった晩秋のこと、寡婦の家でも秋の収穫作業をしていたので、夕食が遅くなってしまった。台所で食事の支度をしていると、なにやら外が騒がしかった。何事かと思って耳を傾けると、男やもめが息子を叱っているではないか。聞くに堪えない言葉で文句を浴びせていた。その上、むちで叩いている。「アイゴー、アイゴー」という叫びが聞こえ、庭や家のまわりを何周も追いつ追われつする気配がする。

「可哀想に。男やもめも我慢できないのだろうが、母親のいない息子も可哀想に」と、独りごとのよ

うにくり返しながら、つい同情してしまった。するとまた、門の前が騒がしいと思ったら、息子が頭を隠して、台所に逃げこんできた。いま息子を追い払うと、あの父親に叩き殺されてしまう。息子は泣きながら、炊き口の火に当たった。そのうちに夕食が出来たので、息子を呼んで、夕食を食べさせてやった。お膳を片づけようと外に出てから中に入ってみると、眠りこけていた。

寡婦の家なので他に部屋もなく、そのままに寝かせておいたのだが、その夜に事が起きた。寡婦は恥ずかしくて、そのことは口にするなと言ったのに、息子は村中歩き回って、口どめしたことまで喋ってしまった。寡婦は、仕方なく息子を亭主に迎え、一緒に暮すことになった。

その後、男やもめの爺さんがたばこを吹かしながら言うには、「今度は私が嫁をもらわなくては」

（李勲鐘　一九六九）

【文献資料】

①李勲鐘　一九六九年　七五～七六頁（一九六〇年に、忠清南道牙山で記録）

②任晳宰　一九七一年『韓国民俗総合調査報告書（全北篇）』六六五～六六六頁（一九六九年八月十九日に、全羅北道鎮安郡龍潭面玉渠里で李基相〔男・六〇歳〕に聞く）（＊『韓国の民俗大系（全羅北道篇）』任東権・竹田旦訳　七〇八～〇九頁）

③任晳宰　一九七一年『韓国民俗総合調査報告書（全北篇）』六六五頁（一九六九年八月一九日に、全羅北道茂朱郡茂朱邑で梁建釿〔男・六九歳〕に聞く）（＊『韓国の民俗大系（全羅北道篇）』任東権・竹田旦訳　七〇八頁）

【話型構成】

Ⅰ．（1）ある村に財産がある寡婦がいた。求婚の申し出が多かったが、断わった。（2）同じ村に馬鹿息子のいる男やもめがいたが、あまりに貧しかったので嫁を迎えることができなかった。（3）父子は共謀して、わざと寡婦の家の前で息子を叱り、殴るようにみせかけた。すると

彼女は馬鹿息子がかわいそうで喧嘩を仲裁し、部屋に連れてきた。（4）夕飯をごちそうしてもらった彼は、その場で横になっていびきをかいた。その晩、彼は彼女と関係した。（5）寡婦ははずかしくて他人には内証にしたが、彼はわざと噂をたてた。彼女はやむをえず彼を夫として迎えた。

【ヴァリアント】

ある砥石商人が金持ち寡婦の噂をきいてその家に忍びこみ、まるで自分が寡婦の夫にでもなったかのように下男たちに仕事を命じたりした。それで寡婦が夫をもらったという噂がすぐ広がった。彼女はやむをえず彼を夫に迎えた③。


【解説】

韓国の昔話には、嫁のきてのない独身男が知恵を働かせて、一人暮らしの寡婦を妻にする話が多く見られます。李勲鐘が一九六〇年に忠清南道牙山で記録したこの話①では、知恵を働かせるのは父親ですが、任晳宰が一九六九年に全羅北道鎮安郡で聞いた話②では、独身男の相談相手の年上の寡婦が、若くて金持ちの寡婦との間を取り持ちます。同じく任晳宰が一九六九年に全羅北道茂朱郡で聞いた話③では、家も身寄りもない砥石売りが、自らの知恵で寡婦を手に入れます。

話型は異なりますが、ＫＴ６４８・２「師匠を結婚させる」の場合には、書堂に通う少年が知恵を働かせて、書堂の先生を寡婦と結婚させます。

このタイプの話が多く聞かれるのは、伝統的な農村社会に「貧しくて結婚できない独身男や、夫と死別し一人暮らしを強いられる寡婦が少なからず見られた」ことを示しているのだと思われます。夫の死後も操を通す「烈女」のような儒教道徳がタテマエの韓国社会では、寡婦のような生き難い立場に立たされた人や、貧しくて嫁どりの出来ない人たちを救済するためには、時には無法な知恵の働きが必要とされたに違いありません。【樋口】

# 617 ＊炭俵を背負った男

KT 683 炭俵をしょって

若い農夫と妻とが、めったに人の通ることのない林間の畑を耕していた。そこへ、一人の男が炭俵を背負って通りかかった。この男は、実はその農夫の妻と特別懇意の間柄にあったのである。立ち止まって、この男は農夫と妻に向かって「お前たちはけしからんではないか。この昼日中、しかも畑のまん中で、そんなことをして……」といった。

すると農夫は、けげんな顔をしてホミ（手鍬）の手をとめていった。「何もしていやしないじゃないか。畑を耕しているだけだよ」この男、さももっともらしく、「それそれ、そういうふうにやっている。こんなところでせんでも、家に帰ればいくらでもできるではないか。みっともないよ」といった。「何もしていやしないいじゃないか。はて、おかしいなあ」と農夫がつぶやいた。

男は考えるふりをして、「それではお前がここへきて、この俵を背負って立って見なさい。俺がお前と代わってホミをとってやる」といった。それで農夫に炭俵を背負わせ、自分は畑に下りて行って、彼の妻をせしめた。農夫は俵を背負いながら、「なるほどそう見える。不思議だ」といった。

それから妻を他人に失敬されることを、俵をかつがされるという。

（今村鞆　一九二八）

【文献資料】

①今村鞆　一九二八年　四〇四頁（崔仁鶴　一九七四年　二五一～五二頁）

②木沢政直　一九六四年　二九六～九八頁

【話型構成】

Ⅰ．（1）若夫婦が森の中で畑を耕していた。（2）そこに炭売りが通りかかって彼女に欲望をいだき、わざと大声で、昼間に畑で性交をするとはと叱った。（3）夫はそんなことはしてないと否定したが、ではここにきて炭俵をしょってごらん、確かにそうみえるから、と言われた。（4）夫が炭俵をしょってみると、確かに炭売りと女房が性交をしているのがみえた。夫はとてもおかしいと思った。

【解説】

これは、今村鞆（一八七〇～一九四三）が『歴史民俗朝鮮漫談』に収めた「夫の前で失敬した話」です。今村は一九〇八年に渡韓し、忠清北道、江原道などの警察部長を務めた警察官僚の出身ですが、早くから韓国の民俗の記録につとめ、『朝鮮社会考』（一九一二）、『朝鮮風俗集』（一九一四）などを著わし、京城に赴任したばかりの民俗学者・秋葉隆に大きな影響を与え、後には朝鮮民俗学会を通じて若い韓国人民俗学者とも交流を深めた優れた民俗研究者です。

『歴史民俗朝鮮漫談』は、朝鮮王朝時代の野談集などに見られる笑話のほかに、「朝鮮の龍話」「日本ならびに朝鮮の石合戦」等の民俗研究、「新井白石と朝鮮通信使」「李朝における日本人の往来」のような歴史研究を雑多に収めた「漫談」の体裁をとっていますが、その時代の韓国民俗や民俗学の在り方を知る上で貴重な資料となっています。

【樋口】

【話型比較】大成笑話新6　ATU1423

# 618 ＊牛肉か麦飯か

KT 684 牛肉か麦飯か

盲目の占い師が、ある男に美女との間の取り持ちを頼んだ。この男、よしよしと快く引きうけたが、根がなかなかのひょうきんものだから、占い師の妻に、このことを打ち明け、その妻を美女に仕立てて、あるところでさりげなく会わせた。

首尾をとげた占い師は、喜んだ。「うちの嬶は麦飯のようだ。お前は牛肉のようだ」その妻は、先に家に帰って知らぬ顔をしている。やがて占い師が帰ってきた。「えらい遅いが、どこへ行って来なさったか」と尋ねると、占い師は、「読経を頼まれたが、腹がいたくなったので寝てきた」と答えた。そこで、すかさず妻が、「牛肉を食い過ぎたのでしょう。麦飯のほうがよかったのではないですか」といったそうだ。

（今村鞆　一九二八）

**【文献資料】**

①今村鞆　一九二八年　四〇五頁
②崔仁鶴　一九七四年　二五三～五四頁
③木沢政直　一九六四年　二九八～九九頁

【話型構成】

I．（1）占いの盲人が、ある友人に美女を紹介してくれと頼んだ。（2）友人は盲人の妻と組んで、その妻を美女に仕立てた。（3）盲人は関係が済んでから相手に、わが女房は麦飯のようだがおまえは牛肉のようだと言った。（4）妻は先まわりして家に帰っていた。盲人がきて、夕べは読経をしているうち腹痛が起きて寝てきたと言った。（5）そこで彼女は、きっと牛肉を食べ過ぎたのでしょう、麦飯の方がかえってよかったはずなのに、と言った。

【古典文献】

成俔『慵斎叢話』（＊梅山秀幸訳「妻を妾にした盲人」二九八～九七頁）

『青坡劇談』節餅条

【解説】

これも今村鞆が『歴史民俗朝鮮漫談』に収めた「夫の前で失敬した話」です。

ここで「盲目の占い師」と呼ばれているのは「パンス」と呼ばれる盲目のシャーマンのことです。パンスは、巫堂のように家の祭りを主宰して神を降ろし、占いによって神の意志をはかり、災いを祓って招福の祈りを捧げることもありますが、巫堂のように神が乗り移る「神がかり」の状態になることはなく、また世襲によって巫覡の職を伝えることもありません。

この話は『慵斎叢話』にも見えますが、興味深いことには、成俔の話ではだまされて妻と交わった盲人が「おまえの身体は食べ物にたとえるなら熊の掌か豹の胎のような絶品の味がする。我が家にいる女は藜（あかざ）の粥や糠飯（ぬかめし）のようにまずい」と言う件です。成俔の暮らした十五世紀末の美食家が、中国の人びとと同じく珍奇な下手物（げてもの）も美味としていたことが分かります。【樋口】

## 619 ＊牛の絵（陰上に臥牛を画く）

KT 685 牛の絵

身持ちのよくない妻をもった男が外出に際して、その妻の秘所のそばに臥牛を画いておいた。ところが帰って調べてみると、それは立っている牛であったので（姦夫はまちがえて立牛を画いていったのである）「俺は臥牛を画いておいたのに、この牛は立っている。お前は不義をしたのだろう」というと、妻は答えて「その辺に草むらがあるからそれを食おうと立ったのかも知れません」といった。すると夫はなるほどと思ったとか。

（孫晋泰　一九三〇）

**【類話】**「陰上に豚を画く」

ある嫉妬深い男が数日間の旅出に際して、その妻の秘所のそばに豚を画いておいたところが、旅から帰って調べてみるとそれが犬に変わっているので（間夫は豚を犬と見たので、不義をしたのち間違えて犬を画いていったのである）、夫は大いに怒って「俺は豚を画いておいたのにこれは犬だ。お前はきっと悪いことをしたに相違ない」というと、妻は平気な顔で「それは豚が犬に化けたのかも知れませぬ」と答えた。すると夫は「なるほどそうかも知れぬ」と思って妻をゆるしたとか。

（孫晋泰　一九三〇）

【文献資料】

①孫晋泰　一九三〇年　二二四〜二二五頁（一九二八年一月に、慶尚南道馬山府で李殷相に聞く）

②木沢政直　一九六四年　二九三頁（一九四二年ころに、京畿道龍仁郡で金良場・申忠植から聞く）

③崔仁鶴　一九七四年　二五三頁

【話型構成】

I．（1）夫が外出のとき、妻の下腹に墨で横になっている牛を描いておいた。（2）姦夫が彼女と関係をして、立っている牛に描き直した。（3）夫がきて見ると絵が違うので問うと、妻は、きっと草をもぎりたくて立ったんでしょうと答えた。

【古典文献】

『沙石集』（『日本古典文学大系・沙石集』岩波書店　四九三頁）

【解説】

孫晋泰は一九二八年一月に慶尚南道馬山府で李殷相から、「陰上に臥牛を画く」と「陰上に豚を画く」という二つの話を聞いていますが、最初の「陰上に臥牛を画く」は、日本の鎌倉時代に無住通暁（一二二七〜一三一二）が編纂した説話集『沙石集』の「拾遺」に収められた話とよく似ています。沙石集の話では、臥せた牛を画いた夫が妻をせめると、妻は「臥せる牛は一生臥せるか」と問い、夫も「それもそうだ」と納得したというのです。

昔話の世界でも「鶯の谷渡り」（大成374）として知られた話で、「行商人が妻の浮気を封じるために右足に鶯を描いておくと、その鶯が右足から左足に移動しています。気づいた行商人が妻を責めると、妻は『鶯が谷渡りをしたのだ』と答えます。記録は多くありませんが、全国各地に分布しています。

沙石集の話に着目した南方熊楠は、『続南方随筆』の「羊を腹に畫（えがき）し話」で、「イタリア、フランス、ドイツ、イギリス等にあれど、十六世紀より古きものなし」というイギリスの友人のコメントを紹介した上で、中国清代の游戯主人〔撰〕『笑林広記』の巻一と巻三の類話を二つ上げています。

中国には、南方熊楠の指摘通り、清代の『笑林広記』巻二腐流部に、「荷花（蓮の花）」という類話があります。

ある男が家を留守にする際、妻の陰所に蓮の花の絵を描いておきます。帰ってきて確かめると絵が消えているので妻を責めると、妻は蓮の下には蓮根があるので人がきて掘っていっても仕方がないと言った、という話です。

【話型比較】大成374　通観780

【斧原・樋口】

## 620 ＊妻を懲らす

KT686　二人の浮気者

一人の放蕩な男がいて、ほとんど毎夜の如く家をあけるので、その妻もとうとう間夫をこしらえるようになった。それに気づいた彼はある夜ふけ、ひそかに帰ってみると、果たして間夫が酔いしれて寝ているので、彼は妻に命じて油を沸かし、それを間夫の耳にそそがしめた。妻はおそるおそるそれをやって間夫を殺した。彼はまた妻に命じて、間夫の屍体を負いこれをひそかに山へ埋めて来るようにいっ

た。そして彼は近路からさきにその場所に行って身をかくし、女が屍体を負うて着いた時、突然藪からおどり出て「誰だ」と叫んだ。女は胆もつぶれんばかりにおどろいた。

今度は「お前は人を殺したから、この屍体を負うて官家に自首せよ」と威脅した。すると女はいたくその罪をわびてゆるしを乞うので、彼は再び屍体を女に負わせ間夫の家に到った。そして門前において、死者の音声をまねて「門を開けろ」とどなった。すると死者の妻は「いやそれはなりません。好きな女の家に行って泊まりなさい」と声に嫉妬の色をおびていった。再三、門を開けろといっても同じことを答えるので、「では私は首をくくって死ぬぞ」というと「勝手にしなさい」と女は答えた。そこで彼は縄で屍体の頸をくくり、これをその門前にぶら下げておいて帰った。しばらく夫の声が絶えたのに不審を抱いた死者の妾はそっと出てきて門を開けてみた。すると果たしてその夫が縊死をとげているので声を放って泣きさわいだけれども、時すでにおそかった。彼女の夫もまた放蕩者だったのである。

（孫晋泰　一九三〇）

**【文献資料】**

①孫晋泰　一九三〇年　三一三～一四頁（孫晋泰自身の記憶）

②鄭寅燮　一九五二年　一九七頁

③朴英晩　一九四〇年　一四一～四七頁（一九三五年に平安南道安州で記録）

**【話型構成】**

Ⅰ．（1）毎日外泊ばかりする夫が、ある晩家に帰ってみると、姦夫が酒に酔って寝ていた。（2）彼は腹を立て、男を殺して女房にかつがせ、男の家に行った。（3）彼はわざと酔っぱらった声で、門を開けろ、といった。男の女房は開けてくれない。そこで彼は、では門に首を吊っ

てよいかときくと、中から勝手にしなさいという。（4）彼は首に縄をしばりつけ、男を門柱に吊し、自殺にみせかけてから女房と無事帰ってきた。

**【解説】**

孫晋泰の『朝鮮民譚集』には「私の記憶」として少年時代に聞いた話が九話記録されていますが、この話はその中の一つです。

ヨーロッパでも「長持ちの中の女」（ATU1536A）や「五回殺された死体」（AT1537）としてよく知られた話で中世の小咄集に見られます。

しかし、この話のように姦夫を殺し、その死体の始末に困った女に、夫が知恵を貸し、ついには殺人を自殺に見せかけるという展開は、日本の「知恵有殿」（大成624）によく似ています。

ただし日本の場合には、死体の始末に困った者に知恵を貸すのが夫ではなく、「知恵有殿」などと呼ばれる気楽なトリックスターで、次々と悪知恵を働かせて深刻な窮地に陥った者から謝礼を巻き上げるという展開が多く見られるのが特徴だといえるでしょう。

中国でも、首吊り自殺を遂げた死体が何度も利用される話は『醒世恒言』第三十四巻にありますが、内蒙古の蒙古族のあいだには、次のような話が知られています。ある智慧者がたまたま手に入れた死体の入った袋を担いで山道を行きます。途中で出会った美しい娘に老母を担いでいるところだと嘘をつき、袋を担ぐのを助けてもらいますが、うまく娘が袋を崖から落としてしまうように仕組み、男は老母を殺したのは娘のせいだといって娘を嫁にもらうという話です。

【斧原・樋口】

**【話型比較】** 大成624　ATU1536A・1537　池田1537A　通観439　金1537

# 621 ＊月の形をした餅

KT 687 月餅

ある幼い子が母親から月形の餅を一つもらって、外に出て遊ぶのを、クントルという大きな子が見ていました。クントルはこの餅を奪い食ってやろうと思い、どうすればいいかと考えてから、この子に「おい、俺がその餅で半月を作ってやろうか」といいました。

幼い子は半月を作ってやるというので渡すと、クントルは半分を切り取って食べると、「さあ、これが半月だ」といって返してやりました。幼い子はまだ幼かったので、半月ができたことが嬉しくて、餅がなくなったことに気づきませんでした。

クントルはそれでも満足せず、また「おい、今度は三角の山を作ってやろうか」といいました。幼い子は今度もやはり餅を渡して、作ってくれといいました。恥知らずのクントルは半月の半分をまた切り取って食べてから、返してやりました。

幼い子は相変らず三角の山になったと喜んで、餅が減ったことには気づきませんでした。本当に無邪気なものです。世の中には、こんな風にだまされる人が少なくないことでしょう。

（沈宜麟　一九二六）

【文献資料】

①沈宜鱗　一九二六年　一九八〜九九頁

②任東権　二三七頁（一九五五年八月三〇日に、忠清北道沃川郡清城面九音里で朴涯奎に聞く）（＊『韓国の民話』熊谷治訳一七一〜七二頁）

【話型構成】

I．（1）ある子どもが餅を一個持ってきた。（2）やや大きい子どもがその餅が食べたくて、三日月を作ってあげるからといって半分をとって食べた。（3）今度は三角山を作ってあげるからといってまた切って食べた。（4）幼い子は、三日月や三角山に気をとられ、餅がなくなったのには気付かなかった。

【ヴァリアント】

今度はクルトク（蜜餅）を作ってあげるといい、クルトク（飲みこむときの音）と飲みこんでしまった②。

【解説】

幼い子供が、一つの餅をまず半分に、次に三角にされて、食べられてしまう話です。日本の「三日月餅」（大成438）では、一つの餅を三人の座頭が三つに分けて食べようとしたところ、最初の一人が三日月型にしたので、次の一人が「月は山の端に入った」といって食べてしまい、三人目が「月の入りから雨が降る」といって小便をかけて仕返しをします。

この話は、安楽庵策伝が編纂した『醒酔笑』（一六二八）巻六の「児の噂」にも見え、「坊主が小僧三人に餅を一つ与え『秀句をいって食べなさい』といったところ、最初の小僧が『この餅は三日月だ』といって半分食べ、次の小僧が『月は山の端に入った』といって残りを食べ、三番目の小僧が『胸の中は闇だ』といって悔しがった」というのです。

「三日月餅」は全国各地に知られていますが、このように「餅を食う時に一言洒落をいう」のが決まりになっています。韓国の二つの類話でも、餅を奪う知恵者は必ず何か洒落をいってから餅を食べています。これは、ほかの話型には見られない共通点で、今後の研究が待たれます。

【樋口】

【話型比較】大成438　通観834

# B　誇張譚

## 622 ＊ずるい男

KT 688　虎のおかげで餅を食う

むかし、ずる賢い男がいました。他人の家に上がりこんで、自分のものはいっさい出さず金も一銭も使わず、ごちそうになってばかりいました。ですから、まわりの連中はこいつが憎くてたまりませんでした。

ある日、みんなは餅を搗いて食べようとしましたが、ずる賢い男には内緒で、こっそりどこかに行って、自分たちだけで餅を作って食べることにしました。ずる賢い男は夕飯を食べてから、よく遊びに行く場所に行ってみました。行ってみると、誰もいません。「あいつら、俺に内緒で餅を作って食べるつもりだな。そこに行かなくては」と出て行きました。

一方、村の人たちは餅を作って、遠く離れた森の中に行って輪になって座り、餅を食べていました。ちょうどその時、腹を空かせて歩きまわっていた金剛山の虎が、人が集まっているのを見て、やってきて覗きこみました。みんなは虎がやってきたのに気づかず、夢中で餅を食べていました。

ずる賢い男がみんなを探して、餅を食べているところまで来くると、虎が餅に夢中な村人を覗きこんでいます。男は、そっと気付かれないように近づいて虎の尻を押しました。すると、虎は餅を分け合っている人の中にひょいと入っていきました。餅を食べていた人たちは驚いて、みな逃げ出しました。

そうなると、この餅は誰のものになるでしょう。ずる賢い男は、餅を一人占めしてしまいましたとさ。

（任晳宰　一九七一）

**【文献資料】**

①任晳宰　一九七一年『韓国民俗総合調査報告書（全北篇）』六四五～四六頁（一九六九年八月十六日に、全羅北道鎮安郡上田面月坪里で韓洙福（男・五四歳）に聞く）（＊『韓国の民俗大系（全羅北道篇）』任東権・竹田旦訳　六八六頁）

**【話型構成】**

Ⅰ．（1）自分のお金は使わず他人のものばかり食べている若者が憎まれていた。（2）村人は、彼に知らせずに密かに餅を作り、山に行って食べることにした。（3）彼は山に追いかけて行った。すると皆が餅を食べていたが、

すぐ横の岩陰で大虎が様子をうかがっていた。(4) 彼は虎を押し入れた。すると一行は虎におどろき逃げて行った。彼は一人で残った餅を腹いっぱい食べた。

**【解説】**

日本と同じく、韓国の伝統社会では食事を共にすることを大切にしてきました。祖先祭祀の直会では、祖先に捧げたご馳走を一族で分かち合って結束をかため、日本の講に似た「契」の集まりでは、仲間の親睦をはかってきました。現在でも、ソウルなどの食堂では、飲食を共にする会社員や友達や家族の姿が多く見られます。

こうした「共食」の機会では、それぞれ立場の違いはあっても、暗黙の裡に平等に費用を負担し合うのが決まりです。

韓国の話では、悪知恵の働く男が策略をねって餅を独り占めにしますが、日本でもこの手口は吉五や彦八といった「おどけ者」の話によく見られます。たとえば、「涎がこぼれる」(大成570)という話では、度重なるただ食いのせいで宴会から締め出された能登の三右衛門が「こぼれる、こぼれる」と酒を買ってきたふりをして宴会場に入りこみ「いやあ、涎がこぼれる」といって、また宴会の酒をただ飲みしてしまいます。　　【樋口】

**【話型比較】** 大成570　通観707

## 623 ＊虎丸ごとの皮の値段

KT 689 虎の皮

むかし、ある男が市場で酒をたくさん飲んでから、家に帰る途中、峠のてっぺんで酔って寝てしまったのだが、顔に水がかかるので目を開けてみると、一匹の虎がしっぽに水をつけて男の顔にかけている最中だった。これはまずい、このままでは食われてしまう。どうせ死ぬのなら、こいつと戦って死のうと思い、虎のしっぽをしっかり握り、ありったけの力で虎の尻を引っ張った。すると、虎は驚いてこの男を背中に乗せて走りだした。

そして虎は洞穴の中に入ろうとしたのだが、男はもし洞穴の中に引きずりこまれたら命がないと思い、洞穴の入口に足をかけ力いっぱいふんばった。男も虎も互いに譲らなかったのだが、ついに、虎は皮だけ残して、裸で洞窟に入っていった。

男は虎の皮を丸ごと持ち帰っては、何万両で売り、金持ちになって、年をとるまで豊かに暮らして死んだとさ。

（任晳宰　一九八八）

**【文献資料】**

①任晳宰　一九八八年　一二〇〜一二一頁（一九三三年七月に、平安北道寧辺郡梧里面松湖洞で宋昇泰に聞く）

**【話型構成】**

Ⅰ．（1）ある者が酒に酔い、山中で昼寝をした。（2）虎が現れた。彼は虎に乗って両耳を必死に摑んだ。すると虎は逃げ出した。（3）洞窟の前まで来ると虎は中に入ろうとした。彼は両耳を摑んだまま両脚を広げた。すると虎は肉だけが中に入って皮は抜けてしまった。（4）彼は皮を市で売り、金を儲けた。

**【解説】**

この話は「男が虎の尻尾をつかんで虎と力比べをしたら、虎が皮を残して穴に逃げ去った」という誇張譚ですが、この話を一九三三年七月に平安北道寧辺郡梧里面松湖洞で宋昇泰からに聞いた任晳宰は、この類話を同じ一九三三年七月に宣川郡宣川邑で張膺植から聞き、さらに一九三五年一月にも宣川郡で、一九三六年には鐵山郡でも聞いています。

今では聞き取り調査がむずかしい平安北道は、日常の暮らしの中でも虎との関わりが深く、この話にかぎらず虎話が豊かだったのでしょう。KT690・2の「臼を引かせて捕まえた虎」、KT691の「山で虎狩り」、KT692の「馬鹿者が虎を捕る」などもこの地方の話です。

現実には決してありえない奇抜な方法で獣や鳥を倒して獲物を手に入れる話は、日本では「鴨取権兵衛」（大成464）や「雀捕り」（大成465）等の話型に集中していますが、世界的にはATU1889「ミュンヒハウゼンの冒険」、ATU1890「幸運な発砲」、ATU1891「穴ウサギを捕まえる」、ATU1892「訓練された馬が畑で転がる」、ATU1892「チーズの中に閉じこめられた狼」、ATU1864「男が装塡棒でたくさんの野鴨を撃つ」など数多くあります。

主人公が手に入れる獲物は、それぞれの民族の文化によって異なりますが、韓国では虎、日本では鴨や雀などの鳥類、兎などの小動物の人気が高いようです。【樋口】

# 624 ＊欲張り男

KT 690.1 虎狩り

ある村に気の強い男が一人いた。それが貧乏したので、なにか金儲けをしたいものだと考えて、妻君に向かって「明日は荏油（荏胡麻の油）と金棒を用意してくれ」と頼んだ。

翌日はこれを持って山の中に行き、日当たりのよい岩の上で、荏の油を全身に塗り、金棒をそばに置いて臥せていた。虎はこれを見て、「うまい昼飯が食える」と思って集まってきた。そして、そろりそろりとそばに寄って頭を出すと、男は出し抜けに金棒で頭を叩いた。虎は不意をくらって岩から転げ落ちて死んでしまった。

その男は虎をかついで家に帰ると、村中の人が皆その度胸のよいのを褒めた。

この村に一人の欲張り男があった。この事を聞いて、「それくらいの事は誰にでも出来る」といって、その岩に行って臥せていた。

するとまた虎が集まってきた。虎は相談をして、「またあそこに例の人間がきている。今度は気をつけて打たれないようにしろ」といってなかなか寄ってこない。が、そこを去りもしない。

その男はふと気がつくと、金の棒を持ってくるのを忘れて、自分はただ岩の上に臥せている。「これは大変だ」と思ったから、虎の寄りつかないのを幸いに、一目散で逃げ出した。虎は、逃げる者はかならず追うものだから、後ろから一跳びに飛びついて、その人の肩を噛んで引き倒し、大勢の虎は旨いご馳走にありついた。

（三輪環　一九一九）

【文献資料】

①三輪環　一九一九年　二三二〜三四頁

【話型構成】

Ⅰ．（1）ある貧乏者が妻に荏油と棒を用意させ、山中に行って日あたりのよい岩の上に坐り、全身に荏油を塗った。（2）虎がよってきたので棒で叩くと、虎は断崖から落ちて死んだ。（3）彼はその虎をかついできた。村人は度胸のよさをほめた。（4）欲ばり男が真似をしたが、失敗して虎に食われた。

# 625 ＊虎に臼を搗かせた子ども

KT 690.2 臼を搗かせて捕まえた虎

むかし、ある夫婦が山里で暮していたが、近所には家もなく、一軒屋だった。

ある日、十里離れた親戚の家で宴があり、夫婦も一緒に行くことになった。五歳になる子と六歳になる子が自分達も一緒に行くというのを、「餅や肉をたくさん持って帰ってくるから、このじゃがいもでも食べて留守番をしていろ」といって、じゃがいもを置いて出かけて行った。

夜になって、子どもたちはじゃがいもを焼いて、「これは私の、これはお前の」といいながら焼いて食べていた。

この時、虎が一匹、何か食べるものはないかと歩き回っていたら、この家にたどり着いた。家から子どもたちの話し声が聞こえるので、戸のすき間から中を覗いてみた。子どもたちは丸裸になっており、虎はとてもうまそうだと思い、戸のすき間から中に入ろうと戸を引っ掻いた。子どもたちはこの音を聞くと、恐くなって、布団をかぶって、じっとしていた。

虎は子どもたちがどこに行ったのか探してみたが見つからないので、帰ろうとした。ところが、子ど

もたちは布団から出てきて、また「これはお前の、これは私の」とやりはじめた。虎はまた戸のすき間から中に入ろうとしたが、入るところが見当たらないので屋根から入ろうと思い、屋根に上がって、屋根をこじ開けはじめた。そして隙間から足を押しこんだが足が下まで届かなかったので、足を上げてみた。そして、また下ろしてみた。

虎の足が天井から上がったり下がったりするので、子どもたちはこれは面白いといって、虎の足に杵をぶら下げて、その下に粟を入れた臼を置いた。そうすると粟が上手に搗けた。子どもたちは面白がって、粟を何度も持ってきたら、いつもは一日かかっても三俵しか搗けない粟を、一晩で六俵も搗いてしまった。

次の日、子どもたちの両親が帰ってきてみると、屋根の上で虎が一匹、力尽きていたので、簡単に捕まえることができた。部屋の中を見てみると、子どもたちはまだじゃがいもを焼いて食べていた。ところで、そこに粟がたくさんあったので、この粟はいったいどうしたのかと聞いた。子どもたちは屋根から虎の足がのぞいたので、そこに杵をぶら下げて搗いた粟だといった。両親はこれを聞いて喜んだには喜んだのだが、幼い子どもだけ置いて出かけて大変なことになるところだったと気がついて、それからは子どもたちだけを置いて出かけなくなったそうだ。

（任晳宰　一九八八）

**【文献資料】**

①任晳宰　一九八八年　第二巻　一二二～一二三頁（一九三六年七月に平安北道亀城郡梨倪面吉祥洞で金道英に聞く）

（一九三六年七月に平安北道定州郡郭山面石洞下端で金允相に、

【話型構成】

Ⅰ．ある人が、親戚の祭祀に行くときに、幼い子どもたちを家に残した。

Ⅱ．夜に虎がきて、子供を食べようと屋根にのぼって隙間から足を伸ばした。

Ⅲ．息子は虎の足に杵を結んで、粟を搗かせた。

Ⅳ．親が帰ってきてこれを見て驚き、虎をつかまえ、粟が搗かれているので喜んだが、同時に、これからは子どもだけを残すのはよそうと考えた。

# 626 ＊大根キムチで虎を捕まえる方法

KT 691 山で虎狩り

虎が多く出る山里では、虎を捕まえようとする時にはこういうふうにします。

秋に漬けた大根キムチで、冬に食べきれないで残ったものは、暖かい春になれば、酸っぱくなって、食べられなくなります。これをたらいのような大きなオンギ（陶器の器）に盛って、裏庭の垣根の内側の片隅に置いておきます。食べるものはないかと山から下りてきた虎は、これを見て、珍しいものがあ

ると思い、大きなたらいの中の酸っぱい大根キムチを食べてみる。ところが、この大根キムチがとても酸っぱいので、「とても酸っぱい」といって、目を閉じて頭を左右にブルブルと振る。この時を見計らって、こっそり近づいて、よく切れる刃物の刃を虎の頭に当てていれば、虎の頭が裂ける。それから、虎のしっぽを押さえて、さらに頭を金づちで叩くと、虎は驚いて裸で走って逃げ、あとに虎の皮は残る。

山里ではこうやって酸っぱくなった大根キムチで虎を捕まえるのです。

（任晳宰　一九七五）

【文献資料】

①任晳宰　一九七五年　第三巻　四七～四八頁

——　一九八八年　第二巻　一一四頁（一九三七年一月に、平安北道龍川郡外上面停車洞で李莒奎に聞く）

【話型構成】

I．（1）山中に虎狩りが上手な人がいた。春に漬け物をこしらえ、酸っぱくて食べられなくなったら裏庭に捨てておく。（2）虎がやってきてそれを食べ、あまりに酸っぱいので目を閉じて頭を左右に動かす。そのとき鋭い刀を虎の顔にあてておけば、虎の顔の皮がずたずたに裂かれる。（3）こうして虎狩りをするという。

【解説】

虎退治の名人が、大根キムチを使って虎を捕まえる話です。

この話は、日本の「雀捕り」（大成465A）と大変よく似ています。日本の話では，大根キムチではなく酒粕や酒に浸した米を、雀に食べさせて酔って眠ったところを一網打尽にしてしまいます。この話には、しばらくして酔いから覚めた雀が一斉に飛び立ってしまい、「一攫千金も水の泡」というオチがつくことが少なくありません。

【樋口】

【話型比較】大成465A　ATU1889

通観1136

# 627＊馬鹿者が虎を捕る

KT692　馬鹿者が虎を捕る

むかし、ある村に母親と十二歳になる息子が二人で暮す家があった。この息子がある日、犬が庭に掘った深い穴に、犬の糞をたくさん入れて、母親にゴマを一袋買ってきてもらい、その穴に埋めた。すると、ゴマがたくさん生えてきたので、これを一つにまとめて木のようにした。

すると、このゴマの木に数えきれないほどのゴマがなり、秋に収穫して、それでゴマ油を搾って豚を一匹買った。そして、この豚にゴマ油をつるつると滑るように塗り付けて、首に長い藁縄をつけて大きな木に繋いでおいた。

豚から芳ばしいゴマのにおいがするので、虎がたくさんやってきて、一匹の虎がこの豚を食べようと飲みこんだ。すると、豚はツルツル滑って虎の肛門から出てきた。次にもう一匹の虎がこれを見て豚を飲みこんだ。しかし、また豚は虎の肛門から出てきた。

虎が食べた豚が出てくると、ほかの虎が食べ、また出てきた豚をほかの虎が食べ、このようにして何匹もの虎がみんな藁縄で数珠つながりになってしまった。

この子はその虎を捕まえて、皮を剥いで売り、たくさんの金を儲けて大金持ちになり、裕福に暮したのだが、戊辰の年に戦乱にあって亡くなったそうだ。（任晳宰　一九七一）

【文献資料】
①任晳宰　一九七一年　第一巻　八四～八七頁（一九三六年十二月に、平安北道宣川郡古寧面西古洞で金文國、鐵山郡東部洞で李壽榮、宣川郡水清面古邑洞で李基植、新義州府梅校町で高昌浩、龍川郡楊光面龍渓洞で李東昱、鐵山郡西林面化炭洞で金正恪、宣川郡楊下面東洞で金義純に聞く）
――　一九八八年　第二巻　一二二頁

【話型構成】
I.（1）馬鹿息子が母から叱られながら、鎌を持って仕事をした。穴を掘り、犬の糞をいっぱい入れてゴマ種をまいた。するとゴマがたくさん実った。（2）ゴマ油をこしらえ小犬に塗り、藁縄で小犬をしばった。（3）虎が小犬を飲みこんだ。けれども小犬はすべって肛門から出てきて虎は藁縄にしばられた。（4）こうして虎をたくさん捕り、金持ちになった。

【解説】

これも任晳宰が一九三六年十二月に平安北道で集中的に記録した人気の高い虎話です。日本の類話「鳩を捕る」（大成465D）では、鳩の害に困った男が一計を案じて、一粒の大豆に長い糸をつけると鳩が呑みこみ、尻から出た大豆を次の鳩が呑みこみ、それをくり返して数珠つなぎになった鳩を一網打尽にします。

記録は多くありませんが、誰でも一度は聞いたことのある話の一つです。【樋口】

【話型比較】大成465D　ATU1889　通観1139

# 628 ＊虎の串刺し

ある人が虎をたくさん捕まえようと、子犬を長い縄で縛って、体に油を塗りつけて虎が多く出る山に上って、木に縛りつけました。しばらくすると、虎の群れがやってきて、この子犬を見てわれ先に食べようと飛びついて、一匹の虎がこの子犬を呑みこみました。

子犬には油が塗りつけられていたので、すべって丸ごと腹の中に入りました。ほかの虎が怒って、大声を出して飛びかかろうとした瞬間、子犬を呑みこんだ虎も身構えたとたんに力が入り、子犬が肛門から飛び出しました。

一匹の虎がまたこの子犬を呑みこむと、また争いになって力が入り、子犬がまた肛門から飛び出てき、また他の虎が呑みこむと、また飛び出してきて、油を塗られた子犬は何匹もの虎の腹の中を入ったり出たりしました。そんなわけで、たくさんの虎がまるで干し柿のように数珠つながりになり、その人は虎をたくさん捕まえました。

（沈宜麟　一九二六）

KT 693　虎狩り

**【文献資料】**

①沈宜麟　一九二六年　一五四～六三頁

**【話型構成】**

I.（1）ある人が虎狩りのために小犬に長い綱を結びつけ、体に油を塗っておいた。（2）虎が小犬を呑みこんだ、けれども小犬は肛門からすべり出た。それをまた他の虎が呑みこんだ。（3）こうして虎を串柿のようにして捕った。

**【話型比較】**大成465D　通観1139　ATU1889

# 629 *虎の腹の中で

## KT 694 虎の腹の中で

甕売りの行商が荷を背負って山道を歩いている途中、大きな虎に出くわしたので、大あわてで甕の中に隠れました。虎はとてもせっかちな気性なので、商人を甕ごとゴクンと呑みこんでしまいました。

虎の腹の中は洞穴のように真っ暗だったので、商人はマッチをすってロウソクに火をつけました。それからタバコを吸って、キセルの火をはたいたので、虎は腹の中が熱くて、あちこち走り回って大騒ぎをしました。

商人はまた、お腹が空いたので懐から刀を取り出して、手に届くところから肉を薄く切って食べました。すると虎は痛みに堪えられなくて、横になって死んでしまいました。この商人はそれからも虎の腹の中を次々と薄く切って食べ、何日かの間、満腹で虎の腹の中で過ごした後に、穴が開いたので、這って外に出てきました。

（沈宜麟　一九二六）

【文献資料】

①沈宜麟　一九二六年　一五四～六三頁

【話型構成】

I．(1)ある人が虎にまる呑みされた。(2)腹の中に入ってみると真っ暗だった。ろうそくに火をつけ、タバコを吸い灰を捨てると、虎は熱くて飛びはねた。(3)腹がすいたので彼は肉を切って食べた。ついに虎は死んだ。

【解説】

大きな獣や魚に呑みこまれて生還する話は、巨大な魚の腹から生還する旧約聖書「ヨナ書」のヨナをはじめ、世界各地に分布していますが、韓国には、この話の他にKT219「霊魂と同衾して孕む」の話がよく知られています。父親の仇を撃つために金剛山の大虎に挑んだ少年猟師が返り討ちにあいますが、呑みこまれた虎の胃袋の中で、先に呑みこまれていた美しい大臣の娘と出会い、二人で胃袋を切り開いて脱出し、みごとに仇を討つ話です。

中国にも動物の腹中に入ってこれを殺すという話はいろいろと伝わっていますが、やはり丸呑みするところから大蛇の話になっている場合が多いようです。四川省の白馬蔵族の伝承では、常に人を食っていた大蛇が英雄に退治される話になっており、英雄は麻袋の中に入って大蛇の腹に入り、刀を振るって仕留めます。また黒竜江省に住むオロチョン族にも、弟を大蛇に飲まれた兄が大蛇の腹中に入って殺し仇を討つという話があります。

【斧原・樋口】

【話型比較】ATU1889G

# 630 ＊鯨の腹の中で賭博

KT 695 鯨の腹の中で

鯨は船を丸呑みにすることもある。

ある人が船にのって海中で漁をしているうち、呑まれて鯨の腹の中に入った。入ってみると、そこにはすでに先に入った多くの人びとが賭博を開帳しており、そのかたわらには一人の土甕屋が、彼の商品をのせた背負子（しょいこ）のそばで賭博を見物しながら煙草をふかしていた。

勝った負けた、出せ出さんでとうとう賭博打ち連の大立廻りがはじまって、その中の一人が土甕屋の背負子にぶつかったので、水甕や味噌甕などがさんざんこわれてしまった。その破片にさされて鯨は苦しみはじめ、あちこちと無茶苦茶に泳ぎまわったあげく、ついに死んでしまったので、その中の人たちは土甕の破片で鯨の横腹を切りひらき、ようやく抜け出ることができたという話である。

（孫晋泰　一九三〇）

【文献資料】

①孫晋泰　一九三〇年　二〇六頁（孫晋泰自身の記憶）

②李勲鍾　一九六九年　一一三頁（一九六〇年に京畿道広州で記録）

③任東権　一九七二年　四五頁（＊『韓国の民話』熊谷治訳二八～二九頁）

【話型構成】

Ⅰ．（1）鯨は大きな船をまる呑みした。（2）ある人が鯨の腹の中に入ってみると、先に入っていた人が賭博をしていた。（3）そのうち勝敗について争い、その勢いでそばにあった壺や瓶などが壊された。（4）鯨はかけらに刺されて死んでしまった。

【ヴァリアント】

船頭が鯨にまる呑みされた。彼は小刀で内臓を切り取った。鯨の喉からおかしな草が入ってくると、内臓の傷がすぐなおった。そのうち鯨は漁船に捕えられ、彼は救出された。彼は不思議な草がわかめとわかった。それ以来、お産するとわかめ汁を食べるようになった②。

【解説】

この話は、よく知られたミュンヒハウゼン男爵の冒険譚ATU1889G「魚に呑みこまれた男」の類話ですが、大きな魚に呑みこまれた男が生還する話の古い形は「神の言葉に背いたために巨大な魚に呑みこまれ三日三晩祈って救われる」という旧約聖書のヨナの逸話にも見られます。

巨魚の腹中に入るという話は、中国にもいくつか知られています。浙江省の莫干山の伝説では、漁師が鯰精の腹中に入って退治するという話があり、同省の舟山市では兄を鮫に飲まれた弟が鮫の腹中に入り、竜女から授かった簪（かんざし）によって兄を救い出し、また鮫を退治したという話があります。さらに同省の麗水市には、漁師が体験した奇談として、二つの灯りの方へ舟を漕いでいったところ、途方もない巨大な魚の腹中に入ったという話が伝わっています。

【斧原・樋口】

【話型比較】ATU1889G

## 631 ＊愚かな三人の兄弟

KT696　馬鹿三兄弟

むかし三人の兄弟が暮していました。一番上は、食べることなら腹がはち切れても縄で縛って食べ続ける大食漢で、二番目は力が黄牛みたいに強く、三番目は何でもすぐ忘れてしまい、いつ何を話して何

をしたのか全く覚えていないという連中でした。

ある日、この三兄弟が弁当を持って市場見物にでかけました。一番上は飯を食べたかったのですが、力のある二番目がもう少し行ってから食べようと言うので、しかたなくついて行きました。しばらく行くと、一番上の兄が遅れはじめました。そして蜂の巣を見つけました。兄がじっと見ていると、蜂の巣から蜂蜜がぽたりぽたりと落ちてくるではありませんか。お腹が空いていた兄は、岩をよじ登って蜂の巣の中に頭を突っこんで無我夢中で蜂蜜を食べました。蜂が刺しても気にもとめず、たとえ頭が割れても食べる勢いでした。

「お前らは刺せ、俺は食べる」と言いながら、腹いっぱい食べ続けると、頭が腫れあがって、抜けなくなりました。

弟たちは後ろを見ても兄が来ないので、兄を呼びながら戻ってみると、蜂の巣から頭を抜こうとバタバタしています。そこで力自慢の二番目の兄が、頭を抜こうとして思い切り引っ張りました。すると、頭は岩の中に挟まったままで、体だけが抜けました。これを見ていた三男は「兄さんは、むかし、頭があったっけ、なかったっけ」といったそうです。

（任東権　一九七二）

【文献資料】

①任東権　一九七二年　一七七～七八頁（一九五五年八月十八日に、全羅南道潭陽邑で崔秀香に聞く）（＊『韓国の民話』「愚かな三人の兄弟」熊谷治訳　一三〇～三一頁）

【話型構成】

I．（1）食いしん坊、黄牛のような力持ち、健忘症の三兄弟がいた。（2）ある日、三兄弟は市場の見物に行った。（3）長兄が蜜蜂の巣から蜜が落ちると、その巣に頭を入

れて蜜を食べた。食べおわって頭を出そうとしたが、蜂にさされてふくらんだので出ない。(4) 次兄が力いっぱい引っぱると、頭が穴の中に残ったまま抜けてしまった、これをみていた三番目は、兄上は以前は頭があったか、なかったか、と考えていた。

**【解説】**

美味しいものを食べるために手や頭をつっこんで抜けなくなる話は、韓国の「愚かな夫」(KT508) や日本の「鶴亀の歌」(大成359) など多くの笑話に見えますが、この話の場合は、それがさらに誇張されて、頭を引き抜こうとすると、頭が抜けてしまいます。食いしん坊と力持ちと健忘症の三人兄弟が引き起こす度はずれた誇張譚です。

【樋口】

**【話型比較】** 大成359

## 632 ＊ほら吹きの話

KT 697 法螺吹者

むかし、ある所にほら吹きが三人集まって、ほら吹き比べをした。

一人がまず、「俺は、最近、雀狩りをした。落ち葉をたくさんかき集めてから、その落ち葉に粟粥を塗って、その粟粥を塗った落ち葉を庭先にさっと振りまいておくと、雀が飛んできて、その粟粥をつまんで食べようと大騒ぎするのさ。ところが、その間に落ち葉に日が当たって粟粥が乾くから、雀が落ち葉にくっついて飛べなくなる。そこで、雀がくっついた落ち葉を掃き集めて、火をつけて落ち葉を焼き、それを箕(み)でふるって、灰とほこりをはらうと、雀の肉だけ残るんだ」

するともう一人が口を開いた。「俺は最近キジ狩りをしている。牛の背に泥を塗って、そこに豆をまく。それから牛のしっぽに金槌をつないで、牛を山に縛っておく。すると、キジがたくさん集まって、牛の背の豆を食べる。牛は背中がくすぐったいから、しっぽを振ってはらおうとする。するとしっぽの先の金槌がキジに当たって、キジは死ぬ。そうやってキジをたくさん捕まえたのさ」

こう言うと、三人目が口を開いて、「秋だから、俺は最近、鴨狩りをよくやっている。鴨という奴は、

田んぼに積んだ稲穂を食べようと群れを成して飛んで来るだろう。そして夜は、一匹に見張りをさせて寝る。見張りをする鴨は何か危険が近づくと「グワァ、グワァ」と大声をあげて、寝ている鴨を皆起こすというわけだ。

俺は鴨のこの習性を利用するのさ。真夜中になってから、こっそりと鴨が寝ている田んぼに行って、畦（あぜ）の下にうつ伏せになって、持って行った懐中電燈を少しつけておいてから切るのさ。そうすると見張りをしている鴨が、何かがきたことを知らせようと「グワァ、グワァ」と大声をあげる。そうすると、ぐっすりと寝ていた鴨がみな起きて、何がきたのかと四方を見わたす。ところが、危険なものは何も見えない。それで鴨は何もないのにぐっすりと寝ていた仲間を起こしたといって見張りの鴨をかみ殺すのさ。そしてまた別の鴨に見張りをさせて、みな寝る。その時、また懐中電燈をつける。それで、またこの見張りが「グワァ、グワァ」と大きな声をあげる。それで寝ていた鴨がみな起きて「何だ。何だ」と見わたす。いくら見ても何ともないから、「この野郎、また俺たちをだましやがって」といっては飛びかかって、そいつをかみ殺す。そしてまた、新らしい見張りの鴨をたてて寝る。しばらくしてから、また、懐中電燈をつけてすぐ消して、鴨を捕まえ、また、そうやって鴨を捕まえれば、一晩のうちに鴨を数百匹、捕まえることができるというわけさ」

すると横で聞いていたうちの一人が、「ほらを吹くのもいい加減にしろ。こういうことだから、お前たちは『ほら吹き』だといわれるんだ」といって、笑いました。

（任晳宰　一九七五）

**【文献資料】**

①任哲宰　一九七五年　第三巻　四四～四六頁

**【話型構成】**

Ⅰ．（1）法螺吹者三人が集まった。そのうち一人が、栗汁を葉につけて庭に置けば、雀がそれを食べようとやって来る。日ざしで葉が丸くなるので、雀はその中に包まれたくさん捕えることができるという。（2）すると、もう一人が、土に豆を混ぜ牛の背に塗っておいて、牛の尾にハンマーを結んでおく。雉が豆を食べにやって来ると、尾のハンマーが叩き殺すのでたくさん捕れるという。（3）最後の一人が、夜、懐中電灯で電気を入れたり切ったりすると、目が覚めた鴨が誰もいないから見張りの鴨をかみ殺す。死んだ鴨を拾うだけでいいといった。

**【解説】**

法螺吹きの名人が腕を競い合う「法螺比べ」の話は、昔語りの世界では大変人気があります。特に、食卓を囲んで笑い話を競い合うことが多いヨーロッパでは、次々と新しい法螺話が生まれます。アールネとトンプソンの分類を引き継いだウターは、ATU1920「嘘つき比べ」に十個のサブタイプを設けて世界中の法螺比べを分類しようとしていますが、とても整理がつきません。日本でも関敬吾が「法螺比べ」（大成489）、「牛腸由来」（大成490）、「嘘をつく槍」（大成491）、「法螺吹き童子」（大成492）などの話型を用意しています。「テンポ比べ」「トッポ話」など途方もない大嘘の話が全国でさまざまに伝えられています。【樋口】

**【話型比較】**　大成491・489　ATU1920　池田1920

# 633 ＊僧の嘘の問答

KT 698 嘘の問答

昔、旌善（チョンソン）という地に葛来寺と釈王寺という寺があった。葛来寺と釈王寺には各々僧が暮らしていたのだが、ある日のこと山道で二つの寺の僧が出くわした。そこで、釈王寺の僧が先に挨拶して、「どこに行くのですか」と尋ねると、葛来寺の僧は、「はい、釈王寺には大きな便所があるという噂を聞いたのですが、それを確めにいくところです。和尚さまはどこへ行かれるのですか」と尋ねた。すると釈王寺の僧が「そうですか。実は私も葛来寺にはとても大きな釜があるという噂を聞いて、これからそれを見に行くところです」と答えた。

釈王寺の僧は話を続けた。「釈王寺にある便所についてお話しすると、その大きさは比べようがないほど大きくて、便の落ちる音がまるで稲光のようです。実は三年前、釈王寺の住持さまが便所で用を足していたのですが、その便はいまだに底についてないのです。おそらく今も落ちている最中でしょう」

すると、その話を聞いていた葛来寺の僧も負けずにこういった。「そうなんですか。ならば、うちの寺にある釜について話をさせてもらいましょう。実は昨年の冬至の日にその釜で小豆粥を作りました。

小豆粥を炊く時にシャモジでかき混ぜなければいけません。そこで、力持ちが舟に乗ってシャモジでかき混ぜることにしました。そして、また一隻の舟を浮かばせてシャモジで混ぜながら進んで行きました。その後も一隻、また一隻と舟を浮かべて、とうとう百隻も浮かばせたのです」（崔仁鶴　一九八〇）

**【文献資料】**

①崔仁鶴　一九八〇年　二二一～二二二頁（任晳宰とともに一九七五年に、江原道溟州で崔ドング（六四歳・男）から聞く）

②任晳宰　一九八九年　第四巻　二四三頁

③崔来沃　一九七九年　一三〇～一三一頁（一九六五年に全羅南道南原で記録）

**【話型構成】**

Ⅰ．葛来寺と釈王寺の僧が道で出会い、嘘つき自慢をした。

Ⅱ．一方の僧が寺の便所が大きくて、用をたしたのに三年たっても底に着かないと自慢すると、もう一方の僧は、寺の釜が大きくて、小豆粥を作るのに百隻の舟を浮かべてシャモジでかき混ぜたと自慢した。

**【解説】**

これは、一九七五年に江原道溟州で崔仁鶴が、師である任晳宰とともに崔ドングから聞いた話です。話の舞台となる旌善は七五七年に旌善県が置かれた、同じ江原道の古い歴史をもつ地です。

この話は「法螺比べ」の中でも、特に大きさを競い合う話で、法螺話のなかでも人気が高くATU1960「大きな動物、または大きな物」として世界中で広く語られています。とくにATU1960E「大きな農家」とATU1960F「大きな釜」は、この話との親近性が高いと思われます。【樋口】

**【話型比較】**　大成489　ATU1960

# 日本語版の編集方針（あとがき）

本書は、崔仁鶴・厳鎔姫編著『昔話集成（옛날이야기꾸러미）』（二〇〇三年五月　ソウル　集文堂刊）の翻訳です。編著者の崔仁鶴氏は、現代の韓国の民俗学研究を代表する研究者であり、とくに昔話の国際比較研究において抜群の研究成果を公表してきました。崔氏の研究の特徴は、アールネ＝トンプソンの『昔話タイプ・インデックス』（The Types of the Folktales）の分類を踏まえながら、韓国独自の話型分類を確立し、韓国昔話の独自性と豊かさを示すと同時に、国際的な比較を可能にしたことです。崔仁鶴氏は、その一方で、韓国各地の昔話の調査を行ない、韓国における昔話と民俗調査の方法を確立しました。そして、長く事務局長・会長を務められた「アジア比較民俗学会」の創設者・中心メンバーとして、韓国、日本、中国、モンゴルなど東アジア各地の研究者間の活発な交流を促してきました。

崔仁鶴氏の国際比較研究は、氏が日本に留学し、東京教育大学で民俗学を学ばれるかたわら、和歌森太郎氏、直江広治氏、竹田旦氏、関敬吾氏等と出会い、一九七四年九月に「韓国昔話の研究とタイプ・インデックス」という博士論文を提出し、二年後の一九七六年にその成果を『韓国昔話の研究』として弘文堂から刊行した時点から本格的にスタートしたといえます。

今回、日本語版の底本とした『昔話集成』には、その後の研究成果が加えられていますが、話型分類方針には大きな変化はありません。氏が「凡例」でも強調されているように、昔話の分類は、一度確立されてしまうと大きな改変が不可能だからです。私たち昔話研究者が、国際比較研究において、いつでもアールネ＝トンプソンの『昔話タイプ・インデックス』を基本とするのは、そのためです。

そこで、本書の翻訳にあたっても、崔仁鶴氏の新しい研究成果に配慮しながら、できるだけ『韓国昔話の研究』で使用された分類とその用語を尊重することとしました。

本書は、タイプ・インデックスという韓国昔話研究に不可欠な学術研究書ですが、同時に、韓国昔話の豊かな世界を、子供たちをふくめた一般読者に提供しています。各話型ごとに示された例話は、昔話研究の一級資料であると同時に、楽しい読み物でもあります。翻訳にあたっては、その点を重視し、正確さと同時に読みやすさに配慮しました。翻訳の表現や表記をめぐっては、翻訳者と編集責任者の間で、見解の相違することもしばしばでしたが、原文を精査し、原著者の了解を得たうえで、最終的には、翻訳文に関する責任は編集担当の樋口淳が負うこととしました。

また、「例話資料」の紹介にあたっては、孫晋泰、鄭寅燮、三輪環などの場合のように、初出がすでに日本語の資料があります。その場合は、それぞれの原資料を尊重しながらも仮名遣いや分かりにくい表現に最小限の手直しを加えることとしました。ただし、高橋亨や山崎日城の場合のように、文学的な修飾が過剰な資料は、簡潔に要約することとしました。また任東権の『韓国の民譚』のように熊谷治氏のすぐれた日本語訳が既に存在する場合は、参考にさせていただき出典を提示させていただきました。

さらに、昔話の背景となる韓国の人々の暮らしや、語りの状況、さらには国際比較上の留意点を紹介

するために、原著にはない【解説】の項を新たに設けました。この項の執筆には、中国および東アジアの昔話に造詣の深い斧原孝守氏、編集担当の樋口淳があたりました。また【話型比較】の項目には、崔仁鶴氏、斧原孝守氏、樋口淳の三名が、新たな検討を加え、いくつかの追加や手直しを行なったものがあります。

以上の編集過程においては、原著者である崔仁鶴氏と奥様であり共同執筆者の厳鎔姫さんと綿密な打ち合わせを行ない、すべて了承いただいたことは言うまでもありません。

樋口淳

*Treasury of Korea*, ソウル：Society of Korea Oral Literature.
33. 1971, 任晳宰『韓國民族調査総合報告書 全羅北道篇』ソウル：文化財管理局 pp.584-686
34. 1971, 柳増善『嶺南の傳説』大邱：螢雪出版社
35. 1971, 金泰坤『韓國巫歌集』裡里：圓光大學校出版部
36. 1972, 任東權『韓國の民譚』瑞文文庫031　ソウル:瑞文堂（1995, 熊谷治訳『韓国の民話』として雄山閣より翻訳出版）
37. 1974, 崔仁鶴『韓国昔話百選』東京：日本放送出版協会
38. 1974, 韓相壽『韓国民譚選』正音文庫　53　ソウル：正音社
39. 1975, 任晳宰『昔話選集』ソウル：教學社（全5巻中1・3・4・5は1975・巻2は1978）
40. 1977, 張徳順ほか『韓國口碑文學選集』ソウル：一潮閣
41. 1977, 崔仁鶴『朝鮮伝説集』東京：日本放送出版協会
42. 1977, 曺喜雄『韓国口碑文学選集』ソウル：一潮閣
43. 1978, 金光淳『慶北民譚』語文叢書019　ソウル：螢雪出版社
44. 1979, 崔来沃『全北民譚』語文叢書018　ソウル：螢雪出版社
45. 1980A, 崔仁鶴『民間説話』文藝振興文庫　23　ソウル：藝文社
46. 1980B, 崔仁鶴『韓国の昔話』世界民間文芸叢書10　東京：三弥井書店
47. 1980, 崔雲植『忠清南道　昔話』ソウル：集文堂
48. 1980, 崔仁鶴『江原地方の昔話』『イムヨン文化』4　江陵文化院　pp.92-97
49. 1987-1993, 任晳宰『任晳宰全集　韓國口傳説話』全12巻　ソウル：平民社（全12巻のうち1・2巻の収録分を参考にした）
50. 1991, 韓國精神文化研究院『韓國民族文化大百科事典』
51. 1991, 林在海『韓國民俗と傳統の世界』ソウル：知識産業社
52. 1993, 任晳宰『韓國口傳説話　慶尚南道篇』ソウル：平民社
53. 1994, 徐廷範『韓國から渡った日本の神と言葉』ソウル：図書出版ハンナラ　pp.178-179（1987, 魯成煥編集「古事記」p.235から引用）
(54. 1956, Arthur W. Ryder, *The panchatantra*, The Univiersity of Chicago Press.)

## II　昔話タイプ・インデックス

1-1. 1927, Antti Aarne & Stith Thompson, *The Types of the Folk-Tale*, FFC74（1961年に増補改定版FFC184を刊行し、AT分類を増補）
1-2. 2004, Hans-jöng Uther, *The Types of International Folk-Tales I-III*, FFC284-286, Academia Scientiarum Fennica,（ATを増補改訂し、新たにATUを採用）
2-1. 1937, Wolfram Eberhard, *Typen chinesischer Volksmächen* FFC120
2-2. 2007, エバーハルト『中国昔話集』（馬場英子他訳）東京：平凡社
3-1. 1950-58, 関敬吾『日本昔話集成』全6巻　東京：角川書店
3-2. 1978-80,『関敬吾日本昔話大成』全11巻：角川書店（『日本昔話集成』の増補改訂）
4. 1971, Ikeda Hiroko（池田弘子）, *A Type and Motif Index of japanese Folk-Literature,* FFC 209.
5. 1988, 稲田浩二『昔話タイプインデックス』日本昔話通観28　京都：同朋舎
6. 1986, 丁乃通『中国民間故事類型索引』北京：中国民間文芸出版社
(1978　Nai-Tung Ting, A Type Index of Chinese Folklore　FFC223の訳)
7. 2007, 金栄華『民間故事類型索引』台北：中国口伝文学学会

## ❋参考文献

### Ⅰ 昔話記録

1. 1893, H.G. Amous, *Märchen und Legenden*, Leipzig: Verlag von Wilhelm Friedrich.
2. 1910, 高橋亨『朝鮮の物語集附俚諺』京城：日韓書房
3. 1912, 青柳綱太郎『朝鮮野談集』京城：朝鮮研究会
4. 1913, James S. Gale, *Korean Folk Tales*, London（1962 by Charles E. Tuttle Co., Inc. Second printing. 1971）
5. 1914, 今村鞆『朝鮮風俗集』京城：斯道館
6. 1919, 三輪環『傳説の朝鮮』東京：博文館
7. 1920, 山崎日城『朝鮮奇談と傳説』京城：ウツボヤ書房
8. 1922, 安東洙『朝鮮奇談』京城:朝鮮図書(1999, 崔仁鶴編『朝鮮朝末口伝説話集』朴イジョン)
9. 1924, 朝鮮総督府『朝鮮童話集』朝鮮民俗資料2編, 朝鮮総督府
10. 1924, 嚴弼鎭『朝鮮童謡集』京城：創文社
11. 1926, 沈宜麟『朝鮮童話大集』京城：漢城圖書
12. 1927, 鄭寅燮『温突夜話』東京:日本書院（*Folktails from Korea*と合本、日本語で増補復刊:1983年三弥井書店）
13. 1928, Andreas Eckardt, *Koreanische Märchen und Erzahlungen Zwischen Halla und Päktusan*, Missionsverlag St. Ottilien, Oberbayern.
14. 1928, 今村鞆『朝鮮漫談・歴史民俗』京城：南山吟社
15. 1929, 中村亮平『朝鮮神話傳説』神話傳説大系（N）東京：近代社
16. 1930, 孫晉泰『朝鮮民譚集』東京：郷土研究社（1968年復刊：岩崎美術社）2009年10月10日復刻：勉誠堂出版
17. 1930A, 孫晉泰『朝鮮神歌遺篇』東京：郷土研究社
18. 1940, 朴英晩『朝鮮傳来童話集』京城：學藝社
19. 1944, 森川清人『朝鮮野談随筆傳説』京城：ローカル社
20. 1947, 孫晉泰『韓國民族説話の研究』ソウル：乙西文化社
21. 1947, Frances Carpenter, *Tales of a Korea Grandmather*, Doubleday & Company, Inc., N.Y. : Garden City.
22. 1952, Zong In-sob（鄭寅燮）*Folktales from Korea*, London（First Greenwood Reprinting, 1969 New York）
23. 1953, 金素雲『ネギをうえた人』東京：岩波書店
24. 1955, Kim So-un（金素雲）*The Story Bag*, Charles E. Tuttle Co., Inc. Tokyo
25. 1958, 崔常壽『韓國民間傳説集』ソウル：通文館
26. 1959, 秦聖麒『南國の説話』済州島：博文出版社
27. 1959, 金相徳『韓国童話集』ソウル：崇文社
28. 1962, 李相魯『韓國傳来童話読本』ソウル：乙酉文化社
29. 1963, 李元壽『伝来童話集』ソウル：現代社
30. 1964, 木澤政直『鶏林』東京：日研出版
31. 1969, 李勲鐘『韓國の傳来笑話』『女性東亜』付録　ソウル：東亜日報
32. 1970, Chang Duk-sun, sea Dae-seog, Jo Heui-ung（張德順・徐大錫・曺喜雄）*The Folk*

## ❈ 昔話話型比較対照表

| KT | ATU | 大成 | 通観 | 中国 |
|---|---|---|---|---|
| 595 | | 424 | | |
| 596 | | 345 | 1008 | |
| 597 | | | | |
| 598 | | | | 金922 |
| 599 | | | | |
| 600 | | | | |
| 601 | | | | |
| 602 | | | | |
| 603 | | | | |
| 604.1 | | | | |
| 604.2 | | | | |
| 604.3 | | | | |
| 605 | | 485 | 802 | |
| 606 | | | 893 | |
| 607 | | | | E206 |
| 608 | | 467 | | |
| 609 | | | | |
| 610 | | | | |
| 611 | | | | 丁1862D 金1862D |
| 612 | | | | |
| 613 | | | | |
| 614 | | | | |
| 615 | | | | |
| 616 | 405B | | | |
| 617 | | | | |
| 618 | | | | |
| 619 | | | | |
| 620 | | | | |
| 621 | | | | |
| 622.1 | | | | |
| 622.2 | | | | |
| 623 | | 635 | 1133 | |
| 624 | | 442 | 1078 | |
| 625 | | | | |
| 626 | | | | |
| 627 | 926 | 本格新26 | 740 | 丁926 金926 |
| 628 | 1534 | | | |
| 629 | | | | |
| 630.1 | | 437 | | |
| 630.2 | 1430 | 436・437 | | 丁1430 金1430 |
| 631 | | | | |
| 632 | | | | |
| 633 | | 448・449・450 | 668 | 丁1804B 金1592D |
| 634 | 890 | | | |
| 635 | | | | |
| 636.1 | | | | E136 |
| 636.2 | | | | |
| 637.1 | | | | |
| 637.2 | | | | |
| 638 | 924・1630 | 520 | | E194 丁924A 金1660A |
| 639 | | | | |
| 640 | | 448・449・450 | | |
| 641 | 1565 | 431B | 759 | E笑10 |
| 642 | | 493 | 852・1118・1120・1121 | |
| 643 | 1542 | 132・494・495 | 798・841 | 金1542A |
| 644 | | 494 | 798 | |
| 645 | 1351 | 497 | 864 | E笑1-XV 丁1351 金1351 |
| 646 | 513 | 625 | | |

| KT | ATU | 大成 | 通観 | 中国 |
|---|---|---|---|---|
| 647 | 1313 | 532・534 | 603 | E笑17 丁1568B 金1568B |
| 648.1 | | 544・545 | 621 | |
| 648.2 | | | | |
| 649 | 1535 | 494・618 | 797 | |
| 650 | | | | |
| 651 | | | | |
| 652 | 1920 | 492 | 793 | |
| 653.1 | 922 | 521 | 807 | |
| 653.2 | | | | |
| 654 | | 614 | 665 | |
| 655 | | | | |
| 656 | 675 | 522 | 429 | |
| 657.1 | 480 | 213 | 192 | |
| 657.2 | 922 | 521 | | 丁922 金922 |
| 658 | | 521 | | |
| 659 | 921・922・879・922A | 206・521・626B | | |
| 660 | | | | |
| 661 | | | | |
| 662 | 981 | 523A・523C | | E201 金980 |
| 663 | 1641 | 626A・626C | | E190 丁1641 金1641 |
| 664 | | | | |
| 665 | | | | |
| 666 | 922 | 521 | | |
| 667 | 327B | 240 | | |
| 668 | 1535 | 225・618 | | 丁930+1535 金930+1535 |
| 669 | | 618 | | |
| 670 | | | | |
| 671 | | | | |
| 672 | | | | |
| 673 | | | | |
| 674 | | 553・555・556 | | E笑11・12・13 丁1530A 金1530A |
| 675 | 1535 | 618 | | |
| 676 | | 577 | | E笑11-V・13-IX |
| 677 | | | | |
| 678 | | | | |
| 679 | | | | |
| 680 | 1358 | | | |
| 681 | | | | |
| 682 | | | | |
| 683 | 1423 | 笑新6 | | |
| 684 | | | | |
| 685 | | 374 | 780 | |
| 686 | 1536A・1537 | 624 | 439 | 金1537 |
| 687 | | 438 | 834 | |
| 688 | | 570 | 707 | |
| 689 | | | | |
| 690.1 | | | | |
| 690.2 | | | | |
| 691 | 1889 | 465A | 1136 | |
| 692 | 1889 | 465D | 1139 | |
| 693 | 1889 | 465D | 1139 | |
| 694 | 1889G | | | |
| 695 | 1889G | | | |
| 696 | | 359 | | |
| 697 | 1920 | 491・489 | | |
| 698 | 1960 | 489 | | |

**崔仁鶴**（チェ・インハク）
1934年慶尚北道金泉市生まれ。幼い頃から昔話を聞いて育った。明知大学校、慶熙大学校（碩士課程）を経て、東京教育大学留学。1974年に『韓国昔話百選』（日本放送出版協会）を刊行、1975年に文学博士を授与され、1976年に成果を『韓国昔話の研究』（弘文堂）として公表。帰国後は仁荷大学校で教鞭をとるかたわら、1983年に比較民俗学会を創設、東アジアの学術交流につとめる。『文化人類学』（セムン社1986）、『韓国民俗学研究』（仁荷大出版部1989）、『口伝説話研究』（セムン社1994）等の韓国語著書のほか、『朝鮮伝説集』（日本放送出版協会1977）、『韓国の昔話』（三弥井書店1982）、『韓日昔話の比較研究』（弘文堂1995）等の研究書、『大ムカデたいじ』（小峰書店1983）、『おどりをおどるトラ』（偕成社1989）等の児童書など日本語による著作多数。特に“*A Type Index of Korean Folktales*”（明知大出版部1979）は国際比較研究に欠く事ができない。

**厳鎔姫**（オム・ヨンヒ）
崔仁鶴氏夫人。学術的な著作はないが、堪能な英語を駆使して“*A Type Index of Korean Folktales*”など夫君の英文学術書刊行を助け、創設期の比較民俗学会の事務一切を担当した。

**樋口 淳**（ひぐち・あつし）
1946年生まれ。専修大学名誉教授。1988年に慶熙大学校客員教授として韓国滞在。民俗調査を行い、比較民俗学会日本担当理事をつとめた。著書に『民話の森の歩きかた』（春風社2011）、『妖怪・神・異郷』（悠書館2015）、翻訳に『祖先祭祀と韓国社会』（ジャネリ・任著 第一書房1993）と関連論文がある。

---

韓国昔話集成　第7巻

2020年3月10日　初版発行

| | |
|---|---|
| 編著者 | 崔仁鶴・厳鎔姫 |
| 日本語版編者 | 樋口 淳 |
| 翻訳者 | 李権煕（イ・ゴンヒ）・鄭裕江（チョン・ユガン） |
| 解説 | 崔仁鶴・斧原孝守・樋口 淳 |
| 装丁 | 尾崎 美千子 |
| 発行者 | 長岡 正博 |
| 発行所 | 悠書館 |

〒113-0033　東京都文京区本郷3-37-3-303
TEL 03-3812-6504　FAX 03-3812-7504
http://www.yushokan.co.jp

本文組版：戸坂 晴子
印刷・製本：シナノ印刷株式会社

---


ISBN978-4-903487-87-8

定価はカバーに表示してあります

# 韓国昔話集成(日本語版)の構成

### 韓国昔話集成　<第1巻>

〔I〕動植物昔話(1)
- 1. 動物の由来(29話)
- 2. 動物の社会(31話)
- 3. 植物の由来(11話)

### 韓国昔話集成　<第2巻>

〔I〕動植物昔話(2)
- 4. 人間と動物
  - 4-A. 逃竄譚(9話)
  - 4-B. 愚かな動物(9話)
  - 4-C. 動物報恩(15話)
  - 4-D. 化けもの譚(18話)

〔Ⅱ〕本格昔話(1)
- 5. 異類聟(5話)
- 6. 異類女房(10話)
- 7. 異常誕生(6話)

### 韓国昔話集成　<第3巻>

〔Ⅱ〕本格昔話(2)
- 8. 婚姻・致福・財物(39話)
- 9. 呪宝(31話)
- 10. 怪物退治(9話)

### 韓国昔話集成　<第4巻>

〔Ⅱ〕本格昔話(3)
- 11. 人と信仰
  - 11-A. 異郷世界(8話)
  - 11-B. 死と人生(18話)
  - 11-C. 神(霊魂)と人間(22話)
  - 11-D. 風水譚(13話)
  - 11-E. 占卜譚(16話)
  - 11-F. 呪術譚(18話)

### 韓国昔話集成　<第5巻>

〔Ⅱ〕本格昔話(4)
- 12. 孝行譚
  - 12-A. 親孝行(25話)
  - 12-B. 列女(5話)
- 13. 運命の期待(26話)
- 14. 葛藤譚
  - 14-A. 親子譚(7話)
  - 14-B. 兄弟譚(18話)
  - 14-C. 隣人譚(11話)

### 韓国昔話集成　<第6巻>

〔Ⅲ〕笑話(1)
- 15. 愚か者譚
  - 15-A. 愚かな村(6話)
  - 15-B. 愚か聟(夫)(14話)
  - 15-C. 愚か嫁(妻)(9話)
  - 15-D. 愚か者(53話)
- 16. 巧智譚
  - 16-A. 知恵者(28話)

### 韓国昔話集成　<第7巻>

〔Ⅲ〕笑話(2)
- 16. 巧智譚
  - 16-B. 機知者(9話)
  - 16-C. 言葉の才能(25話)
  - 16-D. 名裁判(14話)
  - 16-E. 業比べ(9話)
  - 16-F. 大人と子ども(24話)
- 17. 狡猾者譚
  - 17-A. 奸邪者(20話)
  - 17-B. 誇張譚(12話)

### 韓国昔話集成　<第8巻>

〔Ⅳ〕形式譚
- 18. 形式譚(15話)

〔Ⅴ〕神話的昔話
- 19. 神話的昔話(26話)

〔Ⅵ〕その他(補遺)
- 20. その他(17話)